現代日本語史における放送用語の形成の研究

塩田雄大［著］
SHIODA Takehiro

三省堂

表紙写真　「家族でラジオを楽しむ」（1928年頃。日本ラジオ博物館蔵）
装丁　　　三省堂デザイン室
校正　　　青山典俊
本文組版　デジウェイ株式会社

論文のための論文はつまらない。内容もおそらく上等ではあるまい。点数稼ぎの論文執筆はお話にならない。こころが燃えるところにいい研究が生まれる。過去60年間の研究活動から自信を持ってそう言うことができる。
　――柴田武（1998）「新しい学際的学会の誕生に際して」『社会言語科学』1-1

はじめに

　日本語の標準語の形成に関しては、これまで、書きことばを中心とした明治・大正期の日本語の研究が、質的・量的に高度な水準で蓄積されている。それに対して、音声面に焦点を当てた大正末期・昭和初期日本語の研究は、やや未開拓であるように思われる。その中でも特に「放送用語」がどのように形成されてきたのかは重要な問題であるのにもかかわらず、さほど研究が進んでいるとは言いがたく、具体的な事実に入り込んで分析・記述した例は多くない。その理由の一つに、実際のラジオの音声記録があまり保存されていないことがある。また、「放送用語委員会」（後述）の活動については、この委員会で審議・決定された内容が一部は公開されているものの、審議過程を記述した資料は公開されていないものも多いことが指摘できる。

　筆者は、当時の放送用語に関する資料（「放送用語委員会」会議議事録など）を用いて、放送用語がどのような調査・審議・決定を経て形成されてきたのかを、できるかぎり具体的に描き出すことを目指している。

　歴史学では「現代史」が研究分野として定着しているが、日本語学においては「日本語史（国語史）」と「現代語研究」とをつなぐ研究が必ずしも十分な段階に至っているとは言えない。本研究は、放送用語の形成の一側面を、「現代日本語史」の視座から明らかにしようとするものである。

現代日本語史における放送用語の形成の研究

目　次

目　次

はじめに ………………………………………………………… iii

1章　放送用語委員会 …………………………………………… 1
　1.1　放送用語委員会発足前の放送とことば ………………… 2
　1.2　放送用語委員会の発足 …………………………………… 14
　1.3　第1期・第2期放送用語委員会で作成した資料 ………… 16

2章　開始当初の放送に現れた日本語の「間違い」………… 25
　2.1　取り上げる資料 …………………………………………… 25
　2.2　発音上の異同 ……………………………………………… 26
　2.3　和語・外来語の語形に関するもの ……………………… 28
　2.4　訓読み・音読みの異同 …………………………………… 29
　2.5　漢語の字音の読みに関するもの ………………………… 30
　2.6　「間違い」であると判断することの難しさ …………… 32

3章　最初の放送用語基準　1935年『放送用語の調査に関する一般方針』について ……………………………………… 37
　3.1　はじめに …………………………………………………… 37
　3.2　『放送用語の調査に関する一般方針』の内容 ………… 38
　3.3　音声言語の重視 …………………………………………… 51
　3.4　方言に関する態度 ………………………………………… 52
　　3.4.1　アナウンスにおける方言使用 ……………………… 52
　　3.4.2　発音 …………………………………………………… 55

3.4.3	アクセント	56
3.4.4	語彙	59
3.4.5	沖縄の人名について	60
3.4.6	方言に対する放送用語委員のとらえ方	61
3.4.7	方言をめぐる記述のまとめ	64
3.5	漢字の読み方の整理について	65
3.6	ＢＢＣを参考にしたか	66
3.7	本章のまとめ	73

4章　音声標準語の確立にあたって課題の多かった分野　〜1939年『決定語彙記録（一）』の分析から〜 … 77

4.1	資料『放送用語調査委員会決定語彙記録（一）』	77
4.2	『語彙記録1』の分析意義と分析法	78
4.3	各類型の集計	86
4.4	本章のまとめ	87

5章　アクセント辞典の誕生　〜放送用語のアクセントはどのように決められてきたのか〜 … 91

5.1	はじめに	92
5.2	『日本語アクセント辞典』成立以前の状況	92
5.3	『日本語アクセント辞典』成立以前のアクセント参考資料	100
5.4	『日本語アクセント辞典』編集関係者	109
5.5	「標準アクセント」に関する当時の議論	112
5.6	『日本語アクセント辞典』の編集過程〜放送用語並発音改善調査委員会の審議に見る〜	116
5.7	ニュース用語調査委員会での議論	125
5.8	本章のまとめ	130

6章　終戦前の辞典に示された複合動詞のアクセントをめぐって　〜帰納的記述と演繹的規範〜　141

- 6.1　はじめに　141
- 6.2　三宅武郎とアクセント研究　143
- 6.3　1939（昭和14）年「連語動詞のアクセント法則（稿）」　145
- 6.4　『日本語アクセント辞典』と同時期の他の辞典の対照　151
- 6.5　本章のむすびに　154

7章　漢語の読み方はどのように決められてきたか　〜戦前の放送用語委員会における議論の輪郭〜　159

- 7.1　はじめに　160
- 7.2　放送開始初期の音声言語と規範意識　160
- 7.3　『常用漢語発音整理表』の成立まで　174
- 7.4　本章のまとめ　202

8章　「漢語の読みのゆれ」と『放送用語調査委員会決定語彙記録（一）』　209

- 8.1　『語彙記録1』の漢語における「読みのゆれ」の概観　209
- 8.2　『語彙記録1』におけるいくつかの事例　217
- 8.3　本章のまとめ　237

9章　放送における外来語　その「管理基準」の変遷　241

- 9.1　太平洋戦争開戦前　241
- 9.2　太平洋戦争中　243
- 9.3　戦後　247
- 9.4　戦中資料と戦後資料の比較　248
- 9.5　1960年以降の外来語の扱い　250

9.6	理念提示方式	251
9.7	本章のむすびに	252

10章　スポーツ用語にみる外来語の扱い　255
10.1	スポーツ放送における外来語使用（昭和初期）	255
10.2	ドラマにおける外来語使用（昭和初期）	257
10.3	スポーツ放送における外来語使用（現代）	258
10.4	スポーツ放送に外来語が多い背景	260

11章　放送用語と日本語史　265
11.1	本書の各章に関する再考	266
11.2	放送用語と「模範」、そして日本語の変化	270

12章　本書のまとめと展望　279

各章の初出一覧　289
あとがき　293
索　引　295

1章　放送用語委員会

　日本語の標準語の形成という観点から見ると、「どのように書かれたものが、標準的なことばなのか」という一般的な基準に関して、書きことばの面では大正時代には事実上ほぼ完成していたと言える。その一方、話しことばについては、開拓・解決すべき事項が山積していた。つまり、「どのように話されたものが、標準的なことばなのか」という「モデル」が、まだ成立していなかったのである。

　大正末期に始まったラジオ放送では、ことばの音声的表現方法に関して、各放送局でそれぞれ模索をしている状態で、各地の放送局を結ぶ全国中継放送が次第にふえてくるにつれ、部内から「放送で使うことば〔＝音声面での標準語〕のよりどころがほしい」という要望が強くなってきた。また社会的にも、標準語を整備するのは放送の責務である、という声が高まっていた。

　こうした状況の中で、1934（昭和9）年に、放送に用いる日本語を整備するための機関「放送用語委員会」が組織され、指針策定と具体的決定をおこなってきた。

　放送用語委員会とは、放送におけることばの使い方に関して検討・方針策定することを目的として、日本放送協会に設置されている委員会（およびその主催する審議会）である。現在では、外部委員（言語学者などの学識経験者）と部内委員（ＮＨＫ内の関連部局の代表）から構成されており、その事務局がＮＨＫ放送文化研究所内に置かれている。この委員会は東京および地方で放送用語に関する審議会を定期的に開催しており、その内容の概略は雑誌『放送研究と調査』誌上で公開されている。

　ラジオ放送開始（1925（大正14）年）以降、「放送におけるふさわしいことばのあり方」が求められてきたが、これを組織的に探究・制定するために、「放送用語 並（ならびに）発音改善調査委員会」（本書では「第1期放送用語委員会」と

も呼ぶ）(1934(昭和9)～1940(昭和15)年)が設置された。このあと、「ニュース用語調査委員会」（本書では「第2期放送用語委員会」とも呼ぶ）(1940～1945(昭和20)年)、「用語研究会」(1946(昭和21)～1951(昭和26)年)、「放送用語調査委員会」(1951～1961(昭和36)年)、「放送用語委員会」(1961年～現在)と名称を変更して、現在に至る。第1期の「放送用語並発音改善調査委員会」では、耳で聞いてわかりやすいことばを作り上げてゆくのにあたって、必ずしも伝統的な用語・表現のみにとらわれずに自律的な方針策定をおこなっていたが、第2期になると戦争の影響によって当初の目的の達成が次第に困難になりつつあった。これに対して戦後になると、ニュース用語の平易化が積極的に取り上げられた。1953(昭和28)年にはテレビ本放送が始まり、音声言語だけでなく字幕スーパーに用いる漢字・外来語表記についても審議されるようになった。

　これまでの委員としては、例えば岡倉由三郎、神保格、新村出、土岐善麿、保科孝一、東条操、金田一京助、岩淵悦太郎、金田一春彦、服部四郎が挙げられ、また現在の委員会も学界・社会において存在感の大きい人物から構成されている。

　現代の放送用語委員会では、伝統的日本語を視野に入れつつ科学的言語調査によって現状を把握し、放送のことばとして最もふさわしい姿を提示することを目指している（塩田雄大 (2014 予定)）。

1.1　放送用語委員会発足前の放送とことば

　最初に、放送とことばをめぐる状況について、放送用語委員会が発足した1934(昭和9)年よりも前の時期のことを、簡単に見てみる。

　日本のラジオ放送は、1925(大正14)年3月22日に仮放送（東京芝浦の東京放送局仮放送所）として始まった。その後7月に、愛宕山からの本放送が開始された。

　その年の10月・11月の新聞には、早くも次のような投書が載せられている。

　　「アナウンサーの国なまり

東京放送局のアナウンサー諸君の田舎ツペイ言葉にも困つたものだ『こゞらは東京放送局であるます』ぢや東京放送局の其の東京の名前にそむくと言ふもんだ。之は是非共すつきりした歯切れのよい東京弁で願ひたい［以下略］」

「東京放送局へ
講話、童話放送者の多くが中央標準語が話せませんね。日本語を正しく話せる放送者を選んで下さい、子供の為に」（注1）

　このように、放送を開始したすぐその年に、放送で用いることばの発音に対して厳しい意見が寄せられているのである。
　その後、1931（昭和6）年には次のような記録も見られる。

「嘗て岡倉由三郎氏がラヂオに常用する標準語をきめて、それで放送するやうにしてはどうかと提案されたことがあつた。これは全く同感である。国語の統一、標準語の決定といふことは従来幾度か色々な方面にその企てがあつたけれども、どれも極く限られた範囲にしか実効を期待し得ないものであつた。ラヂオは**全国民が同時刻に聴く**のであるから即座に効果を挙げ得るので、この問題に対するラヂオの役割は実に重、且つ大なるものがあるといつてよい。
　従来とても放送に用ひる言葉は出来得る限り標準語に依る方針を採り、特にアナウンサーの言葉は可及的標準語を以てすることに留意して来た。アナウンサーの選抜に際してはこの点を極めて重視し、最後の決定に当つては岡倉氏を煩はして**マイクロフオンを通じての発音**を検べて採点し、熟練すれば将来標準語を正確に発音し得る可能性のある者を撰んだのであつた。
　［中略］子供の時間に出演する人には必ず標準語を使つて貰ふことにし、童話や理科の時間などにそれを厳重に使ふことを条件として放送者を選定する。例へ、話が面白く有益であつても標準語を欠く懸念のある人には依頼しないことにし、出演する子供も凡べて等しく正確な標準語を使ふことにする。

斯様にすれば子供の言葉は可なり標準化される。例へば九州の放送でも東京の放送でも同じとすれば、これは東京の子供に非常に刺激を与へるので、子供同志でエキサイトされるから、その競争心を善用すれば一層有効に実績を挙げ得るであらう。要するに放送に標準語を使ふことに就ては実際上多少の差支へを生ずる懸念もないではないが、教育的講演にあつては多少注意すれば標準語の実行が充分可能である。といふわけは、これ等の放送の場合は概して原稿の朗読が多いのであるから標準語を使ふことが一寸の注意で結構出来る筈である。それにしても出演を依頼する場合には標準語に近い言葉を使用する人を目標にして依頼することの必要は勿論である。即ち約言すれば

　第一、**アナウンサー**
　第二、**子供の時間**
　第三、**教育的講演**

に標準語を出来るだけ使用することによつて実効を期待し得ると思ふ。」

（矢部謙次郎（1931）、太字は原文のとおり）

「標準語を普及させるには成るべく頻繁に成るべく多くの人に標準語を聴かせなければならない。こゝに於てラヂオの有難味が痛切に感ぜられる。よく人の言ふことであるが、言葉と音楽とに於ては「**百見**は**一聞**に**如かず**」である。理窟ばかりいかに説いても、文字に書いた宣伝ビラを何億枚撒き散らしても一回のラヂオ放送には及ばないのである。

　どうぞ将来ラヂオの益々盛になると共に全国の隅々まで標準語を洪水の如くしみ渡らせると共に進んでは良い正しい美しい大日本国語を全世界に鳴り響かせたいものである。」

（神保格（1931）、太字は原文のとおり）

「ラヂオプレー、ラヂオコメデイなどは、平凡ながらも筋があり、浅薄ながらも内容はあるので、小さくまとまつたものにはなつてゐる。たゞ僕の最も閉口するのは、そこに出る「発声者」のアクセントのひどい**方言性**だ。もつとも現代の家庭には、都会でもこんなアクセントの若い女

性などがゐて、一かど時代性を発揮してゐるのだから、その情景をさながら表現するものとすれば、これでいゝはずだといふことに異存はいへないのだが、ラヂオを通しては、もつと**快適な標準語**、せめて標準語のアクセントや発音に近いものを選んではもらへないものか。」

(土岐善麿（1931）、太字は原文のとおり）

　上記執筆者の矢部謙次郎は、1928（昭和3）年に東京中央放送局の放送部長になった人物であり（日本放送協会編（1977）p.68）、放送用の音楽関連語彙を整理・統一した『西洋音楽語彙』（1929（昭和4）年発行、後述）をまとめる際の委員会の委員長であった。また神保格および土岐善麿は、その後設立される「放送用語並発音改善調査委員会」の委員の一人である。

　それ以降も、当時の放送専門誌には次のような意見が載せられている。高村光太郎は詩人、池田亀鑑は国文学者、そして東条操は方言学者・学習院大学教授、かつ1940（昭和15）年9月に発足する「ニュース用語調査委員会」の委員の一人となる人物である。

「日本にはまだ日本語の発音の標準といふものが確立してゐないやうに見える。疑はしい事があつてもそれを確かめる場所が無い。聞くところによると、フランスではコメヂ　フランセエズの俳優の発音をフランス語の標準にしてゐるといふ話であるが、標準の持つてゆき所の当否は別として、日本にもさういふ所が欲しいと思ふ。
　ところで、標準といふほどの事でなくても、日本語の正しい発音と、正しい言葉使ひと、鋭い語感と、新鮮な言葉の適当な採用とによる日本語の不断の清算をしてくれるところを放送局に求めてはいけないものだらうか。放送局そのものにさういふ責任はないだらうが、便宜上放送局にさういふ役目を分担してもらへたら結構な事だと思ふ。それにはアナウンサア第一である。」

(高村光太郎（1932））

1章　放送用語委員会　　5

「ラヂオ放送に於て、国語教育的見地から希望したい事は、先づ放送者の言語の明晰といふことである。言葉の不明瞭で曖昧なのは、単にその内容が聞きとれないといふだけではない。悪い見本としてよくない影響を聴取者に与へる。次にラヂオの放送に於ては、絶対に方言が交つてはならない。時々講演などの中に方言を聞くことがある。あれは非常に耳ざはりである。」

(池田亀鑑(1933))

「地方人がスピーカーを通じて毎日耳にするアンナウンサーの言語、講演者の話は知らず〲の間に聴取者の言語にある変化を与へるに違ひない。ところが名士の講演や、子供の時間のお伽話などには存外に地方訛の多い場合があつて寒心させられる。

　アンナウンサーは流石に厳選されると見えて言語の明晰な人が多いが、地方の放送局などには時に地方語をまぜる人もないではない。放送局としては講演者の言語にまで関渉(ママ)する権利もあるまいが、アンナウンサーの言語だけは標準語の模範として恥しからぬやうに教育してほしい。そのためには採用試験の際に厳重な音質の試験をする必要がある。その上で正確な標準語の教育と、その反対の方言の教育とを一応併せて課する事としたらどうかと思ふ。之は白を覚えるに黒白を対照して研究するやり方である。嘗て東京市が小学教員を採用する際に教員講習所を設け、地方出の訓導に東京市の一般事情を教え、この中で東京語の概念を教授した事もある。

　日本のやうに標準語制定の完全な機関がない国には、放送局が卒先(ママ)して之に当つたらどうであらう。標準語とすべき言葉なども放送局で選む位な権威をもつてほしいものである。与へられたニュースを文字から言葉にするだけでなく、放送に適当な美しい正しい言葉を放送局で研究する位の設備がほしい。尤も放送局は研究所や学校ではあるまいから或は迷惑かも知れないが、「言葉」を全国の聴取者に常に教へて居る機関だと云ふ自覚の下に此種の計画も考へてもらひたい。独仏などは劇場用語が一国の標準語の正しき模範であると云ふが、日本の歌舞伎には発達の

特殊性から考へて此事は一寸望めない―寧ろ落語、講談の改良に期待がかけられる―そこでアンナウンサーの言語が標準語の模範ともなるやうに研究を加へたい。」

(東条操（1933）)

「事実、耳にはいる限りの各地の放送を聞いてみると、アナウンサー諸氏からも、かなりいろんな日本語を聞かされることは、否めません。たとへば、「轉氣が腫れたり」くもつたりするやうなことは、ざらにあります。（大阪以東の放送局の場合については、概して申分がないのかもしれません。）［中略］

　地方局だからその土地の人にわかるやうに土地の言葉をつかふといふのも、また郷土の匂をたたへて親しみを持たせるといふのも、一応尤もと聞える理屈ではあります。方言にそれ〴〵取るべきところがある、保存する必要もある、といふのも尤もな言分ではあります。もつとも、現在方言的アナウンスが行はれてゐるのは、さうした方言尊重の主意から来たといふよりも、たま〴〵採用したアナウンサーの持前が発揮されたのによるのでせう。放送局の当事者が、まだ標準語の問題を痛切に考慮しなかつた時代に、十分の吟味を経ずに、採用されたアナウンサーが、まだその仕事をつづけてゐるといふだけの理由によるのだらうと解してゐます。

　もしさうでなくて、積極的に各地各様の日本語を放送すべきだとの建前から出たとすれば、これは考へ直していただかなくてはなりますまい。」

(佐久間鼎（1934）)

このころのアナウンサーについて述べると、1934（昭和9）年からは原則として東京中央放送局でアナウンサーを一元的に募集して試験のうえ採用し、一定の期間の教育をしたのちに全国の放送局に配属したが、それ以前は、東京・大阪・名古屋・広島・熊本・仙台・札幌の各放送局でそれぞれおこなわれ、特に決まった教育はなされていなかったようである（市川重一（1984））。

放送開始当初には発音・アクセントに関する資料が十分に整備されていなかったことについて、当時のアナウンサーの一人である米良忠麿は1932（昭和7）年に次のように語っている。

> 「拟て私の云ひたい事と云ふのがもう一つある。前に常識の範囲を定めてほしいものだと云ふ事を述べた。正しい読み方に従ふか、通用してゐる（或は通用しかゝつて居る）読み方に従ふかといふ事を定めて貰ひたいと。それにもう一つ附加したい事がある。それは、同時にアクセントも定めてほしいと思ふのである。日本も汗牛充棟もたゞならぬ程に字引はあるが總有る言葉を網羅してそれにアクセントを附したものはない。手近かな例を引いても赤蜻蛉が、aká tombo だか、aka-tomb だか分らない［引用者注　ローマ字は原文のとおり］。三味線のお稽古さへ音符によらうと云ふ時代に、国語のアクセントが人により所によつて千差万別である等どういふものであらうか。」

（米良忠麿（1932））

またニュースの文章表現についても、解決すべき問題があった。

まず、この時期のニュースに関しては、戦後の形式とやや様相が異なる。現在では、放送局に専属の記者がいて、その記者が取材をして独自の原稿を書くのが通例である。しかし放送開始当初は、放送記者はおろかニュース担当の専属職員もいなかった。

当時ラジオで放送されたニュースは、すべて新聞社または通信社が提供した原稿をもとにしていた。当初は、その新聞原稿を、アナウンサーが適宜話しことばに直して放送していたものと思われる。そして報道課員が配置された1928（昭和3）年以降は、報道課員が新聞原稿を放送用に書き直して、アナウンサーに渡していたのである（注2）。このような運用は、放送記者というものが誕生する1946（昭和21）年まで続いた（市川重一（1982）（1984））。つまり、「書きことば」としていったん完成済みの文章を、「話しことば」ふうに翻訳する作業が必要だったのである。これは、最初から音声言語として実現されることを意図して作られた文章とは、性質的に異なるものであった

はずである。

　このように、放送開始初期の放送用語に対しては、「『正しい』ことばではない」、「放送担当者として『正しい』ことばがどのようなものであるのかを判定する術がない」、「音声言語としてこなれていない」などといった指摘が相次いでいた。
　こうしたことをめぐっては、このころの日本放送協会でもすでに対策が講じられ始めていた。現在記録が残されているものとして、「アナウンサー参考難解地名人名字彙」という資料と、『西洋音楽語彙』という冊子がある。

○東北支部（1929）「アナウンサー参考難解地名人名字彙」
　1929（昭和4）年に出された雑誌『調査月報』第2巻第1号に掲載された全48ページからなる資料で、当該号の付録という位置づけになっている。「東北支部」というのは、日本放送協会仙台放送局の業務上の名称である。
　冒頭の「第1　はしがき」には、次のように記されている。

　　「放送業務に於ける「アンナウンサー」の職務其の地位の重大なる事は今更茲に述べるの要がない。其の職務を行ふ上に於て心得べきことも、発音の正確、其の抑揚、社会現象と自然現象に対する理解と研究、健康上の注意、非常時に際し冷静なる判断と沈着なる処置、其の他百般の事項を挙げることを得るであらうが、其の中最も注意を要するは地名と人名に対する正確なる読方である。他の事項の放送については「アンナウンサー」の発音が多少正確を欠くことがあつても「アンナウンス」される事が全然聴取者に理解されぬ事もないが、人名及び地名を読み違へると全然無意味な事になる場合がないと限らない。殊に北海道の地名の読み方などの誤れる場合には、そうした場合が多い。［中略］
　　　日常我々が業務に当つて居る間に遭遇する場合に気のついた事や注意すべき事項などを集めたのが本書である。」

この「はしがき」のあとに、以下のような章立てで記述が展開されている。

第2　コールサインの事
第3　地名の読方に就て
第4　人名の読方に就て
第5　其の他の注意事項
第6　難解地名人名字彙

　このうち特徴的なのは最後の「難解地名人名字彙」で、難読語（地名・姓）とその読みがカタカナ（旧カナ表記）で示されており、その総数は約2000にのぼる（市川重一（1982））。難読語の読みを知るためのものなので、五十音順に配列したものではなく、一字目の漢字の画数から検索するように並べられている。地名についていくつか実例を掲げると、以下のようになっている。

　　一画（地名）
　乙訓郡　オトクニ（京都府）
　乙　　　キノト（新潟県）
　　二画（地名）
　八街　　ヤチマタ
　八橋　　ヤバセ（鳥取県）
　二戸郡　ニノヘグン（青森県）
　八頭郡　ハヅグン（鳥取県）
　　三画（地名）
　下石　　オロヒシ
　下松　　クダマツ（山口県）
　三次　　ミヨシ（広島県）
　三朝　　ミササ（鳥取県）
　大畑　　オコバ

　また、以下のように「外地」の地名もいくつか掲げられている。

占守郡	シムシユ郡	（千島国）(ママ)
朴子	ボクシ	（台湾）
巫厝	フセキ	（台湾）
阿幸	オカウ	（樺太）
泊居郡	トマリオル郡	（樺太）
泉洞	チョンドン	（朝鮮）
倭館	ワクワン	（朝鮮）
埒内	ラチナイ	（台湾）
崁頭厝	カントウセキ	（台湾）
深雪	ミユキ	（樺太）
崇蘭	スウラン	（台湾）
烏麻園	ウマホン	（台湾）
唭里岸	キリガン	（台湾）
国後郡	クナジリ郡	（千島）
得撫郡	ウルップ郡	（千島）
蛤塘	ハモタントウ	（満州）
富内郡	トムナイ郡	（樺太）
葛麻	カツマ	（朝鮮）
新知郡	シンシル郡	（千島）
蒜頭	サントウ	（台湾）

　この資料が全体として当時どのように活用されたのかは、残念ながらわかっていない。しかし、現業の放送担当者が用いるための体系的な放送用語資料としては現在確認されている範囲内で最初のものであり、たいへん貴重である。

　上述の「難解地名人名字彙」の部分は、仙台局のアナウンサー川崎忠男の調査によるものである。このうち、地名の発音の調査については1934（昭和9）年以降は放送用語委員会に引き継がれ、『難読駅名』（1935）、『難読町村名』（1939）が作られている。また難読姓氏については川崎本人がその後

も調査を進め、その成果は『難読姓氏　第1集』(1935)、『難読姓氏　第2集』(1938) として放送用語委員会の審議を経て刊行されている (市川重一 (1966))。

〇日本放送協会関東支部編 (1929)『西洋音楽語彙』
　放送で使われる西洋音楽関連のことばの訳語・呼称を統一するために作られた資料である。日本放送協会関東支部の放送部で、1928 (昭和3) 年から準備調査を始め、同年9月に「西洋音楽語彙格定委員会」を設けて討議し、同年11月に原稿が完成したものである。
　冒頭には、次のように記されている。

　　「従来日本では西洋音楽の語彙が甚だ区々に使用せられ、統一した拠りどころが無く、従つて同一の文字が幾通りにも翻訳或ひは音訳せられて居た。其の不便不自由は放送事業開始以来殊に感じられ番組の上にも不統一が起り勝であつたが、是までは全く其の統一を計る方法が無かつた。既に国内に於ける放送局も其の数を加へ、電力を増して、全国鉱石化の実現に近づきつゝある折柄、語彙統一の必要は更に痛感せられて居る。本編は此の必要に応じて編纂されたのである。」

　上記に「国内に於ける放送局も其の数を加へ」とあることからわかるとおり、このころに放送用語を標準化する必要性が高まった背景には、放送局の数が多くなって1928 (昭和3) 年には放送の全国中継が始まったことが一つの要因として存在している (市川重一 (1966))。
　そして編集方針として、「(1)なるべく日本語化する事、(2)文字の使用上に混乱を避ける事、(3)旧来の慣用例を尊重する事」が掲げられている。
　本編には、西洋の音楽用語570語、作曲家名300項目、楽曲名380項目が収録されている (菅野謙 (1966))。「第一部　演奏種別及び演奏機関」「第二部　楽曲の形式」「第三部　主要楽器名」「第四部　主要作曲家 (及作品)」と分類されており、それぞれの項目が原語 (英語 (E)、イタリア語 (I)、フランス語 (F)、ドイツ語 (D) など) を明示した上でアルファベット順で配

列され、それぞれに日本語名称が付されている。

Accompaniment（E） Accompagnamento（I） Accompagnement（F）	
	伴奏
Alto（IE） Alt（D） Alte（F）	（声楽）下高音。アルト
Band（E） Banda（I）	楽隊。吹奏楽隊。バンド
Bariton（D） Baritone（E） Baritono（I） Baryton（F）	
	（声楽）上低音。バリトン
Bass（DE） Basse（F） Basso（I）	（声楽）低音。ベース
Abendständchen（D）	夜曲。セレナード
Air de Ballet（F）	舞踊曲
Air Gai（F）	快歌曲
Alte（F）	（絃）ヴィオラ
Armonium（I）	ハーモニウム
Arpa（I）	ハープ。(ママ)立琴
Abt, F.（D 1819-1885）	アプト
Adam, A. C.（F 1803-1856）	アダン

○東京中央放送局（1933）「ニュースの地名・人名（一）（二）（三）」
　1933（昭和8）年に出された雑誌『調査時報』第3巻第11号／15号／23号に掲載された資料。第一回目の「ニュースの地名（一）」の冒頭には、以下のように記されている。

　　「支那及び満洲国の地名は、日本に於て一般に支那語発音で知られてゐるものはアナウンスに於ても支那語発音とし、一般的に知られざる小地名は漢字読みとした。発音の調査は、陸軍省、関東軍に照会し同時に文部省外務省とも打合せの上一般の読み方を基とした。そのために、部分

的には外務省や文部省の読み方と異る場合もある。例へば、秦皇島は在支日本人間でシンノートーと発音され、軍部及び外務省に於てもこれを採用してゐるので、文部省読みのシンコウトウは用ひず、在地読みのシンノートーとしてゐる等である。」

　この「原音読みが広く流布しているものについては原音読み、それ以外は日本字音読み」という方針は、現代の放送での規定と同一である。
　そして本編として、地名が592項目、「支那要人」名が332項目、「満州国政府要人」名が224項目掲載されており（筆者（塩田）による集計）、それぞれに放送での読み方がルビとして付されている。例えば以下のような項目が挙げられている。

【地名】秦皇島（シンノートー）　灤州（ランシウ）　唐山（トーザン）　塘沽（タンクー）　太沽（タークー）　（九門口）（キユーモンコー）遵化（ジユンクワ）　玉田（ギヨクデン）　豊潤（ホウジユン）　齊々哈爾（チ、ハル）
【支那要人】何成濬（字雪竹）（カセイシユン・セツチク）　蒋中正（字介石）（シヨウチユウセイ・カイセキ）　張学良（字漢卿）（チヨウガクリヨウ・カンケイ）
【満州国政府要人】胡嗣瑗（コシエン）　萬縄栻（バンジヨウシヨク）　齊黙特色木丕勒（チムトソムベイロ）　旺欽超（ワンチンチヤオ）　克素栄（コスロン）

　ここまで紹介してきた資料で示されているように、放送用語の整備に関する対策は、ある程度はおこなわれ始めていたのだが、これが体系的に本格化するのは、1934（昭和9）年のことである。

1.2　放送用語委員会の発足

　日本放送協会では、放送用語委員会の発足に向けて前年（1933（昭和8）年）から準備が始められていた（浅井真慧（1989）p.90）。
　そして1934（昭和9）年1月に、放送用語委員会が正式に発足する。

「豫て放送当局の要望であつた放送用語並発音改善に関する調査機関が、愈々協会本部の一分課として設けられ、一月六日より事務を開始された。右機関には左記七氏を委員として委嘱し、毎月定期的に委員会を開き、

その決議に基いて岡倉主査委員指導の下に調査事務が行はれるのである。
　　調査委員（五十音順）
岡倉由三郎氏（主査）　立教大学教授
新村出氏　　　　　　京都帝国大学教授
神保格氏　　　　　　東京文理科大学教授
土岐善麿氏　　　　　東京朝日新聞調査部長
長谷川誠也氏　　　　早稲田大学教授、文部省臨時国語調査委員
服部愿夫氏　　　　　東京中央放送局前放送部長
保科孝一氏　　　　　東京文理科大学教授、文部省臨時国語調査会幹事」
　　　　　　　　　　　　（岡倉由三郎（1934）、原文は縦書き）

　上記の第1期放送用語委員会（正式名「放送用語並発音改善調査委員会」、1934（昭和9）〜1940（昭和15）年）は、明治期に言文一致運動を推し進めた『言語学雑誌』の主要メンバーであり上田万年の門下生であった保科孝一・新村出が含まれている。当初は、3年間でひとまずの成果をまとめるように予定されていた。
　加えて、日本放送協会側の用語調査係員として嘱託2名（三宅武郎・柳八重子）が発足当初からおり、佐藤孝は1933（昭和8）年9月に従事の打診を受けたうえで、1934（昭和9）年6月に男女事務員2名とともに途中から参加した。さらに、内部委員として日本放送協会の部長・課長・アナウンサー代表などが会議に参席した（佐藤孝（1991）pp.109-111）。
　用語調査委員の一人である新村出は京都在住であり、午後4時半または5時に開始することが定例であった放送用語委員会に出席しようとするには、当時の交通事情では、早朝に特急で京都を出発して夕刻に議場である愛宕山着、という片道1日がかりの行程であったものと想像される（浅井真慧（1990.5））。1930（昭和5）年10月に運転を開始した特急「燕」は、東京神戸間の所要時間が9時間であった（宮脇俊三（1997））。新村が、この往復を1か月に2回繰り返したところにも、日本語の将来像を描くという作業に対する彼の「執念」が感じられる。
　新村出が委員の一人に選ばれた理由として、全国の放送のことばを考えて

ゆくのにあたっては「東京」の観点だけから見ていてはいけないのではないかという発想のあった可能性が指摘されている（注3）。

　また第2期放送用語委員会（正式名「ニュース用語調査委員会」、1940（昭和15）〜1945（昭和20）年）は、新村出、東条操、金田一京助、岸田国士、大岡保三、土岐善麿からなっている。

　「放送用語委員会」で決定され放送で用いられた日本語は、「標準語」として全国的（当時の「外地」も含む）に影響を及ぼしたものと考えられる。

1.3　第1期・第2期放送用語委員会で作成した資料

　放送用語委員会の発足から終戦期までの活動については、菅野謙（1978）、市川重一（1984）、浅井真慧（1989）（1990.1）（1990.2）（1990.5）などでも取り上げられてきている。ここでは、表1-1として戦前・戦中期の放送用語委員会での刊行物を紹介しておく。各刊行物の概要については西谷博信（1965）なども参考にした。収録語数については菅野謙（1966）の記述によったところが多い。

表1-1　第1期・第2期放送用語委員会で作成した資料

	西暦	年号	月	タイトルおよび概要	収録語数	判	ページ数	備考
第1期／放送用語並発音改善調査委員会	1935	昭10	1	『尊号及び年号の読例』 尊号・年号の読み方について、宮内省図書寮、文部省図書課、史料編纂所などに問い合わせをした上で決定したもの。		B5	23	
			3	『放送用語の調査に関する一般方針』 これから放送用語を調査・研究してゆくのにあたって、その基本的な方針と原則を明示したもの。内容は以下の通り。◇総則①皇室に関する敬語の用法について②語彙の調査に関する方針（語彙（外来語を含む）・句法の選択及拡充について／漢語の整理について／同音語の整理について／専門用語について）③固有名		A5	23	

西暦	年号	月	タイトルおよび概要	収録語数	判	ページ数	備考
			詞の読み方（人名の読み方について／地名の読み方について／満蒙・支那の固有名詞の読み方について）④発音の調査に関する方針（共通用語の発音について／共通用語のアクセントについて／外来語の発音について）⑤語法の調査に関する方針⑥言語効果の実験的調査に関する方針				
		4	『宮廷敬語』 皇室関連の敬語・用語について、発音上注意すべきものが採録されている。	約330（敬語関連は約200）	A5	43	
		5	『アナウンサー用語集』 当時のさまざまな番組に関して、アナウンサーの用いるべき標準的な定型表現（たとえば「只今からニュースを申上げます」など）が示されている。		B5	26	
		8	『難読姓氏　第1集』 難読の姓氏約5000項目について、その読み方を示したもの。	約5000	A5	75	
		8	『雅楽語彙』 雅楽のおもな曲名と関連する用語について、宮内省楽部と打ち合わせた上で読み方を示したもの。発音およびアクセントは、一部の項目を除き宮内省楽部の伝統に従っている。	曲名約180、用語約95	A5	28	
		8	『謡曲狂言曲名一覧』 謡曲・狂言の曲名および関連用語の読み方・アクセントを五十音順で示したもの。流儀の違いによって読み方に「ゆれ」のある項目については、放送での扱い方が示されている。慣用に従って上方（関西）アクセントが採用されている項目もある。	謡曲曲名約280、狂言曲名約320、謡曲用語約50、狂言用語約10	A5	47	
		9	『常用漢語発音整理表』 漢音と呉音、字典音と慣用音、清音と濁音などによる「読みのゆれ」のある漢語について、放送での読み方が示されている。	145	B5	36	
		10	『難読駅名』 難読駅名の読み方を示したもの。巻	約2600	A5	189	

第1期／放送用語並発音改善調査委員会

	西暦	年号	月	タイトルおよび概要	収録語数	判	ページ数	備考
第1期／放送用語並発音改善調査委員会				末の資料では「難読線名」が一字目の漢字の画数で引けるようになっている。				
			12	『ニュースの文体及び語法』実際に放送されたニュースの原稿を調査・審議した結果の中から、文体・語法などについて基本的な方針となる約30項目が示されている。		B5	45	
	1936	昭11	6	『当用外国地名表』「ゆれ」のある外国地名に関して、同盟通信社との協定を通して放送での標準形を定めた結果を掲載したもの。	約150	B5	11	
			10	『当用満洲支那人名読方例並難字表』満洲・支那の人名に関して、外務省情報部との協定を経て定められた読み方の原則（日本字音（漢音・呉音・慣用音）による）を示し、用例を付したもの。		B5	10	
			11	『演劇外題要覧』主要な歌舞伎狂言・浄瑠璃の外題に関して、読み方とアクセントを示したもの。アクセントは東京の専門家の慣用に従ったものが多い。	約2800	B5	544	1937.2 市販、日本放送出版協会、4円80銭
			12	『カ行鼻濁音の発音例』鼻濁音（ガ行鼻音）で発音する語例を示したもの。また、「行う」のように［-au］となっている語は、放送では［オコノー］ではなく［オコナウ］と発音することが、類例とともに明示されている。		B5	21	
	1937	昭12	3	『外国地名人名表』「ゆれ」のある外国地名・人名約450項目について、放送での扱い（同盟通信社との協定を経て決定されたもの）が示されたもの。	地名人名 約450	A5	75	
			7	『満蒙支那人名地名表』漢字で表記された満蒙支那の人名・地名に関して、①本来漢名であるものは基本的に日本字音で読むこと、		A5	159	

	西暦	年号	月	タイトルおよび概要	収録語数	判	ページ数	備考
第1期／放送用語並発音改善調査委員会				②蒙古語をはじめとすることばが表音的に漢字表記されたものは原音に近い発音で読むこと、という原則のもとに例示がなされているもの。なお、満洲国蒙政部・関東軍参謀本部・満鉄当局の三者で協定された外蒙・興安北省の一部の地名についてはその決定に従っている。				
			8	『神宮及官国幣社一覧』（附録・全国難読神社名） 主要な神宮・官国幣社の社号・御祭神名・祭祀用語などについて読み方が示されたもの。一般的な呼称と地元での呼称などで「ゆれ」があるものについては、審議の上放送での扱いが示されている。	祭祀用語約250、神宮神社名約700	A5	65	
			9	『難読仏教語彙』 難読の仏教語約1500語について読み方が示されているもの。仏教語から一般語化して読み方が変わったものや、宗派によって読み方が異なるものについては、注記・併記がなされているが、中には放送での標準形を示したものもある。	仏教用語約1500、寺院名約200	A5	143	
	1938	昭13	10	『難読姓氏 第2集』 同『第1集』（1935）を再編集したもの。	約3500	A5	69	
			11	『外国個有名詞及び外来語発音整理表』 ニュースから収集した外国地名・人名および外来語について、発音とアクセントを示したもの。	約500	B5	45	
	1939	昭14	3	『難読町村名』 難読の町村名について読み方を示したもの。漢字1字目の画数順に配列され、府県別索引および五十音順索引が付けられている。	約3000	A5	111	
			3	『同字異読語彙』 約5200の同字異読語について、区別・用法が明示されているもの。	約5200	A5	93	
			4	『放送用語調査委員会決定語彙記録 第1集』	約2200	B5	223	

	西暦	年号	月	タイトルおよび概要	収録語数	判	ページ数	備考
第1期／放送用語並発音改善調査委員会				1934年1月から1939年4月の間の放送用語委員会（全89回）で決定された項目に関する事項が五十音順に整理されたもの。				
			7	『基本動詞アクセント表（稿）』数多くの単純動詞についてアクセントを検討したもの。『日本語アクセント辞典』（1943）のもとになったものと思われる。	約1400	B5	124	
	1940	昭15	1	『基本アナウンス』「現行引継アナウンス用語」のパターンが示されているもの。		B5	16	
			1	『紀元二千六百年祝典用語』紀元2600年の祝祭にあたって、神武天皇に関連する地名・人名・難読語の読み方が示されているもの。	約230	B5	17	
			3	『放送用語調査委員会決定語彙記録　第2集』1939年5月から1940年3月の間の放送用語委員会（全17回）で決定された項目に関する事項が整理されたもの。	約700	B5	61	
			3～5	『皇室に関する敬語の用法　語彙篇稿本（1）～（14）』皇室に関する敬語・用語をめぐって14分冊にわたって整理されたもの。	約1600（敬語関連は約1300）	B5	計741	
第2期／ニュース用語調査委員会	1940	昭15	9	『改訂基本アナウンス』『基本アナウンス』（1940.1）が改訂・増補されたもの。		B5	34	
			10	『放送ニュース編輯便覧』ニュース原稿を書く際の注意点が示されたもの。	言い換え・言い添え語約600	B5	177	
			10	『アナウンス読本』アナウンス技術向上のためのテキストとして告知課（現在のアナウンス室）で編集されたもの。		B5	158	
	40.11～44.1			『放送用語備要（1）～（4）』第2期放送用語委員会（ニュース用語調査委員会）の審議結果が五十音順に再編集されたもの。	約8000	B5	(1)411 (2)396 (3)289 (4)345	

	西暦	年号	月	タイトルおよび概要	収録語数	判	ページ数	備考
第２期／ニュース用語調査委員会	1941	昭16	7	『同音語類音語』 放送において同音語・類音語の使用をなるべく避けるための資料として、多数の同音語・類音語が示されたもの。	同音語が約8700、類音語が約43000	A5	947	
			12	『放送用語備要集成』（第１部 言換篇） 『放送用語備要』が分野別に再編集されたもの。	約1200	B5	81	
	1942	昭17	1	『放送用語備要集成』（第２部 発音・アクセント篇） 『放送用語備要』が分野別に再編集されたもの。第２期放送用語委員会（ニュース用語調査委員会）で1940年11月から1941年8月までの10か月間に検討したアクセント約2000項目が掲載されている。	約2000	B5	130	
			8	『放送用語備要集成』（第３部 地名・人名篇） 『放送用語備要』が分野別に再編集されたもの。	人名約600、地名約250	B5	147	
	1943	昭18	1	『日本語アクセント辞典』 放送用語のアクセントが体系的に示された辞典。	約44000	B6	830	市販、日本放送出版協会、3円80銭
	1944	昭19	9	『放送報道編輯例』 ニュース原稿を書く際の注意点を指摘した上で、ニュース原稿のモデルを示したもの。		A5	382	

注

1　それぞれ『日刊ラヂオ新聞』1925.10/16 および 11/18 から（塩田雄大（1999）からの再掲）。なお、かなづかいは原文のとおりとしたが、漢字の字体は議論に支障のない範囲内において現代の字体に直した。これ以降の引用も同様である。

2　「当時激しい競争をしていた新聞聯合社と日本電報通信社の双方とニュースの購入契約を結んだ。こうして、両通信社から送られてくるニュースを東京中央放送局の報道課で取捨選択して、ラジオニュースとして聴きやすく書き直したうえ、配列をして放送するという放送局の自主的編集ニュースが昭和五年十一月一日から全国

放送として始まったのである。」(日本放送協会編 (1977) pp.68-69) という記述を見ると、ニュース項目自体を自主的に選択できるようになったのは1930 (昭和5) 年からのようである。

なお、ニュース番組提供の第一号 (1925年3月1日) は、読売新聞社である (山口誠 (2010))。

3 以下のような手書きのインタビュー記録 (NHK放送博物館蔵) が残っている。

「**土岐**(善麿) 当時としちゃあ、東京のことばを標準語とする、といったような考え方は、かなりまえからあった訳なんだ、けれども、そう云う考え方でもって放送の仕事をやると云うと、そうすると、今度は地方の方から反感がもたれるだろうと、それで、標準語ということばを共通語ということばでもってやっていこうと云うのが、まあ、最初の考え方ですね。そして、その、共通語というものをどの辺に基準をおくかといったような話が出て、それはまあ当然東京語が中心だろうということになったんだけれども、京都の方は、その標準語というものは、京都の方のことばが伝統的に正しいんだといったような意見も出てきてね、そこら辺のところでも、いろんな話があって、そして、東京の方で岡倉さんが中心、それから京都の方では新村先生が入っていられるんでしょう?

井口(虎一郎) そうでした

土岐 これなんかもやっぱり、或る意味から云えば、新村先生が言語学者として優れているということはわかっていたけれども、やっぱり京都代表みたいな気分もあったんだろうと思うんですね」

(斎藤美雄文責 (1977))

引用文献

浅井真慧 (1989)「放送用語の調査研究の変遷 〜耳のコトバの確立まで〜」『NHK放送文化調査研究年報』34

浅井真慧 (1990.1)「放送用語委員会審議の変遷 (1) ニュースの文段は短く＜ニュース編・その1＞」『放送研究と調査』40-1

浅井真慧 (1990.2)「放送用語委員会審議の変遷 (2) "語る文章"の理想もむなしく＜ニュース編・その2＞」『放送研究と調査』40-2

浅井真慧 (1990.5)「放送用語委員会審議の変遷 (3) 耳のコトバの建設を導いた人びと＜エピソード編＞」『放送研究と調査』40-5

池田亀鑑 (1933)「国語教育機関としてのラヂオ」『調査時報』3-1

市川重一 (1966)「『日本放送史』編集上の問題点」『NHK放送文化研究年報』11

市川重一 (1982)「放送用語史論 (序説)」『千葉経済短期大学初等教育科研究紀要』5

市川重一 (1984)「放送用語史論 (その2)」『千葉経済短期大学初等教育科研究紀要』7

岡倉由三郎 (1934)「放送用語並発音改善調査事務の開始とその仕事」『調査時報』4-3

菅野謙（1966）「放送用語研究の一方法」『ＮＨＫ放送文化研究年報』11
菅野謙（1978）「天気はよろしゅうございますが　～昭和初期の放送用語～」『文研月報』28-2
斎藤美雄文責（1977）『放送用語委員　土岐善麿氏と語る（2）』昭和五十二年十一月二十四日録音（ＮＨＫ放送博物館所蔵、手書き資料）
佐久間鼎（1934）「標準語と方言の問題」『放送』4-15（佐久間鼎（1942）『日本語のために』（厚生閣）に再録）
佐藤孝（1991）『自伝的駄弁録　ことのはつれづれぐさ』講談社出版サービスセンター
塩田雄大（1999）「東京発のテレビ番組の中の方言」『日本語学』18-13（1999年11月臨時増刊号）
塩田雄大（2014予定）「放送用語委員会」『日本語学大事典』朝倉書店
神保格（1931）「ラヂオによる国語統一」『調査時報』1-6
高村光太郎（1932）「日本語の新らしい美を」『調査時報』2-10
東条操（1933）「放送用語論　特に標準語と方言の問題」『調査時報』3-7
土岐善麿（1931）「勝手なこと二三」『調査時報』1-6
西谷博信（1965）「放送用語研究史要　―ＮＨＫで編集した放送用語関係資料を中心として―」『ＮＨＫ放送文化研究年報』10
日本放送協会編（1977）『放送五十年史』日本放送出版協会
宮脇俊三（1997）『増補版　時刻表昭和史』角川書店
米良忠麿（1932）「絃上の音」『調査時報』2-15
矢部謙次郎（1931）「国語統一に於ける役割」『調査時報』1-5
山口誠（2010）「「聞くスポーツ」の離陸」『大衆文化とメディア』ミネルヴァ書房

2章 開始当初の放送に現れた日本語の「間違い」

ここでは、戦前のラジオ放送で聴取者から指摘された「実際に放送に現れた日本語の間違い」を紹介する。そして、その指摘に対して当時の日本放送協会の側ではどう考えていたのかを、あわせて概観する。

2.1 取り上げる資料

資料として、以下の2点を利用する（注1）。
a. 総務局計画部（1935）「放送の言葉に関する事項投書調査（昭和九年投書内容調査第一次報告）」『放送』第5巻第5号
b. 総務局計画部（1936）「「放送の言葉」に関する事項（投書内容調査（第一次報告））」『放送』第6巻第11号

この『放送』は、戦前に日本放送協会から発行されていた専門誌である。戦中期にも同名の雑誌が出されていたが、系統が異なるものである（竹山昭子（1992））。a.は、1934（昭和9）年に全国各放送局（当時は民間放送局はまだなかった）に宛てられた投書7225通のうち、放送のことばに関するもの691通の概要を、誌上で紹介したものである。b.は同様に、1935（昭和10）年に各局に宛てられた投書7913通のうちの748通を紹介したものである。

聴取者からの指摘は、ラジオで△△というような言い方をしていたが、これは○○と言うべきだ、あるいは言ってほしい、といった内容のものが多い。これらの指摘のうち一部のものについて、その指摘された意見を日本放送協会として肯定するのか、あるいは否定するのかといった判断が示されている。

ここでは、これらの投書の中から、ある指摘に対して明確に「同意しているもの〔＝聴取者の指摘はもっともで、実際の放送で現れた言い回しは間違いである〕」と、明確に「反対しているもの〔＝聴取者はそのように指摘し

たが、日本放送協会としてはそのようには考えず、実際の放送で現れた言い回しは間違いではない」」を抽出し、整理しながら見てゆくことにする。なお、地名・人名などの固有名詞にかかわるものや、事実関係の誤りなどに関する指摘、および具体例を示さず全般的な要望を述べたもの（例えば「発音が不明瞭である」「読み方が単調である」「語中のガ行音はすべて鼻濁音で発音してほしい」など）は除外した。

抽出した指摘を、内容別に［①発音上の異同、②和語の語形に関するもの、③訓読み・音読みの異同、④漢語の字音の読みに関するもの］と分類して紹介する。なお、［⑤その他］と分類すべきものも資料には掲載されているが、今回は省略した。

2.2 発音上の異同

まず、聴取者が指摘した内容に対し、日本放送協会として「同意しているもの」（以下「指摘に同意」とする）を紹介する。

ここでの表示方法について説明すると、例えば【与(アタ)える［×アトール］】は、「放送で『アトール』と言っていたけれどもこれは間違いで、『アタエル』が正しい」という指摘であったことを示す。【代表［×ダイショー］】のようにルビを付していないものは、「放送で『ダイショー』と間違って言っていた」という内容の指摘である。【横着者(オージャクモノ)】のように角括弧［　］のない項は、「この語の読みは『オージャクモノ』が正しい」といった指摘のみが寄せられたものである。読みを示すカタカナ表記は、原文では当時のかなづかい（例えば「代表」について「ダイシヤウ」）で書かれているが、ここでは現代用いられている発音表記（「ダイショー」）に適宜改めた。それぞれの語は、「正しい」とされる語形の五十音順に配列した（以下同）。

①Ａ　発音上の異同（指摘に同意）
　【与(アタ)える［×アトール］】【行(オコナ)う［×オコノー］】【思(オモ)う［×オモー］】
　【考(カンガ)える［×カンゴール］】【趣(シュ)味［×シミ］】【主(シュヨー)要［×シヨー］】
　【代表［×ダイショー］】【払(ハラ)う［×ハロー］】【評(ヒョー)議［×ショーギ］】

【氷点（ヒョーテン）［×ショーテン］】【氷点下［×ショーテン〜］】

【ファン［×フアン］】【フェルト［×フエルト］】

ここでは、当時の表記法で「与へる・行ふ・思ふ・考へる・払ふ」のように書かれたものについて、ハ行転呼を生じた音形である「アタエル／オコナウ／オモウ／カンガエル／ハラウ」が放送ではふさわしく、それを長母音化させた「アトール／オコノー／オモー／カンゴール／ハロー」は（現実には当時使われていた音形の一つではあるものの）放送ではふさわしくないという見解があったことが見て取れる。当時、例えば「歌ふ」の発音は、西日本、北陸、宮城県北では「ウトー」であった（加藤正信（2007））。

いわゆる江戸弁の特徴の一つとされるシとヒの取り違え（ダイショー／ショーギ／ショーテン）およびシュの直音化（シミ／シヨー）も、放送ではふさわしくないと判断されている。

また、ファ／フェの音は２拍化させるのではなく１拍で発音するのが正しいと考えられていたことがわかる。

一方、聴取者が指摘した内容について「反対しているもの」（以下「指摘に反対」とする）は次のような例である。丸括弧内の（委）は、当時の日本放送協会に置かれた第１期放送用語委員会（正式名称「放送用語並（ならびに）発音改善調査委員会」）での判断あるいは決定として資料に示されているものである（以下同）。

①B　発音上の異同（指摘に反対）

【快晴（クァイ）［×カイセー］】（（委）「クワ」「カ」は現代の発音にて混同を免かれず。放送用語としても両用を認む）

【五月（グァツ）［×ゴガツ］】（（委）標準音としては「ガ」を取る）

【制定（セイテイ）［×セーテー］】（（委）字音「エイ」を「エー」と発音すること一般に認容せらる。放送用語としても両用を認む）

【大都会（クァイ）［×ダイトカイ］】（（委）標準音としては「カ」をとる）

ここでは、日本放送協会側の見解として、合拗音（クァイセイ／ゴグァツ／ダイトクァイ）は放送にはなじまず、直音（カイセイ／ゴガツ／ダイトカイ）でかまわないというものが示されている（注2）。ただし上記に見るとおり、「五月・大都会」（ともに1934（昭和9）年の投書）の項では「直音が標準」であるとされているのに対して、「快晴」（1935（昭和10）年の投書）の項では「直音と合拗音の両方を可とする」といった趣旨のことが注記されている。この1年の間に、合拗音に対する日本放送協会側の見解の変化があったのかもしれない。

また、連母音［-ei］を長母音化させて発音すること（セーテー）は、許容されるものとして位置づけられている。当時、「明治」「丁寧」などの語は、東京はじめ多くの地域（和歌山・九州・沖縄以外）で、「エー」という発音になっていた（加藤正信（2007））。

2.3 和語・外来語の語形に関するもの

次に、発音の問題と考えるよりも語形選択にかかわるものとして考えたほうが妥当なものについて紹介する。

②A　和語・外来語の語形に関するもの（指摘に同意）
　【大手合［×〜テアイ］】【大広間［×〜ビロマ］】
　【驚かして［×驚かせて］】【替手［三味線］［×カエテ］】
　【何々検事係［×ガカリ］】【に係る［×カカワル］】【難い［×ガタナイ］】
　【交渉方［×〜ガタ］】【促進方［×〜ガタ］】【選定方［×〜ガタ］】
　【取調方［×〜ガタ］】【木立［×キダチ］】【立場［×タテバ］】
　【チフス［×チブス］】【生鰤［×イキブリ］】【十三柱［×〜バシラ］】
　【水曜日［×〜ヒ］】【殆ど［×ホドント］】【御神楽［×オカグラ］】

②B　和語・外来語の語形に関するもの（指摘に反対）
　【書かせて［×〜シテ］】（⑳いずれも正）
　【輝かして［×〜セテ］】（⑳いずれも正）

【豫て［×豫てから］】（圅「豫てから」は誤用にあらず）
【聞かせて［×～シテ］】（圅いずれも正）
【済まして［×～セテ］】（圅いずれも正）
【先生だち［×先生たち］】（圅放送用語としては「タチ」を採る）
【齋^(トギ)】（圅放送用語としては「トキ」を採る）
【飛ばして［×～セテ］】（圅いずれも正）
【ニューズ［×ニュース］】（圅「ニュース」にて可）
【見せて［×～シテ］】（圅いずれも正）
【印度向き・米国向き［印度向け・米国向け］】（圅「向き」と「向け」とは意義の上に区別あり）

　ここでは、「オーヒロマ／カエデ／～ガカリ／～ガタ／～バシラ／～ヒ」および「～タチ」など、連濁による語形交替に関連するものが多い。また、「チフス」のように借用語の原音に忠実な語形を推奨する一方で、「ニュース」のように日本語としてなじんだ語形については必ずしも原音ではなく日本語の慣用を重視するという姿勢も見て取れる。そして、動詞使役の連用形＋テには、「～シテ」と「～セテ」の両形を認定していたことがわかる（ただし「驚かして」は例外）。

2.4　訓読み・音読みの異同

　漢字を訓読みするか、あるいは音読みするかにかかわるものである。なお、この分類では「指摘に反対」に属するものはなかった。

③　訓読み・音読みの異同（指摘に同意）
【内訳^(ウチワケ)［×ナイヤク］】【海鳴^(ウミナリ)［×カイメイ］】【鉛糖^(エントー)［×エンヌカ］】
【灰燼^(カイジン)［×ハイジン］】【外侮^(ガイブ)［×ソトアナドリ］】【燕麦^(カラスムギ)［×ツバメムギ］】
【汽船底引網^(キセンソコヒキアミ)［×キセンテイヒキツナ］】【軽々に^(ケイケイ)［×カルガルニ］】
【戸口調査^(ココー)［×コグチ～］】【御座船^(ゴザブネ)［×ゴザセン］】【作柄^(サクガラ)［×サクヘイ］】
【将に将たる^(ショーショー)［×マサニショータル］】【白木耳^(シロキクラゲ)［×ハクモクジ］】

【西瓜一玉[×〜ギョク]】【低気圧東北位[×〜トーホクグライ]】
【半晴半曇[×ハンバレハングモリ]】【帆船[×ホセン]】
【麻黄[×アサギ]】【明太子[×メンタイシ]】
【早生赤[×ソーセイアカ]】

2.5 漢語の字音の読みに関するもの

　この類型のものは、たいへん数が多い。当時、漢語の読み方をどのようにするかが大きな問題であったことがうかがわれる（塩田雄大（2007）（2009））。
　下記のうち、同じ単語が繰り返し掲載してあるのは（「遂行」など）、同様の指摘が複数回あったものである。

　④A　漢語の字音の読みに関するもの（指摘に同意）
【帷幄[×チョーアク]】【慰藉料[×イセキリョー]】
【温州みかん[×オンシュー〜]】【円滑】【婉曲[×ワンキョク]】
【黄檗宗[×コーバク〜]】【お時間[×〜チ〜]】【開山[×カイザン]】
【戒飭[×カイショク]】【滑走】【糞察[×ヨクサツ]】
【冀東[×ヨクトー]】【嗅覚[×シューカク]】【加行[×カギョー]】
【繭価[×ランカ]】【建国[×ケンゴク]】【工作[×コーサク]】
【講座[×〜サ]】【官庁公示事項】【控訴[×〜サ]】
【御協力[×ゴコーリョク]】【国禱会[×〜カイ]】
【誤謬[×ゴビョー]】【猜疑[×セイギ]】【菜根譚[×サイコンダン]】
【祭祀[×サイキ]】【左右馬寮[×サユーバリョー]】
【雑音[×ゾーオン]】【早急[×ソーキュー]】【残滓】【自治[×ジジ]】
【実現[×〜ケン]】【衆議院[×〜キ〜]】【蒐集[×キシュー]】
【収斂[×シューケン]】【入御[×ニューギョ]】【出生[×〜セイ]】
【出席[×シュツ〜]】【入洛[×ニューラク]】【浚渫[×シュンチョー]】
【正信念仏偈[×セイシン〜]】【燮理[×ランリ]】
【精霊棚[×ショーレイダナ]】【職業[×ショクゴー]】
【曙光[×ショッコー]】【遂行[×ツイコー]】【遂行[×ツイコー]】

30

【遂行[×ツイコー]】【漸次[×ザンジ]】【宣化[×センゲ]】
【増減[×〜ケン]】【曹洞宗[×ソードー〜]】【遡行[×サッコー]】
【治安[×ジアン]】【ローマ駐在[×〜サイ]】【貼付[×テンプ]】
【植字工[×ショクジコー]】【治療[×ジリョー]】
【恬淡無慾[×カッタンムヨク]】【橈骨[×ギョーコツ]】
【獰猛[×ネイモー]】【仲買人[×〜ガイジン]】【荷役[×ニエキ]】
【八分[時刻][×ハップン]】【比較[×〜コー]】【三十町歩[×〜ブ]】
【敷衍[×フヘン]】【不倶戴天[×〜サイテン]】【防遏[×ボーカツ]】
【忙殺[×ボーサイ]】【発起[×ハッキ]】【発起[×ハッキ]】
【発足[×ハッソク]】【門跡[×モンセキ]】【遺言[×イゴン]】
【養蚕[×ヨーザン]】【容體[×ヨータイ]】【養蜂[×ヨーボー]】
【四階建[×ヨンガイダテ]】【連袂[×レンケツ]】【労働[×〜トー]】

これらのうち、「早急」(注3)「出生」(注4)「遺言」(注5)については、この当時は1つの語形しか認められていなかったが、現代の放送では複数の形が許容されている。また「貼付」(注6)は、現代の放送では「テンプ」も認められており、この当時の規定と異なる。

一方、「指摘に反対」には次のような例がある。

④B　漢語の字音の読みに関するもの（指摘に反対）(注7)
【横着者】（圏放送用語としては「オーチャクモノ」を採る）
【加重[×カジュー]】（圏「カジュー」にて可なり）
【郷土芸術[×キョード〜]】（圏「キョード」にて可なり）
【警保局[×ケイホキョク]】（圏「ケイホ局」正、警保局照会済）
【攪乱[×カクラン]】（圏現在放送用語としては慣用音「カクラン」を採る）
【言質[×ゲンシツ]】（圏慣用音として「ゲンシツ」を採る）
【固執[×コシツ]】（圏「コシツ」にて可なり）
【今夕[×コンユー]】（圏「コンユー」にて差支なし）
【営業所・散宿所・出張所[×〜ジョ]】（圏「所」の「ショ」「ジョ」は

画一的に取扱ふこと能はず、慣用に従ふ）
【森厳［×シンゴン］】（㊟場合により「森ゴン」「森ゲン」共に可）
【聖典講義［仏教］［×セイ～］】（㊟この場合は「セーテン」の方を可とす）
【首相・文相・海相［×～ショー］】（㊟放送用語としては「ショー」とす）
【退下［×タイゲ］】（㊟審議の上退化は「タイカ」退下は「タイゲ」を
　とることに決定）
【大佐［海軍］】（㊟陸海軍共「タイ佐」とす、両省照会済）
【端緒】（㊟タンチョ（慣用音）を認定）
【直截［×チョクサイ］】（㊟審議の上チョクサイに決定）
【掉尾［×トービ］】（㊟トービ（慣用音）を認定）
【統治［×トーチ］】（㊟「統治」の「治」は「チ」を採る）
【日本［×ニホン］】（㊟「ニホン」も誤りにはあらず）
【紊乱［×ビンラン］】（㊟現在放送用語としては慣用音「ビンラン」を
　採る）
【禮拝】（㊟場合により「レーハイ」「ライハイ」いづれも用ひられる）

　これらのうち、「言質」（注8）「森厳」「直截」については、この当時とは異なって現代の放送では「ゲンチ」「シンゲン」「チョクセツ」のみを採用している。

2.6 「間違い」であると判断することの難しさ

　ここまで、1934年と1935年における「放送でのことばの間違い」の指摘と、それに対する当時の日本放送協会の考え方を概観してきた。これらのうち、筆者（塩田）が今回「指摘に反対」として分類したものは、ある人（ラジオ聴取者）が「間違い」であると考えたのに対して、放送協会側はそのようには判断していなかった語である。つまり、「間違いかどうか」の判断に多様性のある例だと言える（注9）（もちろん放送協会側の判断が絶対に正しいとは言えない）。
　また、当時の放送協会の判断が、現代の放送での規定と異なるものもある

ことを見てきた。これは、「放送において」という同じ条件においても、ある読み方や発音が「間違い」であるかどうかの基準は、不動のものではなく、時代によって異なりうることを如実に示している。

注

1 この資料の掲載内容の一部については塩田雄大（2007）でも取り上げたことがあるが、ここでは取り上げる対象と分類基準を再検討して新たに整理しなおした。この資料に掲載された内容全体の詳細な分析は、今後あらためておこないたい。

2 第2期放送用語委員の一人である東条操は、火事をクァジと発音することを標準語の規則とすることは、音韻変遷の事実（全般的にクァからカへと移り変わりつつあること）を無視しようとするものだと述べている（東条操（1939））。いっぽう同じく放送用語委員の新村出は、標準語としてクァと発音すべきだと主張するつもりはないがカとクァとを言い分けることによって同音異義語を区別することができる場合もあると述べている（新村出（1941））。なお、当時クァとカとを発音し分けていた地域（東北の北部・日本海側、北陸、西日本所々、特に、山陰・四国・九州・沖縄の大部分）では、「昭和二十一年ごろまでは、例えば「東京者は『会社』をカイシャなどと訛って言うが、おまえ達はそういうのがウツらないように注意しなさい。」というように、東京弁批判さえなされていた。しかし、いわゆる東京者だけでなく、ラジオからこれを発音し分けないアナウンサーの、軽快で、「正しい」音が聞こえてくると、地方人、児童としては迷いも生ずる」という状況だったと報告されている（加藤正信（2007））。

3 「早急」：総務局計画部（1935）の原文では「早急」とルビが付いているが、これは「早急」の誤りではないかと思われる。1935（昭和10）年に、「サッキュー」を第一の読み方、「ソーキュー」を第二の読み方とする案が当時の放送用語委員会で検討されたが、審議の結果「サッキュー」のみとすることに決定した。その後1943（昭和18）年のＮＨＫ編『日本語アクセント辞典』に「サッキュー」と「ソーキュー」の2つの読み方が掲載されたものの、1951（昭和26）年の『日本語アクセント辞典』において再び「サッキュー」のみに改められた。こののち、1991（平成3）年の放送用語委員会において、一般の人の間では「ソーキュー」と言う人が多いこと、また国語辞典には「ソーキュー」を掲載するものが多いことから、「サッキュー」を第一の読み方、「ソーキュー」を第二の読み方とすることに変更した（最上勝也（1991））。

4 「出生」：1943年の『日本語アクセント辞典』に「シュッショー」と「シュッセイ」の2つの読み方が掲載されたが、1951年の『日本語アクセント辞典』において「シュッショー」のみに改められた（浅井真慧（1997）p.31）。その後、1991年の放送用語委員会において、一般の人の間では「シュッセイ」と言う人も多いこと、また国語辞典には「シュッセイ」を掲載するものが多いことから、「シュッショー」を第一

の読み方、「シュッセイ」を第二の読み方とすることに変更した（最上勝也（1991））。この「出生」を「シュッセイ」と読むことに関する抵抗感がかつて特に強かったことの理由として、「出征（シュッセイ）」という語が当時常用語であり、これと積極的に言い分ける必要があったことが指摘されている（木村秀次（1984））。

5 「遺言」：1943年および1951年の『日本語アクセント辞典』には「ユイゴン」のみが掲載されており、1964（昭和39）年の時点で、「ユイゴン」が正しく「イゴン」は誤りであるということが明示されている（用語研究班（1964））。その後1985（昭和60）年の『日本語発音アクセント辞典　改訂新版』において、「ユイゴン」のほかに法律用語として「イゴン」も載せられた。

6 「貼付」：1938（昭和13）年4月の放送用語委員会において、「貼付」は「テンプ」と読まれることが多いものの放送では「チョーフ」とするように定めたことが当時の記録に示されている。そして1943年の『日本語アクセント辞典』には「チョーフ」として載せられているが、1951年の『日本語アクセント辞典』には「貼付」という語自体が掲載されていない。そして宮島栄一（1966）には、1966（昭和41）年の『日本語発音アクセント辞典』改訂の過程で「アクセント専門委員会」において審議した結果、新たに「貼付」という語を「テンプ」として掲載することが記されている。このあと、2010年9月24日の放送用語委員会において、「テンプ」に加えて「チョーフ」という読みも認めるような変更がなされた（山下洋子（2010））。

7 なお、今回の資料の上では指摘に対して賛成／反対の明示がされていないものの、その後の放送用語委員会で決定されたものもある。例えば、【懇望［×コンボー］】（資料上は規定の明記なし、1938（昭和13）年の放送用語委員会でコンボー・コンモー両形認定）、【弛緩［×チカン］】（資料上は「現在調査中」、1935（昭和10）年にシカン・チカン両形認定）、【絶叫［×ゼッキュー］】（資料上は「現在調査中」、1935年にゼッキュー（慣用音）と定めたあと、1938年にゼッキョー（字典音）と改訂）、【北陸道】（資料上は「審議中」、1938年にホクリクドー・ホクロクドー両形を認定、ただしホクロクドーは古語）など。

8 塩田雄大（2009）参照。この時点では「ゲンシツ」を正しいものとしていたが、1938（昭和13）年以降は「ゲンチ」に改められている。

9 今回は戦前の投書を取り上げたが、現代においても、このような例（テレビ視聴者が「ことばづかいの間違い」であると指摘するもののうち、放送局側では必ずしもそうは判断しないもの）は数多くあり、今後整理を試みたい。

引用文献

浅井真慧（1997）「放送と「発音のゆれ」」『ＮＨＫ放送文化調査研究年報』42
加藤正信（2007）「昭和前期における地方の言語生活と標準語・共通語の問題」『国語論究　第13集　昭和前期日本語の問題点』
木村秀次（1984）「「出生」考　―その読みを中心として―」『国語学』139
塩田雄大（2007）「漢語の読み方はどのように決められてきたか　戦前の放送用語委

員会における議論の輪郭」『ＮＨＫ放送文化研究所　年報 2007』51

塩田雄大（2009）「戦前の放送用語委員会における"伝統絶対主義"からの脱却　～1939 年『決定語彙記録（一）』と当時の辞典類～」『放送研究と調査』59-2

新村出（1941）「標準語の採定基準」『放送』11-5

竹山昭子（1992）「放送関係雑誌　解題」『放送関係雑誌　目次総覧（1）』大空社

東条操（1939）「東京語を基礎としての諸問題」『放送』9-10

宮島栄一（1966）「アクセント専門委員会報（6）」『文研月報』16-1

最上勝也（1991）「放送のことば　「秋田犬」「早急」の読みなど　用語の決定」『放送研究と調査』41-3

山下洋子（2010）「用語の決定」『放送研究と調査』60-12

用語研究班（1964）「放送用語メモ（18）」『文研月報』14-11

3章 最初の放送用語基準 1935年『放送用語の調査に関する一般方針』について

[本章の要旨]

　放送のための日本語を作り上げてゆくのにあたって日本放送協会で定められた日本最初の規定である『放送用語の調査に関する一般方針』の成立過程を、概観する。次の3点を指摘することができる。

①草案と決定稿とを比較すると、草案では、ローカル放送における方言放送の構想や、方言アクセント調査の提案もされていた。
②決定稿において、日本語の語彙を豊富にするための源泉の一つとして、方言を活用することが挙げられている。
③この方針を策定した組織（放送用語　並（ならびに）発音改善調査委員会、現在の放送用語委員会の始祖）は英国BBCを範としており、BBCの影響が具体的にどのような面にあらわれているのか、それがどのように現在に連なっているのか、といったことを今後考察してゆく必要がある。

3.1　はじめに

　本章は、放送用語の開発・調査を進めてゆくのにあたって日本で最初に作られた規定である『放送用語の調査に関する一般方針』について、成立の背景を探ることを目的とする。

　この資料は、現在までの日本語のあり方に少なからぬ影響を与えたものであると筆者は考えている。ここで定められた手順に従って、放送で用いることばが形作られていったのである。音声言語としての標準的な日本語のふさわしい姿を探るにあたっての方向性を示したものであり、現代に連なる日本語の歴史を考える上で、重要な資料である。この資料の存在は『国語学大辞

典』（1980、国語学会編）の「国語年表」にも掲載されており（p.1019）、標準語の位置づけを考える上で、単なる一組織の部内資料にとどまる性格のものではないことがわかる。

　音声を主体として日本全国に通用するような日本語を組織的・体系的に確立させる、ということは、放送の登場以前には日本人が経験したことのない作業であった。その成就にあたっては、特定個人の「名人芸」ではなく、ある手続きに従った「調査・選定基準」が必要であると考えられた。この資料は、その基準を示したものである。

3.2 『放送用語の調査に関する一般方針』の内容

　『放送用語の調査に関する一般方針』は、Ａ５判23ページの薄い冊子である（1935（昭和10）年3月発行、日本放送協会編、非売品）。筆者の調べた範囲内では、ＮＨＫ以外に国立国語研究所や東京大学史料編纂所などにも所蔵がある。また、西谷博信・近藤清次郎（1975）においては横書きに直された全文（原文は縦書き）が公開されている。また浅井真慧（1989）においても、部分的な省略を伴いつつ再掲されている。

　この資料について論ずるのにあたって、ここでも全文（原文は縦書き）を掲載することにする。なお、かなづかいは原文のとおりとしたが、漢字の字体は議論に支障のない範囲内において現代の字体に直した。

放送用語の調査に関する一般方針

総則
一．放送用語の調査は，ラヂオ聴取者の共通理解を基準として，美しい語感に富む「耳のコトバ」を建設し，放送効果の充実をはかることを目的とする。
二．放送用語は，全国中継アナウンス用語（以下「共通用語」と称す）を主体とする。
三．共通用語は，現代の国語の大勢に順応して，大体，帝都の教養ある社会

層において普通に用ひられる語彙・語法・発音・アクセント（イントネーションを含む）を基本とする。
四．共通用語と方言との調和をはかる。
五．調査事務を左の二部に分ける。
　一　基本調査
　二　当用に資するための調査
六．基本調査は，左の諸項に分けて進める。
　一　皇室に関する敬語の用法
　二　語彙
　　1　語彙（外来語を含む）・句法の選択及び拡充
　　2　漢語の整理
　　3　同音語の整理
　　4　専門用語の調査
　三　固有名詞の読み方
　　1　人名
　　2　地名
　　3　満蒙・支那の固有名詞
　四　発音
　　1　共通用語の発音
　　2　共通用語のアクセント
　　3　外来語の発音
　五　語法
　六　言語効果の実験的調査
七．当用に資するための調査は，日日の放送業務上の必要に応じてこれを行ふ。

一　皇室に関する敬語の用法について
一．各種の文書によつて現代の用例を調査すること。
二．右の用例ある語句を基本として，それに該当する一般的で且つ国語的な表現法を調査すること。

三．漢語による敬語は，必ずしも出典又は旧例に拘らず，現代の慣用を尊重すること。
　【附】外国の帝室・王室・元首に関する敬語の用法を調査すること。

二　語彙の調査に関する方針
Ⅰ　語彙（外来語を含む）・句法の選択及び拡充について
一．放送用語としての特殊性に基づいて，語彙・句法の選択の範囲と修補の限度とを調査すること。
二．語彙・句法の選択に当つては，一般的準則として，なるべく左の諸項によること。
　イ　現代の口語を第一とする。
　ロ　現代の最も普通な発音による。
　ハ　現代の最も普通な意味による。
　ニ　耳に聞いてすぐわかるものをとる。
　ホ　音と調子との美しいものをとる。
　ヘ　同音語（又は類音語）の少ないものをとる。
　ト　聴き取りにくい音（特にマイクロホンを通しての）を避ける。
　チ　音の上から悪い連想を起すおそれのあるものを避ける。
　リ　忌詞，その他，各種の差障りのあるものを避ける。
　ヌ　純日本語の表現形式を尊重する。
三．古語・方言は，これを適当に採りいれて語彙を豊富にすること。但，その発音とアクセントとは共通用語の体系に従ふ。
四．新語・流行語も適宜に採用して，語句の上に新鮮味を添へること。
五．慣用語句はなるべくこれを尊重すること。
六．略語の普遍化して且つ品位を失はざるものは，適宜にこれを採用すること。
七．外国語をそのまゝ採用する場合は，国語の全体的なリズムとの調和をはかること。
八．新たに外国語を国語に訳す必要に迫られた場合は，必ずしもその原義に拘泥せず，その一部をあらはして全体を示し得るものか，又は直観的なも

のを訳語として考案すること。
九．各種の専門用語は，なるべくこれを尊重すること。但，その発音の取扱方については特に調査すること。
十．実況放送（広義の）の記録（録音を含む）について，その中に共通する語彙・句法を蒐集整理し，なお将来において起り得べき各種の場合を予想して，それぞれに適切な語彙・句法の拡充をはかること。

Ⅱ　漢語の整理について

一．すべて電波に乗ることを予想される漢語を調査すること。
二．右の漢語を，次の二部に分類する。
　一　耳に聞いてすぐ意味のわかる漢語
　二　文字を離れてはわかりにくい漢語
三．この項の調査は，右の（一）の漢語の運用を主眼とすること。
四．上記の漢語に用ひられてゐる漢字の読み方を整理すること。
五．漢字の読み方の整理は次の原則によること。
　イ　読み方の順位（第一音以下）を定めること。
　ロ　第一音は，必ずしも字典が正式のものとして示す音に拘泥せず，広く常用されるものを採用すること。
　　【例】行　第一音（仮定）コー（漢音）
　　　　　京　第一音（仮定）キョー（呉音）
　　　　　重　第一音（仮定）ジュー（慣用音）
　ハ　第一音のほかは，その使用範囲の広狭によって，第二音又は第三音を定めること。
　　【例】行　第一音（仮定）コー
　　　　　　　第二音（仮定）ギョー
　　　　　　　第三音（仮定）アン
六．熟字で二つ以上の読み方のあるものは，前項に準じて，その読方の順位（第一以下）を定めること。
七．同じ熟字で，意味の相違により，その読方を異にするものを調べること。
　　【例】大名　タイメー　ダイミョー
八．新造語の漢語は，なるべく第一音によること。

九．漢字の意味の普及の程度と使用範囲の広狭とにより，第一意味・第二意味（以下第三意味等）を定めて，その第一意味による漢語は，なるべく純日本語の形で言ひあらはすこと．
　　【例】「行」の第一意味を仮に「ユク」とすれば，前後の関係上止むを得ないもののほかは，
　　　　「歩行する」は　　あるく
　　　　「通行する」は　　とほる
　　　　「行程」は　　　　みちのり
等といふことにする。但，既に「耳のコトバ」になつてゐる「旅行する」等は，この限りでない。
十．前項の第二意味（又は第三意味）による漢語のうち，特にむづかしいものは更に整理をはかること。
十一．漢字による芸題・曲名・文芸作品の題名等の読み方を調査すること。
　　【附】漢字による人名・地名の読み方については，別項「固有名詞の読み方」中の諸目を参照。

Ⅲ　同音語の整理について

一．同音語の調査に当つては，電波に乗ることを予想される語彙の全般（語原の内外を問はず）を含めて考慮すること。
二．同音語を次の二部に分類する。
　　一　同音・同アクセントのもの
　　二　同音・異アクセントのもの
三．同音語について，字面と前後の関係とを離れ，純粋に発音の上だけで思ひ起す意味の理解速度の等級を調査し，その最も高いもの（即ち最も広く通ずるもの）を放送用語の第一位にとること。
　　【例】コーエンスル　講演する　第一級（仮定）
　　　　　　　　　　　後援する　第二級（仮定）
　　　　　　　　　　　公演する　第三級（仮定）
四．同音語には若干の言添へ（即ち前後の関係）をつけて用ひるか，又は他の語で言換へることとして，その言添へ又は言換への最低限度を調査すること。

【例一】（といふ題で）（について）講演する
　　　　　　　　　　　　（のために）後援する
　　　　　　　　　　　公演する＝ステージにのせる
　　　【例二】市立　イチリツ
　　　　　　　私立　ワタクシリツ
　五．同音語の整理に当つては，類音語を考慮すること。
Ⅳ　専門用語について
一．専門用語を次の二部に分類する。
　　一　純粋の専門用語（術語・学名等）
　　　【例】先先先（センゼン（ノ）セン）《囲碁術語》
　　二　普通語としても用ひるもの
　　　【例】手合（テアワセ・テアイ）
二．右の（一）に当る語の発音は，なるべく専門家の用例に従ふこと。
三．右の（二）に当る語の内，専門のものと普通のものとの間に用例が一致しない場合は，適当に調和をはかること。
四．この項の調査に当つては，それぞれ専門方面との連絡をはかること。

三　固有名詞の読み方
Ⅰ　人名の読み方について
一．漢字で書いた人名の読み方（アクセントを含む）を，次の二部に分けて調べること。
　　一　普通の音訓によるもの
　　二　特別の読み方によるもの
二．右の（一）及び（二）を更に次のやうに分ける。
　　　　　｜イ　一種の読み方に大体一定してゐるもの
　　　　　｜　　【例】藤原　田中　斎藤（姓）
　　　　　｜　　　　　太郎　次郎　花子（名）
　　一　｜ロ　二種（又は二種以上）の読み方があるもの
　　　　　｜　　【例】土井（ドイ・ツチイ）　三田（ミタ・サンタ・サンダ）（姓）
　　　　　｜　　　　　実（ミノル・マコト）　健（ケン・タケシ・タケキ）（名）

　　　　　　　　英子（エーコ・テルコ・ヒデコ・ハナコ）（名）
　　　　　イ　古典的な読み方（又は名乗読み）のもの
　　　　　　【例】飛鳥井（アスカイ）　春日（カスガ）（姓）
　　二　　　　　　三成（ミツナリ・カズシゲ）（名）
　　　　　ロ　特例的な読み方のもの
　　　　　　【例】鷲見（スミ・ワシミ）（姓）
　　　　　　　　金城（カナグスク・カナシロ・キンジョー）（姓）

三．前項（一）の（ロ）及び（二）の読み方による人名の表を作ること。
四．名乗に用ひられる字訓を調べること。
五．歴史上の人名について調べること。
六．芸名を調べること。
七．当代の社会的人物の氏名中，疑問の起りさうなものについて，その正しい読み方を確めること。
八．読み方が不明な名前は仮に音読すること。この場合は第一音による。
九．訓読みと思はれるものは，仮に，最も普通の読み方に従ふこと。
十．人名に準じて考へられる官庁や団体の名称で，その部内の呼び方と一般の呼び方とが違つてゐる場合は，当該官庁乃至団体との連絡をとつて，適当な処置をはかること。
十一．特別な営造物の呼び名を調査すること。

Ⅱ　地名の読み方について

一．漢字で書いた地名の読み方を次の二部に分けて調査する。
　　一　行政区画による地名
　　二　山河等の名称
二．行政区画による地名を次の二部に分ける
　　一　政治上・産業上の主要な地名。
　　二　その他
三．主要な町名の「チョー」か「マチ」かの呼び方を調査すること。
　　【例】東京市本郷区　モトマチ（元町）
　　　　　　同　　　　　ユミチョー（弓町）
四．山河等の名称は次の二部に分ける。

一　比較的に著名なもの
　　二　その他
五．一般の通り名と地元の呼び名とが一致しない場合は，適当な処置を講ずること。
六．特に読みにくい地名の表を作ること。
七．同字異音の地名表を作ること。
　　【例】神戸　カンベ（大和・三河など）
　　　　　　　　コーベ（摂津・伊賀など）
　　　　　　　　コード（信濃）
　　　　　　　　ゴード（武蔵）
　　　　　　　　ジンゴ（美作）　　　（大日本地名辞書）
八．鉄道の駅名を調べること。
九．地名の改称について常に注意すること。
Ⅲ　満蒙・支那の固有名詞の読み方について
一．普通には，字音読みに従ふこと。但，第一音で読むことを原則とする。
二．発音を通して伝はつたものは，それに従ふこと。
三．左の例の如きものは，その呼び方の順位（第一以下）を定めること。
　　【例】青島（セートー）（チンタオ）
　　　　　漢口（カンコー）（ハンカオ）
四．その他は，随時，個個の場合について定めること。

四　発音の調査に関する方針
Ⅰ　共通用語の発音について
一．共通用語における標準的な発音を調査するために，適当な人と話材とを広く求めて，それを実地に又はマイクロホンを通して聴くこと。
二．右の調査に当つては，時代の推移に伴ふ変化に注意すること。
三．清音と濁音，その他，二様に発音されてゐるものは，その順位（第一以下）を定めること。
四．文語風と口語風との二様に発音されてゐるものは，特別な文章又は成句に於けるものを除く外，普通には口語風の読み方によることを原則とする。

【例】扱ふ　アツカウ（口語風）〔アツコー（文語風）ではなく〕
　　　　　思ふ　オモウ（口語風）〔オモー（文語風）ではなく〕
五．標準的な発音を記録して研究に供へるため，種種のレコードを作ること。
六．右のレコードは，発音の標準の時代的推移に伴つて，随時，新しく作ること。
七．いろいろなアナウンス用語・ニュース用語・その他のテキスト（上記のレコードに添へるものをも含む）を発音記号に転写し，その発音について記述した各種の参考資料を作ること。
八．発音の表記法は音声学協会所定の発音表記法を採用すること。
九．共通用語と方言とにおける発音の対応（特に重要なもの）について，その特異な点を明かにすること。

II　共通用語のアクセントについて

一．アクセントの調査は次の二部に分ける。
　一　単語のアクセント
　二　句のアクセント
二．一語で二つ以上のアクセントのあるもの又はアクセントの動揺してゐるものは，その順位（第一以下）を定めること。
三．句のアクセントは，特に放送上の慣用語句に留意して調べること。
四．アクセントの表記法は別に定める。

III　外来語の発音について

一．外来語を次の二部に分けて調べる。
　一　既に全く国語化してゐるもの
　二　なほ発音形式の動揺してゐるもの
二．右の（二）に当る語は，個個の場合について，その発音の順位（第一以下）を定めること。
三．新語の採用に当り，それが国際的な事物の名称であつて，特にラテン名によつてゐるものは，伝来の系統に拘らず，母音字を基本母音的に読むことを原則とする。
　　【例】ラヂオ
四．音節の多いコトバは下略（又は稀に上略）されることを予想して，その

場合に応ずるやうに考へておくこと。
五．伝来の時代と系統とによつて，同じ事物に二つ以上の呼び名がある場合は，その順位（第一以下）を定めること。
　　【例】チェロ　セロ
六．固有名詞で二様以上に発音されてゐるものも，前項に準じて，その順位を定めること。
　　【例】ワグネル　ワグナー

五　語法の調査に関する方針
一．語法の調査に当つては，文字を基とせず，純粋に音声の上に立脚して調査すること。
二．敬語の用法は，その中位（いはゆる真行草の行に当る）のものを主体とすること。
三．放送原稿を読み上げる場合の句読の切り方を調査すること。
四．語法における外国語脈の新しい影響については適当に考慮すること。

六　言語効果の実験的調査に関する方針
一．放送上の言語効果を，ラヂオ装置を通して実験的に調査すること。
二．この項の調査事項を左の三部に分ける。
　一　発音（アクセントを含む）の上の問題
　　単音・連音における聴取りの難易・聴誤りの多少などについて
　二　語彙・句法の上の問題
　　同音の語句・聴取りにくい語句・発音しにくい語句・連想のわるい語句などの整理選択について
　三　綜合的の問題
　　アナウンスの速度・句切り・言葉調子・声量等の標準について
　　語感について
三．日日の放送を実地に聴取して，その発音・語法・語句の用ひ方などについて研究すること。
四．広く実地聴取による調査資料を蒐集するため，適当な方法を講ずること。

当時の会議関連議事記録（ＮＨＫ放送文化研究所に所蔵）などを見てみると、この資料の成立にあたっては、以下のような流れが認められる。

　（A）「たたき台」として調査事項案の草案が示され、
　（B）各調査事項別に詳細な調査方針が検討されたのちに、
　（C）それらを統合して総則が打ち立てられた。

①第一原案

最初の「たたき台」となったものは、第1回（1934（昭和9）年1月11日）の放送用語委員会（正式名称「放送用語並発音改善調査委員会」）において提議された以下の案である。

　調査事項案
　一．放送ニュース用語及発音ノ標準化
　二．紹介アナウンスノ用語及発音ノ標準化
　三．地名、人名、外来語ノ正シキ発音
　四．専門語、術語ノ正確ナル用法
　五．階級的、社会的、地方的慣用語及敬語ノ整理選択
　六．流行語、新語等ニシテ普遍化サレタルモノノ取捨
　七．方言ノ正シキ取扱方
　八．生活感情ヲ素直ニ表現スル言葉及発音
　九．実況放送ニ於ケル効果的用語及用法
　十．アナウンスノ速度、句読ノ切方、調子、音量等ノ標準
　十一．同音語及聴取リ難キコトバノ整理
　十二．マイクヲ通シテノ発音ノ難易ノ調査

　　　　　　　　　　　　　　（1933（昭和8）年12月28日配付）

これらの各項目について、岡倉由三郎（1934）には補足が記されている。内容を要約すると、以下のようになる。

一．ニュースの気象通報では「降りましょう」と「降るでしょう」の両方が使われているが、どちらのほうが聞いたときに感じがよいかという観点から、なるべく一つの言い方にしてゆくようにしたほうがよい（注1）。

二．アナウンサーが「満珠干珠」のことを「マンジュセンジュ」と誤読したが、こうした語にはできるだけ読み仮名を付すようにして、アナウンサーに負担をかけないようにしたい。

三．地名・人名などの難読語（特牛［コットイ］、垣内［カイト］など）の読みを簡単に調べられる字引が必要である。また、一般に「ハンプルヒ（ドイツの地名）」「ブローニング（ピストルの名称）」と言いならわされているが、正しくは「ハンブルグ」「ブロウニング」である。こうした場合、慣用的なものをとるのか正しいものをとるのか、判断が難しい。

四．「手合」ということばは、囲碁については一般人が「テアワセ」、専門家が「テアイ」と言う。一方将棋では専門家が「テアワセ」「テアイ」のどちらとも使う。専門家の言い方をどこまで採用するかという問題も含め、こうしたことばの整理が必要である。

五．「臨御」ということばは国語辞典では「天皇陛下にのみ使う」と明記されているが、国語読本には皇后陛下の臨御のことが書かれている。また「賢所」を「ケンショ」と発音する宮内官もいる。こうしたことには、古例を確認することや、宮内当局に照会をする必要が生じてくる。また、何かを書くように命令する際に「書け・お書き・書きな・書きなさい・お書きなさい」などの言い方があるが、地域差・年齢差・男女差などをふまえたうえで、放送用語としてアナウンサーが用いる標準形としてはどういったものがよいのかを考える必要がある。

六．「とても」はもともと打ち消しを伴う場合にのみ用いられていたが、今はそうではなくなっており、耳障りでもなくなっている。このように、もともとはおかしかった表現でもその後一般化するものがある。

七．「捨てる・捨つる」「死ぬ・死ぬる」「おおい・おいい」「カントー（関

東)・クァントー」などの地域差があるが、各地方の各放送局の立場も考えると、軽々しくどちらかの一つに決めるということは問題になる。

八．「キッチャテン（喫茶店）・キッサテン」「ギケンキン（義捐金）・ギエンキン」といった読みのゆれに関して字典音と慣用音のどちらを採るのか、また「ハツメイ（発明）・ホッシン（発心）」「メイリョー（明瞭）・ミョーニチ（明日）」のように複数の字音が実際に使われている例などについて対策を講じる必要がある。方針としては、書道の真行草における行に相当するくらいの素直でこだわりのないものを選んでゆきたい。

九．実況放送に関して、あまりに専門的な用語を多用せず、簡単明瞭を旨としたい。

十．アナウンスの速度に関して、外部の評価をたえず取り入れて検証してゆきたい。

十一．日本語は漢字を使うことが習慣化しているため、漢字表記による違いには敏感であるが、同音異義語の多さにはあまり対策が取られていない。「眼のことば」ということをしばらく忘れて、「耳のことば」としての立場から日本語の全体の総勘定をしてゆく必要がある。

十二．マイクを通した場合には聞き取りにくくなることがある。専門家の助けを得ながら、放送することばができるだけはっきりと美しくなだらかに聞こえるようにするための工学的な調査も必要になってくる。

②審議・修正・決定

　この第一原案に対して、事項ごとに分けて詳細な草案を作成し、その上で審議・修正・決定すべきであることが、主査である岡倉由三郎委員から提案された。

　残された記録によるかぎり、11回の会議（1か月に2回実施）における審議を経て、1934（昭和9）年の夏にはこれらを整理した「放送用語の調査に関する一般方針（整理第二稿）」が完成した(注2)。これに最終的に手を加え、

1935（昭和10）年3月に『放送用語の調査に関する一般方針』が正式に公表されたのである。

なお、この原案の起草をめぐって、塩田雄大（2007.7）では「事務局側の三宅武郎が、主査の岡倉由三郎の意を大きくくみ取るような形で書き上げた」ものなのではないかと推定したが、これが事実であるらしいことが、以下の記述から読み取れる。

「私は、真に「御杖代」の心持で、昭和九年一月から満五ケ月の間、先生御指導のもとに『放送用語の調査に関する一般方針』の原案起草に従事した。私は永久に、この五ケ月間における先生と私、親子二人きりの楽しかつた生活を胸に抱いて墓場まで行くつもりである。」
　　　　　　（三宅武郎（1937）、「私」は三宅、「先生」は岡倉のことを指す）

3.3　音声言語の重視

『放送用語の調査に関する一般方針』の冒頭には、以下のように音声言語を重視する旨の指針が提示されている。

　一　放送用語の調査は、ラヂオ聴取者の共通理解を基準として、美しい語感に富む「耳のコトバ」を建設し、放送効果の充実をはかることを目的とする。

このことに関連して、岡倉由三郎の次のような意見がある。

「「ことば」の本体は、口に語つて耳に聴きとる音声のうちに意味を宿したものである。これはいふまでもないやうであつて、屢々その上にあとから著せた文字の著物に蔽ひかくされて誤解を来す事実である。われわれの正体は裸になつた姿であると同じく、「ことば」の正体も著物としての文字と混同して考へられてはならない。近頃体育奨励のためにラヂオ体操のやうなことを行ふが、その時にはなるべく薄着になり、理想的

にいへばまる裸になつて手足の最も自由な運動を計らなければならない。それと同じやうに、「ことば」を練るためにはまずその著物である文字でかいた「目ことば」をしばらく次の室へ脱ぎ捨てて、音ばかりでできたことばとして耳にどういふ風に意味を正確に、且、美しく伝へ得るかといふことの試験をし、研究を積まなければならない。」

(岡倉由三郎 (1934))

本書の1章でも述べたとおり、いわゆる「標準語」というものは、昭和の初期のころにはすでにほぼできあがっていたという考えもあった。しかしそれはあくまで書記言語〔＝書きことば〕についてのことで、放送の開始によって、音声言語〔＝話しことば〕の標準化という試練が本格的に始動したと言える。上記の指針は、それに対する決意表明とみなせる。

3.4 方言に関する態度

「耳のコトバ」をこれから打ち立てようというのにあたって、方言についてどのように扱うべきなのか、ということは重要な検討事項であった。以下に、この『放送用語の調査に関する一般方針』およびその草案での方言に関する記述を見てみよう。

3.4.1 アナウンスにおける方言使用

アナウンサーが用いる言語に関して、当初の草案では、「日本全国共通語と方言との共存」を目指そうとしたと解釈できる内容が盛り込まれている。しかしその後の審議において、結局「アナウンサーのことばは日本全国共通語のみ」というように決定されるのである (塩田雄大 (1999))。

以下に掲げるとおり、草案に見られるのは、「全国放送は共通語、ローカル放送は当地の方言」という二重言語（方言）方式である。

【草案】
　一．放送アナウンス用語を次の二部に分けて考へる

　　　　第一部　全国中継アナウンス用語
　　　　　　　（以下「全国中継用語」又は単に「中継用語」或は「共通
　　　　　　　用語」と略称することがある）
　　　　第二部　方面アナウンス用語
　　　　　　　（以下「方面用語」と略称する）
　二．共通用語は、現在の大勢に順応して、大体、東京語の中流社会の語
　　法・発音・アクセント（イントネーションを含む）及び語彙を基本と
　　する。
　三．方面用語は、各放送局所在地の語法・発音・アクセント及び語彙を
　　基本とする。
　　（附記）全国無数の方言を洩れなく顧慮することは、理想としては望
　　　　　ましいが、実際においては殆ど不可能なことだから、右の方
　　　　　面用語をもって一切の方言を代表させる。　　　［以下略］
（以上「語法の調査に関する一般方針」草案（1934.5/8 発送、5/25 審議）
　　　　　　　　　　　　　　　　　　　　　　　　　　　　　から）

　ここの「共通用語」とは全国放送で用いることば、「方面用語」とは地域向け放送で用いることばのことである。もしも、この草案がそのまま通っていれば、たとえば大阪地区の放送は、全国ニュースは共通語、地元向けニュースは大阪方言、という形になっていたはずである。
　しかし、この草案に対して、5/25 の委員会席上で次のような修正が加えられた。

【5/25 会議修正】
　　第一項を次の如く訂正
　　「放送アナウンス用語（以下共通用語と称す）は全国中継アナウンス用
　　語を本位とする」［中略］字句に修正を加へて決定

　この「字句に修正を加へて」というのは、実は相当強い修正であったようで、その後に見られる稿では、次のように示されている（なお「整理第一稿」

(6/25 審議）は散逸）。

【整理第二稿】
　　二．放送用語は、全国中継アナウンス用語（以下「共通用語」と称す）を主体とする。
　　三．共通用語は、現代の国語の大勢に順応して、大体、帝都の教養ある社会層において普通に用ひられる語法・発音・アクセント及び語彙を基本とする。（語法の項より移す）
　　四．共通用語と方言との調和をはかること。（語法の項より移す）
　　　　　　　　　　　　　　　　　　　　　　　　　　　　　　［以下略］
　　（以上「放送用語の調査に関する一般方針（整理第二稿）」（8/10 作成、8/18 発送）から）

【決定稿】
　　総則　［中略］
　　二．放送用語は，全国中継アナウンス用語（以下「共通用語」と称す）を主体とする。
　　三．共通用語は，現代の国語の大勢に順応して，大体，帝都の教養ある社会層において普通に用ひられる語彙・語法・発音・アクセント（イントネーションを含む）を基本とする。
　　四．共通用語と方言との調和をはかる。
　　　　　　　　　　　　　（以上『放送用語の調査に関する一般方針』から）

　このように修正された理由として、当時の社会情勢において「標準語による日本語統一」の必要性が強く叫ばれていたこと、また二重言語（方言）放送とはいっても日本全国すべての方言が取り上げられるのではなく、「各放送局所在地の方言」だけが用いられるのは結局不公平であること、などが指摘されている（菅野謙（1978）（1985））。ただし、これは残念ながら推測にとどまっており、残された会議関連資料には修正の理由までは明示されていない。

参考までに、放送用語委員の一人であった土岐善麿が戦後に回顧したものとして、以下のような記述がある。ここでは、各地の方言をそれぞれ基準にしたのでは放送として成り立たないという見解が示されている。

「放送の仕事が始まってね、ＮＨＫの。そして愛宕山の時代ですけれども、昭和九年ですよ。放送用語発音研究調査会［引用者注　原文ママ］といったようなものをやり出してね。そして、とにかくいままであることばで、わかることばで放送しなけりゃしょうがないし、それから方言なんていうようなものも、どういう工合に考えりゃいいか。方言でもってそれぞれの地方のことばを基準にすりゃ、放送成り立ちませんからね。」

(土岐善麿（1970））

3.4.2　発音

現代の感覚からすれば、共通語で話す際に、地名の「岡山」や人名の「平太郎」を、「オカヤマ」「ヘータロー（あるいはヘイタロー）」と読むことに、少しの疑問も抱かないであろう。しかし当時の草案には、これは「オカヤマ」「ヘータロー」と読むように、とする注記があえて付けられている。

草案を見ると、地名「岡山」は現地では［okæjama］（近い発音としては「オキャヤマ」となろう）と、また人名「平太郎」は東北・出雲では［Fe:taro:］（近い発音としては「フェータロー」となろう）と発音されているが、これは日本全国共通語の音韻体系に合わせる形で修正して発音することが示されている。

いわゆる「方言音（共通語の音韻体系にない音）」に関する扱いとして、日本全国共通語を使う際にはあくまでもその音韻体系の枠内でおこなう（標準語に方言音は取り込まない）方針を明確に示した事例である。

【草案】
　　第一部　母音
　　(1) 母音は「アイウエオ」の五つを基本として、その他の母音は、それぞれ最も近い母音に摂する。但、必ずしも統一はできない。

(例)「岡山」の方言的発音［okæjama］(又は［okɛ-］)は「オカヤマ」に、Bat［bæt］は「バット」に、Catch［kætʃ］は「キャッチ」になど。又、方言における「イ」「エ」又は「イ」「ウ」の混同は、それに該当する内語の発音に照して修正すること。
　　［中略］
　第二部　子音
　　［中略］
　(3)内地の方言音におけるＦ又は両唇摩擦のＦは同じくハ行音に摂する。
　　(例) 東北・出雲の人名「平太郎」も「ヘータロー」と読む。
　　　　(以上「外語の発音(外来語・外国語・方言の特殊音を含む)の調査に関する一般方針」草案(1934.4/25審議)から)

　草案での第二部(3)の部分は、4/25の審議において「内地の方言音におけるファフィフェフォは同じくハヒヘホに摂する」という表現に修正された。なおこの記述は、「放送用語の調査に関する一般方針(整理第二稿)」および最終稿においては削除されており、以下のような指針が示されている。あえて詳細に書く必要もないものと判断されたのであろうか。

【決定稿】
　四　発音の調査に関する方針
　　Ⅰ　共通用語の発音について　［中略］
　　九．共通用語と方言とにおける発音の対応(特に重要なもの)について、その特異な点を明かにすること。

3.4.3　アクセント

　放送用語に資するためのアクセントの調査として、当初の段階では、日本各地の方言アクセントの体系を明らかにすることも目標とされていた。

【草案】
　アクセントの調査に関する一般方針

一．アクセントは次の二部に分けて調査する。
　　第一部　単語のアクセント
　　第二部　句のアクセント
二．アクセントの基本的な形式は、その方言の発音上の生理的（及び心理的）傾向に基づくものだから、それぞれのアクセント体系は、それぞれの発音体系の上に立つて調査すること。
三．特に同音（又は類似音）の語で同じアクセントを持つてゐるものについて、その理解に差支を生ずるか否かを調査すること。
　　（附記）別項「同音語の調査に関する一般方針」参照
四．右の調査は、全国中継用語と方面用語との比較をも含めること。
五．先づ全国中継用語におけるアクセントの体系を明かにして、方面用語におけるアクセントの体系をも比較調査すること。
六．調査の結果を綜合して、後日「アクセント法」及び「アクセント辞典」を作る。
　　（以上「アクセントの調査に関する一般方針」草案（1934.5/8 発送、5/25 審議）から）

この草案に対して、5/25 の会議席上で以下のような修正が施される。

【5/25 会議修正】
　第二項を次の如く訂正する
　「アクセントは、その属する地方的発音体系の上に立つて調査すること」
　第六項を次の如く訂正する
　「調査の結果を綜合して後日アクセント付放送用語辞典を作る」

このアクセントに関する内容はここで審議・決定済みだったのであるが、その後の 7/11 の会議において改めて取り上げられ、地方アクセントの調査に関する記述がまったくない以下のようなものに再修正されている。残された記録で見るかぎり、いったん決定済みのものに再度修正を加えるのは、やや異例である。

【7/11 会議版】
　アクセントについて
　一．アクセント調査は次の二部に分けて考へる。
　　（一）単語のアクセント
　　（二）句のアクセント
　二．単語のアクセントは、品詞別、語類別に附けること。
　三．一語で二つ以上のアクセントのあるもの又はアクセントの動揺してゐるものは、その第一アクセント、第二アクセントを定めておくこと。
　四．句のアクセントは、特に放送上の慣用語句に留意して調べること。
　五．以上の結果から帰納して標準的アクセントの体系を求めること。
　六．アクセントの表記法は別に定めること。

【決定稿】
　四　発音の調査に関する方針　［中略］
　　Ⅱ　共通用語のアクセントについて
　　一．アクセントの調査は次の二部に分ける。
　　　一　単語のアクセント
　　　二　句のアクセント
　　二．一語で二つ以上のアクセントのあるもの又はアクセントの動揺してゐるものは，その順位（第一以下）を定めること。
　　三．句のアクセントは，特に放送上の慣用語句に留意して調べること。
　　四．アクセントの表記法は別に定める。

　上記にあるとおり、7/11の会議で出された資料および決定稿においては、方言のアクセントについての言及がいっさいなくなっている。つまり、放送用語に資するための調査をするのにあたって、この時点で「方言」のアクセントは考慮の外に置かれてしまったものと解釈できるだろう。

3.4.4 語彙

語彙については、以下に見るとおり、草案では、その地域に特有の事象を表す場合には方言での言い方を用いる、という態度が示されている。

【草案】
　語彙・句法の選定に関する一般方針
　　［中略］
　　五．方言も、その方言を伴ふ地方的文化が取扱はれるときには、それと共に採用すること。但、全国共通用語としては、その発音とアクセントとを、その体系に同化させて用ひる。　　　　［以下略］
　　（以上「語彙・句法の選定に関する一般方針」草案（1934.5/8 発送、6/6 審議）から）

この箇所が、その後以下のような形に変わっている（草案が審議された 6/6 の会議録にはこのような修正の記録はない）。

【整理第二稿】
　語彙・句法の選択及び拡充について
　　［中略］
　　三．古語・方言は、これを適当に採りいれて語彙を豊富にすること。但、共通用語としては、その発音とアクセントとは、おのづから共通用語の体系に同化して用ひられる。
（以上「放送用語の調査に関する一般方針（整理第二稿）」（1934.8/10 作成、8/18 発送）から）

【決定稿】
　　二　語彙の調査に関する方針
　　　Ｉ　語彙（外来語を含む）・句法の選択及び拡充について　［中略］
　　　　三．古語・方言は，これを適当に採りいれて語彙を豊富にすること。但，その発音とアクセントとは共通用語の体系に従ふ。

3章　最初の放送用語基準　1935年『放送用語の調査に関する一般方針』について

審議後の記述では、方言語彙に関して、地域的事象に関する場合に使うだけでなく、「共通用語」の語彙として能動的に取り込むべきであることが提案されており、特徴的である。

3.4.5 沖縄の人名について

沖縄の人名については、全国的に活躍している人とそうでない人とに分け、前者については本人の申告を優先し、後者についてはおおむね地元（小学校）での発音に近いものを採る、という二重基準を採用している。

【草案】
　　その二　沖縄の人名
　一．この項の調査に当つては、左の二部に分けて考へること。
　　　（一）地元の人の名前
　　　（二）県外で活動してゐる社会的人物の名前
　二．第一部　地元の人の名前は、大体、その地方の小学校で行はれる呼び方によること。
　　　（例）　比嘉　ヒガ（小学校）
　　　　　　　　　　ヒジャ（村）
　　　　　　東恩納　ヒギャオンナ（小学校）
　　　　　　　　　　ヒジャウンナ（村）
　　　（附記）地名の発音も之に準ずる。
　　　（例）　那波　ナハ［h］（小学校）
　　　　　　　　　　ナファ［f］（村）
　三．前項の方針によつて、代表的な家名（及び最も普通な名前）の呼び方を調査しておくこと。
　四．第二部　県外（特に中央）で活動してゐる社会的人物の名前は、常に注意して、それぞれ個人的に問合せておくこと。
　　　（例）金城（本来の呼び方はカナグスク）
　　　　　　　或る人は　キンジョー

　　　　或る人は　　カナシロ
　　　　或る人は　　カナグスク
　　花城（本来の呼び方はハナグスク）
　　　　衆議院議員花城永渡氏はハナシロ
　　（附記）今日では、この花城氏は地元でも「ハナシロ」で通つてゐるよし。
　　朝永（名）（本来はチョーエイ）
　　　　或る人は　　アサナガ
　五．調査の順序は第二部を先とし、漸次、第一部に及ぼすこと。
　　（以上「その二　沖縄の人名」（6/25審議［第10回委員会］）から）

　この草案に対して、審議後には「沖縄」として独立の内容を記述することはせず、固有名詞の読み方に関する考え方を「人名の読み方」の一部として反映させることが決定された。

【決定稿】
　　三　固有名詞の読み方
　　　Ｉ　人名の読み方について　　［中略］
　　　　ロ　特例的な読み方のもの
　　　　　　【例】鷲見（スミ・ワシミ）（姓）
　　　　　　　　　金城（カナグスク・カナシロ・キンジョー）（姓）

3.4.6　方言に対する放送用語委員のとらえ方

　当時の社会情勢の中で、方言に一定の社会的役割を積極的に与えようとする試みは、必ずしも本流にはなりえなかったであろう。こうした中で、当時の放送用語委員の発言の中には、以下に見るように「方言撲滅」に対して「反対」のニュアンスを感じさせる意見が述べられているものがある（注3）。

【新村出】
　「方言の問題にしましても、これを一部の論者の考ふるやうに、方言を

撲滅して国語を統一するなどといふやうな言語生活を無視した論は、到底行はるべきものではありません。」

(新村出（1933）)

「私は前半生を東京に過し後半生の現在を京都に送るものであるから、東西の言葉に対して、歴史的にも現実的にも可成公平な比較をなし得る地位に立つて居ると信じてゐる。従つて東京における放送用語委員会やその他国語及び方言の学会等においても、上方の言葉に関しては常に多少の弁護擁護とに力めてゐる積りである。而て一国の標準語をよりよく育てあげるためには東京語を土台にするにしても、それに対立する京阪語を助長して標準語への寄与貢献をさせる方針を採る方が徒に京阪語の撲滅を計るよりはるかに有効であり、又自然であらうと思ふ。」

(新村出（1942）)

【神保格】

「標準語の普及は方言を滅ぼさなくても出来るからである。方言尊重論者は同時に標準語奨励者になり得るのである。」

(神保格（1931）)

「方言を矯正すべしといふ意味が、如何なる場合にも方言を使はないやうにするといふ意味であるならば、方言矯正は方言撲滅と同じことになる。そんな事は第一容易に出来ることではない。また為すべきことではない。[中略]方言を尊重するとか奨励するとかいふのは、[中略]今まで無意識に使つてゐた方言は全日本標準語と比べてどの点が同じであるか、どの点が違ふかといふことを明かに認識するということである。」

(神保格（1941）pp.140-141)

【保科孝一】

「発音・語詞および文法から見て、現在の東京語には幾多の疑点が存在するが、しかしある程度まで関西方言の要素を加味してその標準を確定することは国語政策上から見てもつとも得策であると信ずる。現在の東京語は江戸時代のものに関西方言を多少加味したものであるが、今後の標準語にはこれをいかなる程度までに加味するかが問題である。」

(保科孝一（1933）p.57)

特に放送用語委員会主査の岡倉由三郎は、以下の記述にも見られるとおり、当時としてはたいへんリベラルな標準語観を持っていた。

【岡倉由三郎】
「徳川時代には国民を結び合せる「ことば」そのものの綱がなかつたため、「口ことば」は地方地方でなるがままに任せて置いて、候文といふ目の連絡の綱で全国の隅から隅を繋ぎ合せたのであつた。今日の如く交通機関が発達して来て、国を小さくいくつかの塊に分けて互に疎遠な間柄でゐることが国家の進展に有害であると認められて来たからは、「ことば」そのものの音に意味を宿してゐて、聴いてその意味のわかる連絡の綱でわれわれを結び合せることが必要となつた。[中略]長い年月に亘つて「口ことば」を異にしてゐた津津浦浦にまで、一朝にして一つの「口ことば」を話させることは容易に行はれ難いことである。それで差向の事業としては、教養あるものの「ことば」といふものをたてて、それを各自が、めい〳〵の「地方的色彩を帯びたことば」の外に併せて持つてゐることがよいと思はれる。またそれがただ一つの行ひ得べき方策と考へられる。
　そこでその教養あるものの間にとり用ひられる共通語を仮に名づけて標準語といふ。その標準語がたまたま或る一地方の人には割合にたやすく使用ができ、他の地方の人には著しく不便の感があることもあらう。これはちやうど一国の東西、或いは南北を貫いて一本の鉄道の幹線を敷く時、或る地方の人には停車場の位置が不便であり、或る地方の人には便利であるといふやうに自然なことではあるが、さういふ私の利害を以て鉄道の運輸の便を妨げてはならないと同じやうなことがここにもいへる。」

（岡倉由三郎（1934））

この記述は、

①国家の発展のためには標準語が必要であるが、それは自分の母語・母

方言とは別個のものとして扱われるべきものであること
　②標準語の具体的実現形に関して、自分の母語・母方言と近いかどうか
　　という個人的な事情は申し立ててはならないこと

という岡倉の思想を表している（注4）。
　方言撲滅の動きが強かった時代において、上記①のような考え〔＝方言と標準語との併用の提唱〕は、特筆されるべきである。

3.4.7　方言をめぐる記述のまとめ
　ここまで、『放送用語の調査に関する一般方針』およびその草案における方言関連の記述をめぐって概観してきた。事務局側から提示された当初の草案と、審議後の決定内容を比較しておおまかな傾向を述べるならば、

　（a）方言に関する位置づけが、審議後では「下降」したもの
　　①アナウンスにおける方言使用【3.4.1】
　　　（二重言語（方言）使用から日本全国共通語専用へ）
　　③アクセント【3.4.3】
　　　（方言アクセントの調査が対象外となる）
　（b）方言に関する位置づけが、審議後では「上昇」したもの
　　④語彙【3.4.4】
　　　（「地域的な事象に関連する場合のみの方言使用」から「日本全国共通語の語彙を拡充する源泉としての方言語彙活用」へ）

とまとめることができる。
　上記のうち、語彙拡充の源泉として方言を用いる、という発想は、その背後に「外来語排斥」という国粋主義的な考えがあるのではないか、と疑ってみることがひとまず可能である。しかし筆者の見るかぎり、外来語排斥が本格化するのは太平洋戦争開戦以降であり、この時期は（少なくとも）放送用語委員会関係者の結論としては外来語も日本語語彙拡充の手段の一つとしてとらえられていたものと解釈される（塩田雄大（2007.6））。

3.5 漢字の読み方の整理について

『放送用語の調査に関する一般方針』では、3.2で示したとおり、漢字の読み方について以下のように定めている。

【決定稿】
　　五．漢字の読み方の整理は次の原則によること。
　　　　イ　読み方の順位（第一音以下）を定めること。
　　　　ロ　第一音は，必ずしも字典が正式のものとして示す音に拘泥せず，広く常用されるものを採用すること。
　　　　【例】行　第一音（仮定）コー（漢音）
　　　　　　　京　第一音（仮定）キョー（呉音）
　　　　　　　重　第一音（仮定）ジュー（慣用音）
　　　　ハ　第一音のほかは，その使用範囲の広狭によって，第二音又は第三音を定めること。
　　　　【例】行　第一音（仮定）コー
　　　　　　　　　第二音（仮定）ギョー
　　　　　　　　　第三音（仮定）アン

このように、一つの漢字に対してむやみに多くの読み方を与えないこと、また「慣用音」を軽視しないという指針は、下記に見るように岡倉由三郎の考え方と一致する。

岡倉は、漢字について「訓」の使用には否定的であり、また「音」として使う場合にも呉音・漢音といった「正統な音」にこだわらずに「慣用音」を積極的に適用すべきだと述べていた（注5）。

「漢字の用法が非常に複雑であるのは、これを音にもつかひ、訓にもつかふからである。［中略］
　朝鮮でやるやうに漢字は字音にかぎってつかふことにし、日本語本来の単語はかなでかくやうにすれば、おくりがなの心配もなくなるであら

う。[中略]

　わたくしは漢音・呉音・唐音などゝいはずに、むかしからいひならはしてきた音―すなはち慣用音―をつかふやうにしたい。[中略]「斡旋」の「斡」の字は、だれでも「アツ」とばかりおもつてゐるが、辞典によると漢音「ワツ」、呉音「ワチ」で、「アツ」の音はどこにもない。しかしわがくにではむかしから「アツ」でとほつてゐるのだから、むりに「ワッセン」とあらためる必要はない。」

（岡倉由三郎（1936））

　上記から推察されるとおり、漢字の読み方をめぐる『放送用語の調査に関する一般方針』での決定内容は、岡倉由三郎の考え方をかなり受けたものであると思われる。

3.6　BBCを参考にしたか

　放送用語委員会（1934.3/12）の席上において「英国放送協会刊行の「放送英語」第二冊子「英国地名辞典」の序文に見えたる、その調査と編纂とに関する手続と見解（抜粋）」という資料が配付された。全文を引用すると、以下のとおりである。

> 英国放送協会刊行の「放送英語」第二冊子「英国地名辞典」の序文に見えたる、その調査と編纂とに関する手続と見解（抜粋）
> 一．誰でも、その人が住んでゐる土地の名前を、自分でよく知つてゐるくらゐに、広い世間でも知つてゐるべきだと信じてゐる。さうして、その土地の名前を読みちがへられると、その正当な地方的誇りを傷けられたやうに考へて、手紙でいつてくるばかりでなく、怒つて新聞などに投書することもある。
> 二．然し、誰だつて、すべての地名（特にむづかしい綴りをもつてゐるもの）を、悉く地元の発音のやうに読むことはできない。（と例を挙げて説明する）

なほ次のやうな例もある。

　　Poughill　　in Cornwall　　Poffill
　　　　　　　in Devon　　　　Powill

三．けれども、実際の必要上、その地名を放送したとき、それが自分の土地を指してゐるのだといふことを地元の人がすぐにさとれるやうにしなければならないから、地名の発音について調査することは必要だ。

四．ところが、語原的な地名辞典の大部のものは別として、ちやうど手頃な地名辞典が一つもないから、英国放送協会は自分でつくらなければならなかつた。

五．いよいよ調査の仕事にあたつては、数千枚のハガキと手紙とによつて、この問題に関心と相当の心得とを持つてゐる聴取者に問合せを発した。

六．その反響は予想外に大きくて、多くの価値ある資料が集つた。

七．その資料の整理と最後的な決定とのためには、できるだけの手段を講じた。例へば教区の牧師や郵便局長などに特に個人的な手紙を出して問合せたりなどした。その外、いろいろな方法で確めた上で決定した。

八．その結果、勿論完全といふことはできないが、およそかういふ仕事に絶対に誤りがないといふことは無理であるし、又、完全を望んでゐては永久に何事も出来ない。しかもその間に、アナウンサーは日日むづかしい勤務に直面してゐるのであるから、ともかく第一版として出した。必要な訂正は第二版である。

九．本冊子には約千五百の地名を含む。それを普通の綴りでならべて、それに「国際音声記号による広表記法」と「ウエブスター流儀の符号つき」との二つの仕方で発音を示す。

十．本冊子に示した発音は、必ずしも地元の発音ではない、又、これが正しい発音だと名乗るものでもない。（一体これが正しい又は唯一の正しい発音だといふやうなものは絶対にないのだ。）ただ、これによつて、その地名に対する美しい発音を再現するのに必要なヒントを与へるに足りる材料にすぎない。

十一．けれども、アナウンサーはこれによつて一先づ安心して発音することができる。

十二．表面の綴り字から地元の発音があまりにひどくかけはなれてゐるものは、表面の綴り字に近い発音をとる。そして地元の発音は地元の特別なものとして尊敬しておく。

　（例）　　Daventry　　　　　Daintry　　（地元）
　　　　　　Slaithwaite　　　　Slowit　　　（地元）
　　　　　　Sawbridgeworth　　Sapsed　　　（地元）

もし真に地元が、その地元の発音のとほりに世間に広く認められたいと望むのなら、その部分の綴り字を改めるのが当然だと、やや挑戦的な口調で盛んに皮肉をあびせてゐる。

十三．右の方針をとる理由の一つは、すでに一般（広く世界各国）において、その綴り字に近い発音が普及してゐるから、といふ消極的なもの。

　（この冊子には言つてないが、地名の放送によつて某の土地だといふことを知ることは、その地元の人に必要な場合ばかりでなく、その反対に他の地方の人に必要な場合がある。）

十四．今一つの積極的な理由。それは、正しい発音とは正しい行儀のやうなものだといふ、英国放送協会の諮問委員会の指導的精神による。

十五．地元と他の一般の地方とのアクセントの違ひは、一般のによる。
　　例　地元　Marde'n
　　　　一般　Ma'rden

十六．南方と北方とのアクセントの違ひは、南方のによる。少くとも南方の放送局からは。
　　例　南方　Ne'wcaasle
　　　　北方　Newca'ssle

但、南方からでも、北方出身のアナウンサーが、その故郷の地名を北方アクセントでいつたのは許容される。

十七．右の南方をとる理由、及び一般に南方を推薦する積極的な理由は、この冊子では明かに説いてない。ただ、アナウンサーは北方英語を用

ひよといふ要求がないから、といふ消極的な理由があげてある。
十八．然し、南北アクセントの相違の問題を解決する道は、これ以外にはないといつてゐる。
十九．とはいへ、当事者が本冊子に採録しようと企図した発音は、どこの地方的発音でもない。それと同時に断じて東南語のものでもない。むしろ英語を話す世界の全聴に広く適応するやうな、一種のNormalised formであることを期した。云々。

このことに関連して、菅野謙（1978）では「初期の「放送用語委員会」は、同じ悩みを持つイギリスのＢＢＣの考え方を参考にした」「初期の「放送用語委員会」が、地名に対してとった態度も、このＢＢＣの態度に共通した部分が多く、実務上の手引きとして、昭和14年に「難読町村名」を編集し、その後も引き続き、地名に関する資料を編集している」という指摘がなされている。しかし菅野謙（1978）を筆者が読み取るかぎり、どこがどのように似ているのか、具体的な記述が見られない。

ここでは、「ＢＢＣからの影響」について、若干考察してみたい。

まず、初期の放送用語委員会関係者がＢＢＣの活動に注目していたことは、当時の関係者による記録からも明らかである。

比較的早い記録としては、矢部謙次郎（「放送用語並発音改善調査委員会」設立時（1934）には放送部長の肩書で会議に参席）の次のような記述がある。

「Ｂ・Ｂ・Ｃでは標準的発音の普及の為め、放送で実際にはたらきかけてゐるが、我国でも可及的にその実現を期したいと思ふ。」

（矢部謙次郎（1931））

また岡倉由三郎は、ＢＢＣの標準英語放送の様相について、ＢＢＣの資料（放送用語委員会の席上で配付された「抜粋」のもととなる英文原著も含む）の紹介もまじえながら以下のように詳細に報告している。なお、岡倉は上述の「抜粋」のもととなる英文原著を個人的にも所有しており（注6）、委員会の運営にあたってＢＢＣの活動が彼の念頭にあったことは、ほぼ間違いな

い。

　「英国に於きましては、ロンドンを中心とする地方の言葉と北部スコットランド地方の言葉とは相当違つて居りますし、又アイルランド自由国も同様異つて居りますが、これ等の相違はラヂオの力に依つて次第に統一されやうとしてゐます。
　ロンドン大学の東邦学部の教授であるロイド・ゼームス氏が五年程前から連続して"King's English"と云ふ講座を受け持ちＢＢＣ放送局から毎週一回三十分づつ「斯々の単語は、斯の様に発音し、斯の様に話したらどうか。」或は「斯う言ひ改めた方がよくないか」と公平な提案と云ふ風で親切に聴取者の常識に入り易く、自然と標準英語を納得する様に話しかけてゐますが、その事業の起された当初は、各地方から種々異論も出、反感も持つて聞かれてゐたとのことであります。[中略]それにつけても我が国語の統一と云ふ立場から考へまして、是非、日本でも一般の語句や地名、人名などの標準的読み方に関する指導的な書籍が是非欲しいと思ひます。なるべく早い中に日本放送局の方でその方面の調査に取かゝられ、その結果を蒐めて時々世に公にせられる様な事になれば至極結構なことゝ思ひます。」

（岡倉由三郎（1932.5））

　「風俗でも道徳でも、互に他人を許し合ふ心 toleration が著しく大きくなつて来た。言語上でもさうで、日本語なども radio の発達からやはりもつと包容的な態度が認められる必要に迫られてゐる。私はかねて英語世界語論を抱いて、今度の旅行にも、その考へを英米の学者に打ちあけて見る機会を求めた。[中略]
　英国で B.B.C. 放送局の linguistic adviser をしてゐる Lloyd James 氏に会つた時も同じ趣旨の話をした。氏は早くから放送によつて英語の統一、その共通性の拡張を考へて居られる。本協会[引用者注　音声学協会のこと]でも方言調べをして国語の大同による統一を計ることは大に必要である。」

（岡倉由三郎（1932.9））

また、初期の放送用語委員会に関して、ＢＢＣの活動を参考にしたということを明確に指摘するものとして、以下のような記述がある。執筆者の「佐藤孝」は、1934（昭和9）年6月から1943（昭和18）年10月までの間「日本放送協会用語調査室」勤務であり、放送用語委員会の実務・運営に直接かかわった人物である（佐藤孝（1991））。

　「本委員会［引用者注　「放送用語並発音改善調査委員会」のことを指す］は、彼の英国放送協会（B. B. C.）の口語英語諮問委員会（Advisory Committee on Spoken English）にその範をとりその企図も一にして居るとは言うものゝ、勿論それとは別個に独自の立場を有するものであつて、主査委員は、当時に於いては、岡倉先生が推され、その他の委員としては、服部氏をはじめ、神保格・新村出・土岐善麿・長谷川誠也・保科孝一の諸氏先生であつた。」

（佐藤孝（1937））

　「［引用者注　岡倉由三郎は］晩年には、ＮＨＫのラジオ初等英語講座の講師の草分けとして活躍される傍ら、イギリスのＢＢＣ（英国放送協会）の口語英語審議会を模して、我がＮＨＫにも放送用語調査機関を設けてその初代主査となられ、当時の私達数人の調査係員を親しく指導してくださったのである。」

（佐藤孝（1991）p.215）

　ここで地名に関する議論に戻ってみると、さきほど引用した全文からわかるとおり、ＢＢＣでの方針は、ある地名の読み方に関して、地元での読み方の調査をした上で、一般的な読み方との乖離がある場合にはおおむね一般的なほうを採用する、というような判定方法をとっている。
　いっぽう、放送用語委員会で審議した「地名の調査に関する一般方針」およびその内容が組み込まれた『放送用語の調査に関する一般方針』には、少なくとも文字化された形では、このような判定方法の反映と見られるような箇所は見当たらない。下記のように「適当な処置を講ずること」という曖昧

な方針が提示されているのみである。

【決定稿】
　　三　固有名詞の読み方　［中略］
　　　Ⅱ　地名の読み方について　［中略］
　　　　五．一般の通り名と地元の呼び名とが一致しない場合は，適当な処置を講ずること。

　ただし、以下のような記述は、ＢＢＣ方針の影響を考える上で、非常に示唆的である。

　　「放送としましては、地名はみな東京で一般に申します云ひかたにより、愛知県の名古屋（ナゴヤ、頭高のアクセント）大分県の大分（オーイタ）などと申しまして、ナゴヤ（平なアクセント）、オイタなど、その地元の云ひ方には従はずともよい事にしてをります。」

　　　　　　　　　　　　　　　　　　　　　　　　　（服部愿夫（1938））

　この記述は、1938（昭和13）年7月15日にＪＯＡＫ（東京放送局）から放送された内容を文章化したものの一部である。この服部愿夫は放送用語委員の一人であり、東京中央放送局の前放送部長である。この記述のあとに、たとえば漢字で「神戸」と書く地名は全国にあり、読み方としてはコーベ、カンベ、カンド、コード、カノト、ジンゴ、ゴードなどというものがあること、そしてこれらは同じように読むわけにはいかないという旨が記されている。
　つまり、地名の読み方に関して、原則的には地元での言い方をきちんと調べ、それを優先するが、音声上の微細な差異（アクセントや長音・短音関連）に関する場合には、全国的になじんでいると思われる音形を採用する、という考え（これは現代にも引き継がれている）に基づくものである。
　このような発想は、まさにＢＢＣのものと同一ととらえられるのではないだろうか。

放送用語委員会での資料として、ＢＢＣ関連のものが配付されたという記録は、ここで紹介した例しか見当たらない。今後、外部の資料の収集・分析を進め、ＢＢＣの影響が具体的にどのような面にあらわれているのか、調査を進めてゆく必要があると考えている。

3.7 本章のまとめ

ここまで論じてきたことをまとめると、以下のとおりになる。

〇放送用語造成のための調査基準『放送用語の調査に関する一般方針』の成立過程（草案から決定稿へ）を見てみると、方言の扱いに関して、低められたもの（アナウンスにおける方言使用、方言アクセントの調査）がある一方で、高められたもの（方言語彙の日本全国共通用語への導入・活用）もある。

〇ＢＢＣからの影響についてはおそらくあったものと推定されるが、それがどのようなところに具体的にあらわれているのか、今後とも調査・分析が必要である。

注
1　なお「降りましょう」は放送では戦後になっても使われ続けており、これが「降るでしょう」に統一されたのは 1963（昭和 38）年のことである（田中章夫 (2008)）。
2　浅井真慧 (1989) では、この整理第二稿が 7 月 25 日の第 12 回委員会において出されたものと記されている。しかし筆者が見ることのできる会議資料記録では、8 月 10 日作成、8 月 18 日発送となっている。いずれにせよ、ほぼ 7 か月でこれだけの方針が確定されたことの事実に変わりはない。
3　なお、直接の放送用語委員会関係者による執筆ではないが、当時の雑誌に以下のような記述が見られる。
「標準語奨励の精神は、［中略］その標語は「二重言語主義」である。よく考へて見ると、上の理論にも明かな如く、人は誰でも、理念的言語形態と生活方言と二重の言語を持つて居る。只その距離が大きいか小さいかが、人毎にちがつてゐるだけである。そこで吾人は、自己の方言はその直接生活する小社会に於て十分に活かしてよいと許して、他方理念的言語形態なる共通語を、理念的大

社会に向つて物をいふ時に、十分使用し得る（成るべくそれに近いものにする）やうに訓練するのがよいといふのである。この点について吾人は常に、家庭に於ける丹前姿と外出用の服装と、両方を適当に使ふことに喩へてゐる。［中略］言語統一の今日の緊急時たる第三段、音声による言語統一を計るのに、ラヂオほど有利な位置に立つものはない。」

（石黒魯平（1934））

　この雑誌（『調査時報』）は日本放送協会の職場機関誌である（日本放送協会放送史編修室（1965）p.429）。この号は 1934（昭和 9）年 1 月発行で、同号に放送用語調査委員の一人である服部愿夫（東京中央放送局前放送部長）の「アナウンサア論」という論考も掲載されている。こうしたことから、「二重言語（方言）方式」を打ち出していた「語法の調査に関する一般方針」草案（1934.5/8 発送）を作成する段階において、放送用語委員会関係者がこの石黒魯平の論を目にした可能性は、きわめて高いと想像される。

4　ただし、方言に関してかつては別の考えを持っていたようである。
「返すがへすも、国語内の地方的の差は、成るたけ早く消滅させねばならぬ。」

（岡倉由三郎（1902）p.226）

「「はぶ」と云ふ蛇は、動物学上一種のめづらしい動物であるからと云つて、一派の動物学者がこれを残して置いて、其生息の実況を調べたいと思ふとしたら、どうであるか。それは一部の学者の考で、日本国全体の利害から観ては、どうしても其撲殺を謀らねばならぬ。地方語の保存も、ちやうどかくの如き関係を有つてゐるので、之を殺してしまへば、学者に不都合であるし、之を保存しておけば一般の人人に迷惑がかかる。［中略］一部分を剝製になし、アルコール漬にして、標本に残しておき、その他は悉く根絶にするが得策である。地方語の始末方も亦この通りで、一部の学者の参考に供へるため、方言や地方特有の語格を取調べて、その標本をひと通り保存して置いて、その余をば皆潰して了ふより、外によい方法はない。」

（岡倉由三郎（1902）pp.232-233）

5　ただし以下に見るとおり、それより以前には「漢音以外の字音はかな書きする」という考え方を取っていたようである。
「僕が、字音（大体、漢音）以外には、漢字をつかはぬことにはらをきめたのはもつぱらわが国語を漢字・濫用の悪夢からすくひ・いだす一助としてであるが、かうすることがたまたま外来語・整理の一助にもなると信じる。」

（岡倉由三郎（1932.10））

「僕の目下の方針は、
　1．漢字をつかはずにすむばあひは、なるべくこれをさける。
　2．漢字をつかふばあひには、これを漢音または、漢音としてあつかわれてきた音にのみつかふ。［中略］
　3．漢音とおもはれるもの以外の字音は、かながきにする。［例］'ほつきにん''せんだち'など。［以下略］」

（岡倉由三郎（1933））

6　この抜粋のもととなる原著（James, A. Lloyd（1930）*Recommendations to announcers regarding the pronunciation of some English place names* [Broadcast English 2 : collected and transcribed for the B.B.C. Advisory Committee on Spoken English by A. Lloyd James]）は、現在日本国内では２か所の図書館で所蔵が確認できている。このうちの１つである筑波大学のものは岡倉文庫（岡倉由三郎の蔵書コレクション、1940年9月受入）によるものであり、主査委員である岡倉由三郎がこの資料を個人的にも所有していたことがわかる。

　なお、崎山正毅（1932）や佐藤孝（1936）（1939）なども、この英文原著の内容についてふれている。

引用文献

浅井真慧（1989）「放送用語の調査研究の変遷　〜耳のコトバの確立まで〜」『ＮＨＫ放送文化調査研究年報』34

石黒魯平（1934）「標準語奨励の精神」『調査時報』4-1［本文では「石黒古義洞」という筆名を用いているが、目次では「石黒魯平」と表記］

岡倉由三郎（1902）『応用言語学十回講話』成美堂

岡倉由三郎（1932.5）「ラヂオと外国語の教授」『調査時報』2-10

岡倉由三郎（1932.9）「英語世界語論」『音声学協会会報』27・28

岡倉由三郎（1932.10）「ことばのせきしょ」『外来語研究』1-1

岡倉由三郎（1933）「漢字のとりしまり」『外来語研究』1-2

岡倉由三郎（1934）「放送用語並発音改善調査事務の開始とその仕事」『調査時報』4-3

岡倉由三郎（1936）「漢字整理の様式」『言語問題』2-2

菅野謙（1978）「天気はよろしゅうございますが　〜昭和初期の放送用語〜」『文研月報』28-2

菅野謙（1985）「放送と方言」『新しい方言研究　愛蔵版』至文堂

崎山正毅（1932）「英国に於ける国語統一問題　―主としてラヂオと標準語の問題に就て―」『調査時報』2-20

佐藤孝（1936）「放送用語の問題」『言語問題』2-5

佐藤孝（1937）「放送用語の調査事業に就いて」『国語運動』1-3

佐藤孝（1939）「ＢＢＣの国語標準化活動」『放送』9-10

佐藤孝（1991）『自伝的駄弁録　ことのはつれづれぐさ』講談社出版サービスセンター

塩田雄大（1999）「放送と方言」『展望　現代の方言』白帝社

塩田雄大（2007.6）「放送における外来語　―その「管理基準」の変遷」『言語』36-6

塩田雄大（2007.7）「最初の放送用語基準　〜1935年『放送用語の調査に関する一般方針』作成の背景〜」『放送研究と調査』57-7

神保格（1931）「ラヂオによる国語統一」『調査時報』1-6

神保格（1941）『標準語研究』日本放送出版協会

新村出（1933）「標準語の問題」『ことばの講座』日本放送出版協会
新村出（1942）「標準語と方言」（『新村出全集』第二巻（1972）に収録されたもの）
田中章夫（2008）「「マス」から「デス」へ ―丁寧体の変容―」『近代語研究　第14集』
土岐善麿（1970）「誰でも書ける時代・読める時代に」『言語生活』221
西谷博信・近藤清次郎（1975）「放送用語研究40年の概要」『放送用語論』日本放送出版協会
日本放送協会放送史編修室（1965）『日本放送史　上巻』日本放送出版協会
服部愿夫（1938）「放送用語の調査」『ラヂオ講演講座』第四十四輯
保科孝一（1933）『国語科学講座12 国語問題　国語政策論』明治書院
三宅武郎（1937）「先生と私」『言語問題』3-3（岡倉先生追悼号）
矢部謙次郎（1931）「国語統一に於ける役割」『調査時報』1-5

4章 音声標準語の確立にあたって課題の多かった分野
～1939年『決定語彙記録（一）』の分析から～

[本章の要旨]

　本章では、日本放送協会が1939（昭和14）年に出した資料『放送用語調査委員会決定語彙記録（一）』について取り上げる。この資料の記述内容の分析を通して、日本語の「音声標準語」が形成されようとする初期の段階においてどのような問題点があったのか、それに対してラジオ放送開始初期の「放送用語委員会」がどのような対応をし、それが日本語および放送の歴史の中でどのように位置づけられるのかなどを視野に入れながら考察を進める。資料の分析から、放送における音声標準語策定の初期段階においては、

　①アクセントに関する問題
　②漢語の字音に関する問題
　③外来語の語形に関する問題

の順で、解決すべき課題が多かったということが明らかになった。

4.1　資料『放送用語調査委員会決定語彙記録（一）』

　放送のことばの調査・研究の基礎は、放送用語委員会が発足（1934（昭和9）年1月）してから最初の6年間で確立されたと言われている（浅井真慧（1994））。初期の委員会（当時の正式名称「放送用語 並(ならびに) 発音改善調査委員会」）は毎月2回開かれ、放送で用いることばについてさまざまな審議・決定がおこなわれた。この一連の決定の結果（1934年1月～1939（昭和14）年4月のもの）を、五十音順に整理して冊子にしたのが、今回取り上げる『放送用語調査委員会決定語彙記録（一）』（以降『語彙記録1』とする）である。謄写印刷（ガリ版刷り）・非売品の部内向け冊子として、1939年4月にまとめられた。

これは書名のとおり「語彙記録」ではあるものの、日々の放送にあたって全国各局のアナウンサーたちのよりどころとなっていた（日本放送協会放送史編修室（1965）p.428）。

　これまでに『語彙記録 1』を取り上げた先行研究では、掲載項目数については『語彙記録 1』の例言の記述にそのまま従う形で、およそ 1600 項目であると示している（注 1）。しかし今回筆者が試算してみたところ、2200 項目程度であることがわかった（後述）。

4.2　『語彙記録 1』の分析意義と分析法

　もし「放送用語は"伝統"に従っていさえすればよい」のであれば、放送では国語辞典の示す読み方をそのまま用いれば済むはずである。ラジオ放送が開始して 10 年後に放送用語委員会が発足し、さまざまな用語の審議・決定をおこなってきたのは、その当時に流通していた国語辞典では不足である（あるいは「不適切である」）側面があったからである。

　『語彙記録 1』は、音声日本語の標準形を策定しようとするのにあたって、その当時の国語辞典類の記述だけでは対応のできなかった一群の語彙として解釈することができる。つまり、音声標準語の形成にあたって、すみやかに決定しておく必要のあった諸項目の集合であると言えよう。

　『語彙記録 1』の記述内容を検討した先行研究として、浅井真慧（1997）が挙げられる。ただしこれは、掲載された諸項目のうち初期の用語委員会で複数回審議された 136 項目のみを対象としたものである。そしてその分析結果として、136 項目のうちのほとんどが、「漢字の慣用音を採用するかどうか」にかかわるものであるという結論が導き出されている。これは、慣用音〔＝「呉音・漢音・唐音」以外のいわゆる非字典音〕の採用／非採用にあたっては意見の相違が生じやすいものであり、その結果として、審議が複数回もたれたものと解釈することが可能であろう。

　今回は、『語彙記録 1』の分析にあたって、全掲載項目を対象とした（筆者（塩田）の試算で 2219 項目）。そして、それぞれの語彙項目に当時どのような「ゆれ」が存在し決定に至ったのかを考察するのにあたり、筆者は以下

のように「問題点・決定内容の類型化」を施した。

 A 発音上の問題
  A1 アクセントの決定
  A2 鼻濁音（ガ行鼻音）の発音に関する決定
  A3 無声化に関する決定
 B 語形上の問題
  B1 固有名詞（日本・朝鮮・中国の人名・地名など）に関する決定
  B2 和語に関する決定（和語における諸語形間の決定）
  B3 漢語の字音に関する決定（漢語における諸字音間の決定）
  B4 外来語（人名・地名含む）の語形に関する決定
  B5 異語種間の決定
  B6 連濁に関する決定
  B7 促音化に関する決定
 C 用法上の問題
  C1 用法に関する決定

 ひとまずこのような類型を仮に構成したが、『語彙記録1』に掲載された各項目がそれぞれどの類型に当てはまるのかを判定するのは、必ずしも容易な作業ではなかった。『語彙記録1』での決定結果だけを見ても、当時どのような「ゆれ」が現実には存在して最終的にそうした決定に至ったのか、判定に苦しむ例がかなり多い。

 ここでは、原則として、その語彙項目についての決定がなされた回の放送用語委員会記録を逐一確認し、そこから各項目について当時どのような「ゆれ」が存在した中でそうした決定がなされたのかを推定した。それでもわからない場合には、当時よく用いられていた国語辞典（例えば新村出編『辞苑』(1935)など）を資料として当時の「ゆれ」を探ったり、場合によっては『日葡辞書』などから語形のゆれを推定したものもある。

 また、各語彙項目と各類型との対応は「1対1」ではなく、項目によっては「1対多」の形で重複認定したものもある（例えばある項目に対して「ア

クセントの決定」および「外来語の語形に関する決定」の2つを認めるなど)。
　それぞれの類型について、注釈と具体例を付す。

A1　アクセントの決定

　浅井真慧(1981) p.46には、『語彙記録1』に関して「すべての語にアクセントが付けられている」と記されているが、塩田雄大(2008)でも指摘したとおり、これには若干の補足を要する。すべての語にアクセントが付けられているのは事実であるが、委員会での審議を経て正式に決定されたもの(○印付き)と、アクセント表示はしてあるが決定には及んでいないもの(無印)とが混在しているのである。『語彙記録1』に正式決定でないアクセントも表示したのは(かつそれを正式決定のものとそうでないものとで明示的に表したのは)、日本放送協会での最初のアクセント辞典(『日本語アクセント辞典』)が出されたのが1943(昭和18)年であったことを鑑みると、きわめて実用的な態度であったと言える。つまり、放送現場の者にとって『決定語彙記録1』1冊が手元にあれば当面はなんとかしのげる、ということを目指したのではないだろうか。

　今回は、『語彙記録1』において○印の付けられている項目〔＝正式に決定されたアクセント〕のみを、「アクセントの決定」の類型として抽出・算入した。

　　例　　合方　　○アイカタ
　　　　　間着　　○アイギ

A2　鼻濁音（ガ行鼻音）の発音に関する決定

　用語委員会の審議のうち、ガ行の発音(濁音／鼻音)に関して審議した回が複数ある。ここでは、このような審議の際に例示された語彙項目を、鼻濁音に関するゆれがあったものとして認定した。なお、それが外来語であっても、鼻濁音に関するものとして審議された語彙項目は、基本的に「外来語の語形に関する決定」(後述)には算入しなかった。

　『語彙記録1』では、現行の『ＮＨＫ発音アクセント辞典』と同様に、鼻

濁音で発音すべきものについては「ガギグゲゴ」という表記で示されている。

  例 朝日グラフ   アサヒ・グ̄ラフ
      亜刺比亜護謨 アラビ̄ヤ・ゴム
      England（英吉利）《地》　イギリス

　上記の例は、濁音か鼻濁音かを迷う語について決定を下したもので、第95回放送用語委員会「外国語の"G"の発音法則」（1936（昭和11）年審議）で取り上げられた。

A3　無声化に関する決定

　母音の無声化を起こすかどうかに関するものである。下記の「u̥」は無声化母音を表している。

  例 無く ナク［naku̥］
      善く ヨク［joku̥］

B1　固有名詞（日本・朝鮮・中国の人名・地名など）に関する決定

　人名・地名を読み間違えると、本人・当地からの反発が大きいものである。ただし、本人が主張する人名、および当地で使用されている地名と、一般に通用している人名・地名とはズレがあることもあり、慎重に審議・決定されたものと思われる。

　人名・地名については、『語彙記録1』の立項項目に《人》《姓》《地》などと付されている。

　当時観察された人名・地名のゆれには、後述する漢字の字音の異同に関するものや、連濁に関するものなどもあるが、この「固有名詞に関する決定」に分類したものは、基本的に他の類型にも重複して算入させることはしなかった（ただしアクセントについても審議・決定したものは、「アクセントの決定」としても重複認定した）。

　なお、当時の時代背景を考慮すると、漢字文化圏である朝鮮・中国の地名

をどう読むべきかということは、後述する外国地名の問題としてよりも、むしろ日本地名の問題と共通する要素が多く（漢字の字音の問題・連濁など）、ひとまずこの類型に分類した。

また、地名・人名を含む固有作品名なども、便宜的にここに含めた。

 例 安倍晴明《人》 アベノセイメイ
   安保《姓》   ア̄ボ
   安保《地》   アボ̄ー
         ※伊勢参宮線駅名
   王揖唐《支人》 オーイットー
   温州《支地》 オンシュー
         ※蜜柑は「ウンシューミカン」
   時平公七笑   ○シヘイコー・ナナワライ ※※外題
   釜山《地》   フサン ※※（×フザン）

B2 和語に関する決定（和語における諸語形間の決定）

複数の和語語形が存在したものに関して審議・決定したものである。加えて、混種語のうち和語部分にゆれが見られるものも、ここに分類した。

 例 青梅 ○（アオウメ（アオンメ）
        アオ̄ウメ（アオ̄ンメ）

   青梅 ○（アオンメ（アオウメ）（注2）
        アオ̄ンメ（アオ̄ウメ）

   青蠅 ○（アオ̄バエ
        （アオ̄バイ）

   煽る   アオ̄ル

最後の「煽る」は、「アオル」と「オール」という発音上のゆれが存在する中で、「アオル」が放送用語として選ばれたものと思われる。

B3　漢語の字音に関する決定（漢語における諸字音間の決定）

　漢語の読み方に関して、字典音（呉音・漢音など）あるいは非字典音（慣用音・誤読など）との間でゆれが存在したものである。

　ここで、例えば「イソン／イゾン」などのように、それが「字音」の問題なのか、あるいは後述の「連濁」の問題なのかをめぐって判定が困難な例も多かった。原則として、それぞれの漢字について、該当する字音が『新潮現代国語辞典（第二版）』（2000）（注3）に掲載されているものは、この「字音」のゆれであったものと認定し、それ以外は「連濁」の問題であるものとして処理した。

　　例　依存　　イソン
　　　　異存　　イゾン
　　　　一言　　⎛イチゲン
　　　　　　　　⎝イチゴン
　　　　音信　　⎛インシン　　※「…不通」
　　　　　　　　⎝（オンシン）　※※「電報―…」
　　　　音信　　オンシン　　※※「電報―…」
　　　　　　　　　　　　　　但「音信不通」ハ「インシン」

B4　外来語（人名・地名含む）の語形に関する決定

　外来語の語形に関するものであるが、混種語のうち外来語部分に関して審議・決定したと思われるものもここに含めた。

　　例　Island (Iceland)　　　○アイスランド
　　　　Addison《人》　　　　○アヂソン
　　　　Amateur　　　　　　　アマチュア
　　　　Escalator 條項　　　　○エスカレーター・ジョーコー

B5　異語種間の決定

　和語と漢語など、語種が異なるものの間でゆれがあったと思われるものを

ここに入れた。

　　例　大地震　　〇オージシン
　　　　外惑星　　ガイワクセイ　　※（×ソトワクセイ）
　　　　四時　　　シジ

　最初の「大地震」は、「大」の読みについて「オー」か「ダイ」かを審議・決定した回で取り上げられている。

B6　連濁に関する決定

　連濁／非連濁にかかわるものをここに含めた。また実例としてはわずかではあるが、連声にかかわるものもここに入れた。

　　例　青草　　〇アオクサ
　　　　足留　　〇$\left(\begin{array}{l}\text{アシドメ}\\ \text{アシドメ}\end{array}\right.$
　　　　安産　　〇アンザン
　　　　稲穂　　　イナホ
　　　　薀奥　　　$\left(\begin{array}{l}\text{ウンノー}\\ \text{（ウンオー）}\end{array}\right.$
　　　　万葉集　　$\left(\begin{array}{l}\text{マンニョーシュー}\\ \text{マンヨーシュー}\end{array}\right.$
　　　　　　　※放送用語としてはなるべく「マンニョー…」を採りたし

　「安産」は、「産」の字が漢音サン／呉音センであり（『新潮現代国語辞典（第二版）』（2000））、「ザン」という読みは単漢字には認められていないため、これは連濁にかかわるものと判断したものである。また「稲穂」は、『辞苑』（1935）に濁音「いなぼ」で立項されており、清音「いなほ」は出ていない。「イナホ〜イナボ」という「ゆれ」があったものと考えられる。

B7　促音化に関する決定

促音化するかどうかに関するものである。

　　例　悪気　　〇アッキ
　　　　黄鉄鋼　　⎛オーテツコー⎞
　　　　　　　　　⎝オーテッコー⎠
　　　　火薬庫　〇⎛カヤクコ⎞
　　　　　　　　　⎝カヤッコ⎠

C1　用法に関する決定

「ゆれ」の問題と言うよりも、そのことばの使い方についての注意を示したものである。

　　例　炎上　　　エンジョー
　　　　御見舞　　オミマイ
　　　　宮城　　〇キュージョー
　　　　　　　　　※東京の現皇居の固有名詞的称呼、「皇居」参照
　　　　皇居　　〇コーキョ
　　　　　　　　　※普通名詞、現在の宮城が「皇居」

「炎上」については、この語が審議された回の委員会記録で以下のような「投書」と「備考」が提示されている。

　　「「炎上」は、我国にては皇居又は神宮等の火のみにいふ。戦況等に使用すべからず。　　　　　　　　　　　　　　　　　　　　　　　　（投書）
　　（備考）海軍報道部発表にては、飛行機まで「炎上」の語を用ゐてゐる。」

「御見舞」の審議された回の委員会記録では、以下のような議題が提示されている。

「皇族方の「傷病兵御見舞」と「傷病兵御慰問」との用語について」

[傍点原文ママ]

4.3 各類型の集計

各類型の実数とその割合を示したのが、次の**表4－1**である。重複分類を施したものが含まれるため、それぞれの合計は母数（2219項目）および100％を超える。

表4－1　『語彙記録1』記載項目の類型化

		件数	割合（母数2219）
A 発音上の問題	A1 アクセントの決定	1311	59％
	A2 鼻濁音（ガ行鼻音）の発音に関する決定	76	3％
	A3 無声化に関する決定	2	0％
B 語形上の問題	B1 固有名詞（日本・朝鮮・中国の人名・地名など）に関する決定	159	7％
	B2 和語に関する決定（和語における諸語形間の決定）	66	3％
	B3 漢語の字音に関する決定（漢語における諸字音間の決定）	504	23％
	B4 外来語（人名・地名含む）の語形に関する決定	229	10％
	B5 異語種間の決定	51	2％
	B6 連濁に関する決定	86	4％
	B7 促音化に関する決定	133	6％
C 用法上の問題	C1 用法に関する決定	41	2％

以上の結果から、音声標準語の策定の初期段階においては、

①アクセントに関する問題　（1311件）
②漢語の字音に関する問題　（ 504件）
③外来語の語形に関する問題（ 229件）

の順で、解決すべき課題が多かったと言うことができる。

　まず「アクセントに関する問題」については、当時の辞典類を用いて標準アクセントを知るすべがきわめて限定されていたことから、これがもっとも大きな課題であったのは納得がゆく。前述のとおり、このころはまだ『日本語アクセント辞典』（1943（昭和18）年）が出版されておらず、まとまった形での実用的なアクセント辞典としては神保格・常深千里『国語発音アクセント辞典』（1932（昭和7）年）があるだけであった。この『国語発音アクセント辞典』はアナウンサーの指導にもよく使われていたものの、「日常、多用する語彙で収録されていない語が多かった」（市川重一（1984））と当時の元アナウンサーから報告されている。

　次に「漢語の字音に関する問題」については、当時の国語辞典・漢和辞典などに掲載されていた漢語の読みは、現実に使用されていた語形とは一致しないものも多かったと思われる（注4）。そのため、初期の放送用語委員会においても漢語の読み方に関する議論が盛んにおこなわれたのである（塩田雄大（2007.3）（2007.6）（2007.7））。

　「外来語の語形に関する問題」は、当時外来語が少しずつ多くなり始めた時期であり、また国際情勢などを報道するのにあたっても外来語（地名・人名含む）の問題が大きかったものと想像される。なお当時の外来語をめぐる状況の一端については、塩田雄大（2007.6）を参照されたい。

　初期の放送用語委員会は、特にこの3つの問題（①アクセント　②漢語の読み方　③外来語の語形）について精力的に審議・決定を重ね、音声面での標準的日本語形成を目指したのである。

4.4　本章のまとめ

　本章では、以下のようなことを論じてきた。

（1）初期の放送用語委員会で編集した『放送用語調査委員会決定語彙記録

(一)』(1939(昭和14)年)に掲げられた各項目(2219項目)について、どのような「言語上の問題」の背景を解消するために審議・決定されたのかをもとに分類したところ、

　①アクセントに関する問題　　（1311件）
　②漢語の字音に関する問題　　（504件）
　③外来語の語形に関する問題　（229件）

の順で多いことがわかった。

　これは、そのまま、音声標準語の策定の初期段階においての「解決すべき課題の多さ」の順であると読みかえることができる。

注

1　『語彙記録1』の例言には、次のように記されている。
　「昭和九年一月当放送局内に放送用語並に発音改善調査委員会が設立されて、用語調査事業が開始されてから今昭和十四年四月まで約五個年半の間に亙つて開催された委員会総回数八十九（小委員会を除く）、審議資料（議案）総数百八十にのぼり、その間に決定を見た語は約一千五六百に達した。本資料はこれ等の語彙を収録し委員会決定語彙記録としたものである。」
　またこの『語彙記録1』は、のちになって次のように説明・紹介されている（おそらく上記の「例言」におおむね基づいた記述であると思われる）。
　「[記録1]
　昭和9年1月、「放送用語並びに発音改善調査委員会」が設立されて以来、昭和14年4月までに開催された委員会は89回、その間に決定をみた語約1,500〜1,600項目を収録したものである。
　このなかには、「放送のことばとして必要なもの」のほか、「読み誤りやすいもの」、「読みにくいもの」、「語いの採否」、「用法の適否」、「読みのゆれの整理採択」、「アクセント」などが示されている。
　[記録2]
　[記録1]のあとをうけて、昭和14年5月から15年3月までの1年間（委員会17回開催）に審議決定された事項約700項目を収録したもの。」

　　　　　　　　　　　　　　　　　　　　　　　　（西谷博信（1965））

　「この資料は、第1回の委員会以来、昭和14年4月までの89回に及ぶ委員会審議で決定した語およそ1,600語を収録したものである。放送のことばとして必要なもののほか、読み誤りやすいもの、読みにくいものなどが採られているが、すべての語にアクセントが付けられている。最後の項目が「ワルシャワ」で終わっているように、外国語や外国地名にまで及んでおり、日本の地名や人

名も、当然含まれている。
　この1集に続いて、翌15年の3月には、第2集が出されている。昭和14年5月から、15年3月までの1年間（17回開催）に、審議決定された約700項目が収録されている。」

(浅井真慧 (1981))

「この資料には、語彙の採否や用法の適否を検討したものと特に読み誤りやすいもの、あるいは読みにくいものなどの読み方について整理採択をしたものが、採録されている。このうち、読み方に関するものは、およそ600語ある。この資料では、決定結果だけでなく、議案番号・委員会回次・決定日時も記されているので、一語一語の来歴を知ることができる。」

(浅井真慧 (1997))

2　この項目は、五十音順で「アオウメ」にあたる個所と、「アオンメ」にあたる個所とに2度掲載されている。このような掲載方法は使用者の便宜を考慮したものであろう。このようなものをカウントするのにあたっては、2回掲載されていても、項目数として1回のみ数えることとした。以降も同様。

3　ここで当時の辞書ではなく現代の辞書を用いるのは、字音に関する研究は現代のほうが進んでおり、新しい資料を用いたほうがよいと判断したためである。

4　漢語の読み方には「辞典類の記述」と「実態」とで異なるものがあることは、以下に見るとおり明治時代にはすでに指摘されている。

　「祝ハはふりノ時ハしゅくニテ、いはふノ時ハしうノナレドモ、今ハ祝儀ノ時ノミしうトイヒテ、祝文、祝賀ナドノ時ハ、しゅくトイフコトトナレリ。コノ類ノコト、ナホ甚ダ多クシテ正シ難シ。字書ニ見エタル字音ト、今日普通ニ用キル音ト、同ジカラザルモノ数種アリ。」

(国語調査委員会編 (1908) pp.44-45)

引用文献

浅井真慧 (1981)「放送のことばのあゆみ (1)　～放送用語調査研究資料解題～」『文研月報』31-9

浅井真慧 (1994)「放送のことばの変遷　―「発音のゆれ」を中心に―」『日本語学』13-5

浅井真慧 (1997)「放送と「発音のゆれ」」『NHK放送文化調査研究年報』42

市川重一 (1984)「放送用語史論（その2）」『千葉経済短期大学初等教育科研究紀要』7

国語調査委員会編 (1908)『漢字要覧』大日本出版 [34版 (1941) を使用]

塩田雄大 (2007.3)「漢語の読み方はどのように決められてきたか　戦前の放送用語委員会における議論の輪郭」『NHK放送文化研究所　年報2007』51

塩田雄大 (2007.6)「放送における外来語　―その「管理基準」の変遷」『言語』36-6

塩田雄大 (2007.7)「最初の放送用語基準　～1935年『放送用語の調査に関する一般

方針』作成の背景〜」『放送研究と調査』57-7
塩田雄大（2008）「アクセント辞典の誕生　放送用語のアクセントはどのように決められてきたのか」『ＮＨＫ放送文化研究所　年報2008』52
西谷博信（1965）「放送用語研究史要　―ＮＨＫで編集した放送用語関係資料を中心として―」『ＮＨＫ放送文化研究年報』10
日本放送協会放送史編修室（1965）『日本放送史　上巻』日本放送出版協会

5章 アクセント辞典の誕生
～放送用語のアクセントは
　　どのように決められてきたのか～

［本章の要旨］

○昭和の初期には、アナウンサーは各地の放送局で個別に採用されており、発音・アクセント上での個人差が非常に大きかった。これに対して、ラジオ聴取者からの不満が寄せられていた。

○1934（昭和9）年以降は東京でアナウンサーを一括採用することになったが、アナウンサーを養成するための統一的な資料（アクセント辞典）の編纂が望まれた。

○「標準アクセント」としてどんなものを採用するかについては当時の社会でいろいろな意見があったが、日本放送協会の担当者の間では、実践的な立場から東京語のものを採用することでほぼ合意されていた。

○放送用語委員会におけるアクセント関連の調査・審議は1936（昭和11）年末から始まり、1938（昭和13）年に本格的におこなわれた。

○一語一語の審議・決定にあたっては、神保格の提示したアクセント案の占めた役割が大きく、また最終的な選定にあたっては「なるべく1語1アクセントを目指す」という土岐善麿の姿勢が活用されたと解釈できる。

○第1期放送用語委員会の終了に伴い、複数の委員による一語一語の審議・決定は「カ行」の途中までで中断してしまい、それ以降の部分は日本放送協会側の担当者である三宅武郎が独力で編集をおこなったと推測できる。

○『日本語アクセント辞典』（1943）は第1期の放送用語委員会の主導で編纂が始められたが、これが1943（昭和18）年に発行されたときには、第2期の放送用語委員会が活動をしており、双方の決めた発音・アクセントの間にいくつかの食い違いが見られた。

5.1 はじめに

本章は、日本放送協会で最初に編まれたアクセント辞典『日本語アクセント辞典』(1943（昭和18）年)の成立過程をめぐって考察するものである。

5.2 『日本語アクセント辞典』成立以前の状況

ここでは、放送用語における発音・アクセントがどのように取り扱われていたのかといったことについて、『日本語アクセント辞典』が刊行された1943（昭和18）年より前の状況を簡単に見てみる。

本書の1章でも述べたとおり、アナウンサーの採用は、1934（昭和9）年からは原則として東京中央放送局でアナウンサーを募集して試験のうえ採用し、一定の期間の教育をしたのちに全国の放送局に配属したが、それ以前は、東京・大阪・名古屋・広島・熊本・仙台・札幌の各放送局でそれぞれおこなわれ、特に決まった教育はなされなかったようである（市川重一（1984））。また、JOBK（大阪放送局）の「アナウンサー採用試験問題」(掲載誌は『調査時報』3-7、1933（昭和8）年4月発行）は作文問題・筆記問題・朗読問題からなっているのに対して、東京中央放送局の試験問題（掲載誌は『調査時報』2-12、1932（昭和7）年6月発行）では、漢字語にフリガナを付ける問題や朗読の問題に加えて、発音に関して意識的に問う問題（例えば「秩序、苺、越後、人出、汐干狩」を発音させるなど）も出題されており、アナウンサー採用時点での地域差がかいま見える。

実際の放送では、やはり地域によってある程度の方言差があったことが、以下の記述からうかがえる。このうち佐藤孝は、当時の日本放送協会に勤務していた用語調査係員（放送用語委員会関連業務を担当）の一人である。

「地方的に見ても東京のＪＯＡＫでばかり標準語でやつても外の大阪や名古屋の放送局では、その土地の出身者が多いためその土地の言葉の発音やアクセントでアナウンスしてゐるのが少くない。全国中継などでよく耳にたつことがあるのはそれである。」　　　　　（佐藤孝（1936））

「筆者が時折耳にする朝鮮での日本語講座の放送は、発音・アクセントの点で奇怪なものだと思つてゐる。[中略]

　日本語の規格を定めるといふ仕事がさつぱり進んでゐないことも今さら事新しくいひ出すまでもない次第だが、挙国一致のかけ声のやかましい今日、「日本も支那と同様に東西南北でコトバがちがふのですか」と支人に質問されるやうな現状にさまよつてゐる。また実際ちがふといはれても、否定するわけにいかない事情もある。満洲国あたりから日本の放送を聞いてゐる人が、痛切にそのコトバのちがひを感じるといふ。」

（佐久間鼎（1940））

　本書の1章でも紹介したが、こうした状況の中で、放送開始当初にはアクセント関連資料が十分に整備されていなかったことについて、当時のアナウンサーの一人である米良忠麿は、1932（昭和7）年に次のように語っている。

「扨て私の云ひたい事と云ふのがもう一つある。前に常識の範囲を定めてほしいものだと云ふ事を述べた。正しい読み方に従ふか、通用してゐる（或は通用しかゝつて居る）読み方に従ふかといふ事を定めて貰ひたいと。それにもう一つ附加したい事がある。それは、同時にアクセントも定めてほしいと思ふのである。日本も汗牛充棟もたゞならぬ程に字引はあるが總有る言葉を網羅してそれにアクセントを附したものはない。手近かな例を引いても赤蜻蛉が、aká tombo だか、aka-tomb だか分らない［引用者注　ローマ字は原文のとおり］。三味線のお稽古さへ音符によらうと云ふ時代に、国語のアクセントが人により所によつて千差万別である等どういふものであらうか。」

（米良忠麿（1932））

　聴取者からは、発音・アクセントに関して具体的な意見も寄せられる。1934（昭和9）年および1935（昭和10）年に各放送局に寄せられた聴取者からの投書には、アクセントに関して以下のようなものが見られる（総務局計画部（1935）（1936））（注1）。

子供ニユース担当者は標準語使用は勿論アクセントに注意ありたし。
(東京局あて 10 通)

アクセントの研究希望。(東京6、小倉、秋田)

米穀―米国　アクセント注意。(東京)

帝国―定刻　アクセント注意。(東京)

大鼓―大川　アクセント注意。(東京2)

(以上　1934年)

「晴れ」(名詞)の東京アクセントは頭上りならずや。
　(備考　尻上り「ハレ」なり)(東京)

「何百噸で」が「何百飛んで」と聞ゆ。(東京)

甲府を工夫と言つた。(東京)

「雲」「蜘蛛」の区別ＣＫには出来ぬ人あり。(名古屋)

［引用者注　「ＣＫ」は名古屋局］

オカザキ(第二上)にあらず、地元のアクセントはオカザキ(平)なり。(名古屋)

(以上　1935年)

　このころ、神保格(第1期放送用語委員会の委員の一人)は、アクセントの「ゆれ」として、「午前」「あるいは」「ことに」「もっとも」「世界」「熱心」などに2種類のアクセントがあり、それらに対して「標準」を定めるべきであることを、下記のように放送関連専門雑誌の誌上で主張している。

　「文字や符号を以て一般に表し得る発音の方面にはまだ⌢問題がウンと沢山残つてゐる。その中で重要なのはアクセントの統一である。今日でも全国のアナウンサー諸氏のアクセントは大体に於て統一されてゐると思ふ。たゞ「大体において」であるから細かい所にはまだ調査改良の余地がある。例へば前に挙げた「午前、午後」といふ語はゴゼンかゴゼン(平板)か必しも放送の際一定されてゐない様である。それは世間で両方の型が同じ様に並び行れてゐるからである。その様な例は

「或は」　ア̄ルイワ　―　アル̄イワ
　　「殊に」　コ̄トニ　　―　コト̄ニ
　　「最も」　モ̄ツトモ　―　モツ̄トモ
等があり、又漢語には殊に多い、
　　世界　　セ̄カイ　　―　セカ̄イ
　　熱心　　ネ̄ツシン　―　ネツ̄シン

の類である。これらはその中どれか一つに定めればそれで良いのである。一体アクセントといふものは本来必然にどれが正しいとか誤りとかいふ定まりは無いのである。世間の慣用になつてゐるものが自然に標準となるので、標準が出来ればそれに合はないものが「誤り」となるのである。だから二種の慣用が同じ位に行はれてゐれば単にその一つを採るといふだけですむことになる。」

（神保格（1936）p.18）

　その後も、アクセント辞典がきちんと整備されていないことについて、当時（1939（昭和14）年）の社会状況を反映して次のような指摘（国語協会編集幹事である石黒修による）が見られる（ただしこの指摘にはやや事実誤認があり、この発言当時にはすでに神保格・常深千里『国語発音アクセント辞典』（1932）は刊行されていた（後述））。

「外には、盟邦満州国が日本語を国語とし、中国が第二国語とし、又海外各地に進出してゐる今日発音辞典さへ出来てゐないことは、国家の体面に関する。又内には、国民精神の統一、総動員のやかましく唱へられる時、確としした標準日本語を持たないのはまことに遺憾なことであり、これが制定は実に刻下の急務でなければならない。」

（石黒修（1939））

　一方、佐藤孝（放送用語委員会の係員）は、実際の放送を聴取したうえで非伝統的なアクセントの例を大量に採集して報告している。

「アクセントに就ても、アナウンサーたる人には正しく固定した標準のものがあるべき筈であるのに、まゝその流動性が見られ、例へば神保・常深両氏の『アクセント辞典』及び三宅武郎氏の『新辞海』にも表示されてゐない様な変型を耳にすることがある。以下、その変化形式の実例を、最近のアナウンス用語の内から拾つて見よう。括弧は前の場合と同様、[　]は妥当と思はれるもの、(　)は多少問題の存するものとに分けて示すことにする。

　　（一）　平板型が頭高型に変るもの
　　　「兎角」［トカク］→（トカク）
　　　「度膽」［ドキモ］→（ドキモ）
　　　「火炎」［カエン］→（カエン）
　　　「値段」［ネダン］→（ネダン）
　　　「毎時」［マイジ］→（マイジ）
　　　「毎夜」［マイヨ］→（マイヨ）
　　　「政治」［セイジ］→（セイジ）
　　　「葬儀」［ソーギ］→（ソーギ）
　　　「楮」　［コーゾ］→（コーゾ）
　　　「釦」　［ボタン］→（ボタン）
　　　「玉座」［ギョクザ］→（ギョクザ）
　　　「自粛」［ジシュク］→（ジシュク）
　　　「内閣」［ナイカク］→（ナイカク）
　　　「権益」［ケンエキ］→（ケンエキ）
　　　「海抜」［カイバツ］→（カイバツ）
　　　「平等」［ビョードー］→（ビョードー）
　　　「方丈さん」［ホージョーサン］→（ホージョーサン）
　　（二）平板型が中高型に変るもの
　　　「昨夜」［サクヤ］→（サクヤ）
　　　「有様」［アリサマ］→（アリサマ）
　　　「朝飯」［アサメシ］→（アサメシ）
　　　「落雷」［ラクライ］→（ラクライ）

（三）頭高型が平板型に変るもの

「茅」［カ̄ヤ］→《カヤ ̄》

「以南」［イ̄ナン］→《イナ ̄ン》

「以北」［イ̄ホク］→《イホ ̄ク》

「事実」［ジ̄ジツ］→《ジジ ̄ツ》

「多く」［オ̄ーク］→《オー ̄ク》

「県庁」［ケ̄ンチョー］→《ケンチョ ̄ー》

「自ら」［ミ̄ズカラ］→《ミズカ ̄ラ》

「精進」［シ̄ョージン］→《ショージ ̄ン》

「お月さん」［オ̄ツキサン］→《オツキサ ̄ン》

（四）頭高型が中高型に変るもの

「今晩」［コ̄ンバン］→《コ ̄ンバン》

「明日」［ミ̄ョーニチ］→《ミョー ̄ニチ》

（五）頭高型が尾高型に変るもの

「雲」［ク̄モ］→《クモ ̄》

「部落」［ブ̄ラク］→《ブラ ̄ク》

「漁夫の利」［ギ̄ョフノリ］→《ギョフノ ̄リ》

（六）尾高型が頭高型に変るもの

「軸」［ジク ̄］→《ジ ̄ク》

「萩」［ハギ ̄］→《ハ ̄ギ》

「立場」［タチ ̄バ］→《タ ̄チバ》

「強味」［ツヨ ̄ミ］→《ツ ̄ヨミ》

「会議」［カイ ̄ギ］→《カ ̄イギ》

「好」［ヨシ ̄ミ］→《ヨ ̄シミ》

（七）中高型が頭高型に変るもの

「酢の物」［スノ ̄モノ］→《ス ̄ノモノ》

（八）中高型が尾高型に変るもの

「流言蜚語」［リューゲ ̄ンヒゴ］→《リューゲンヒ ̄ゴ》

以上は極めて少数例に限ぎないし、［中略］之等の諸例を以て単なる音声事実として見ることが仮に許されるとするならば、大体に於て凡て

5章 アクセント辞典の誕生　97

頭高の型を採らうとする傾向が如何に多いか分らうと思ふ。」

(佐藤孝（1941）pp.24-27)

「厳密な音声検査を経て採用された上、相当の期間訓練された放送員（アナウンサー）にしても、アクセントに関しては、間々我々と趣の異るものを口にすることがある。例へば次の如き変異が発見される（下段はその変異を示す）。

折柄　［オリカラ］（中高）
　　―［オリカラ］（頭高）
堰　　［セキ］（頭高）
　　―［セキ］（平板）
多年　［タネン］（平板）
　　―［タネン］（頭高）
中旬　［チュージュン］（平板）
　　―［チュージュン］（頭高）
名簿　［メイボ］（平板）
　　―［メイボ］（頭高）
毛頭　［モートー］（平板）
　　―［モートー］（頭高）
有力　［ユーリョク］（平板）
　　―［ユーリョク］（頭高）
寄付　［ヨリツキ］（平板）
　　―［ヨリツキ］（頭高）
陸路　［リクロ］（頭高）
　　―［リクロ］（中高）

　以上は、本年五月から六月にかけての約一個月間に於ける放送員の用語について、実際に採集したものゝ一部であるが、之等のアクセント現象を通覧すると、どうも頭高化の傾向が多く見られる様である。この種の傾向はひとり放送員にのみあるのではなくて、一般世人の間にあつてもこの傾向があるのではないかと思ふ。つまりこの様なのが現代語に於

けるー般アクセント変異の方向の一つであらうかと考へる。」

(佐藤孝（1942.12）pp.61-62)

　放送を担当するアナウンサーは、職業人として自身の本来の発音・アクセントを修正する必要があることを訴えていた。当時のアナウンサーの一人である市川重一は、たとえば以下のような例を挙げている。この市川重一（1942）には、自身の発音・アクセントが標準と異なっていた例として、ここに掲げたもの以外に50以上の単語項目が取り上げられている。

　　ユックリ《副詞》　　　　　—　私は［ヨックリ］と云つてゐた。
　　フクジンズケ（福神漬）　　—　私は［フクシンズケ］であつた。
　　キシモジン（鬼子母神）　　—　私は［キシボジン］
　　コエル（越える）コエル（肥える）［中略］私は両方とも中高に言つていた。
　　トーベン　トーベン（答弁）…アナウンサーは頭高。私は平板であつた。

(市川重一（1942))

　このように、発音・アクセントをめぐっては「資料不足」をはじめとするさまざまな不備が当時指摘されていた。しかし、1934（昭和9）年に「放送用語並発音改善調査委員会」（第1期放送用語委員会）が発足しても、アクセント辞典編纂の作業はすぐには始められなかった。その理由の一つとして、当時の放送用語委員会の係員の一人である三宅武郎は下記のように「アクセントはそう簡単には決められないから」という趣旨のことを戦後に回想している。

　「ラジオの聴取者は、上は八十の人から下は幼稚園のこどもまであるのですから、そのうちのどつちを採つてよいか［引用者注　1つの語に複数のアクセントが用いられている場合のことを指す］ということについては、よほど慎重にとりきめなければなりません。そこで、アクセント辞典の編集ということがいちばんあとまわしになつたわけであります。ようや

く他の仕事が一段落つきまして、いよいよアクセント辞典の編集ということになりましたので、ア行のアの部からはじめて委員とアナウンサーとの合同研究をはじめました。」

(三宅武郎 (1952))

5.3 『日本語アクセント辞典』成立以前のアクセント参考資料

アナウンサーの養成にあたっては、『日本語アクセント辞典』(1943) が刊行される前は、おもに神保格・常深千里『国語発音アクセント辞典』(1932) がアクセントの指導に使われていたようである (菅野謙・臼田弘 (1979) p.265)。ただしそれ以外にも、アクセントを掲載した国語辞書である『新辞海』(1938) や、放送用語委員会での決定事項 (発音・アクセントを含む) をまとめた『放送用語備要』(1940-1944) もアナウンサーによく用いられていた。このことは、戦前にアナウンスを担当していた市川重一の以下の報告からも確かめられる。

「当時、アナウンサーが常時使用していた、日本語のアクセントの資料は、次の三つであった。
『国語発音アクセント辞典』…神保格・常深千里共著、厚生閣、昭和7年11月刊、市販。例言、アクセント解説、本文から成り、計526ページ。ガ行鼻音、母音の無声化も示している。アクセント解説は p.7～63 にわたり、かなり詳しい。見出し総語数は約二万五千。
『新辞海』…吉沢義則編、三学社、昭和13年2月刊、市販。各語に簡単な解釈を付した、実用的な国語辞典。本文745ページ。各語にアクセントを示してある (アクセント担当は三宅武郎)。巻頭に「アクセントの話」(三宅氏執筆) を載せてある。見出し総語数は約五万。
『放送用語備要』…日本放送協会編、昭和15年11月刊、以後、「追補」を19年1月まで随時に続刊した。放送用語委員会で昭和9年以来審議した言葉について、言いかえ・発音・アクセントなどの決定事項を集録したものである。そのときどきの放送に出てきた言葉であって、地名・

人名などの固有名詞も含まれていて、便利な資料であった。
　昭和 16 ～ 17 年当時、放送の現場にいた筆者の経験から言うと、前の二つは編集したのが幾分古いせいか、日常、多用する語彙で収録されていない語が多かった。また、最後の『備要』は、資料としての性質上、語彙にかたよりがあった。」

(市川重一（1984））

　また、業務局告知課編『アナウンス読本』(1941) の参考図書として挙げられているものとしては、放送用語委員会で作成した資料群（『放送用語調査委員会決定語彙記録（一）（二）』『同音語類音語』『放送用語備要』含む）に加えて、「アクセント辞典」として以下の 4 点を挙げている。

1. 放送アクセント辞典（放送協会編、目下印刷中）
2. アクセント辞典（神保格・常深千里共著、厚生閣）
3. 新辞海（吉沢義則著、三学社版）
4. 全日本アクセントの諸相（平山輝男著、育英書院版）

　ここでは、『日本語アクセント辞典』(1943) が刊行される前のアクセント関連参考資料について概観してみる。

a．山田美妙『日本大辞書』(1892-1893)
　大槻文彦『言海』(1889 ～ 1891) にアクセント表記がないことを不満に感じた山田美妙が、自分の辞書観に基づいて作ったアクセント表示付きの国語辞書である（『国語学研究事典』(1977、明治書院)）。掲載されたものは美妙自身のアクセントであるため、複数の「ゆれ」ているアクセントの処理に関する苦心がなく、その点に関しては比較的楽だったのではないか、と三宅武郎（1969）は語っている（注 2）。とはいうものの、アクセントを明示した体系的資料としての価値（実用的・歴史的）は非常に大きい。

b．高橋龍雄編『国定読本発音辞典』(1904)

この辞典に関しては以下のように記述されている(『辞書解題辞典』(1977、東京堂))。

「巻頭に国語の発音と文字について略記し、本文には国定小学読本中にある語と、それ以外の語で比較的参考になる語を収録してある。」

c．栄田猛猪・近藤久吉『ローマ字索引　国漢辞典』(1915)
　この辞書には、次のような注記が見られるという(山田忠雄(1981)p.770から再引用、筆者現物未見)。

「1.東京語を標準として、アクセントの特に明瞭なるものには、索引中のある箇所(筆者注—母音の肩に)に'印を附してこれを示せり(山田氏の日本辞典、高橋氏の発音辞典その他に拠る)。
2.'印なき語は、主としてアクセントの不明なるものなれども、中には全然アクセントのなき語なるが故に附せざるもあるなり。
4.外来語には「日本語としてのアクセントと原語としてのアクセントと相違せるもの甚だ多し。これ等は双方に'を附して、その異同を示せり。
　　　　　　　　　[引用者注　数字「4.」は引用元原文のとおり]」

　ここでの「山田氏の日本辞典」は美妙の『日本大辞書』、「高橋氏の発音辞典」は高橋龍雄編『国定読本発音辞典』を指すものと思われる。

d．神保格・常深千里『国語発音アクセント辞典』(1932)
　アクセント専門の辞書としては日本初のものである。以下のような記述が見られる。

「ラジオの普及率が10％前後であった時期(昭8・3末11.1％)に、東京語に習熟していない全国の国語教員を主な対象として、話し言葉の統一、発音統一を目指した辞書。国定教科書の語彙および中流階級の生粋の東京人が家庭内また社交上頻繁に使用する言葉2万7000語について、

東京の発音(音韻とアクセント)を示し、詳細な解説を付けている。」

（『日本辞書辞典』（1996、おうふう）、当該箇所は菅野謙執筆)

「常深が昭六・七死去のため志村繁隆が協力」

（『辞書解題辞典』（1977、東京堂))

　元になる原稿は常深千里が書き、最初は三宅武郎（日本放送協会に勤務していた用語調査係員の一人）との合同出版も提案されたが三宅は辞退し、結局は神保格が校閲を担当した（注3）。

「国語発音アクセント辞典」が厚生閣から出版になつた。之は神戸の常深千里氏が20年間集めた東京アクセントで、本会創立間もなく常深氏の苦心を認めて、神保氏に嘱してその完成を急いだもの。不幸にして発行の日を見ないで常深氏はなくなられた。之に関しての苦心やら不満足な点を、神保氏から細かに話されたが、ともかく日本最初のものであり、本会と縁の深いものであるからそのよく売れて、第二第三と改良された書物の出ることを祈つた次第である。」

（「XXⅧ回研究会記事」『音声学協会会報』29号（1933.5))

「先年、故常深氏が「アクセント辞典」の原稿を音声学協会に送つて寄越され、それと合流して出版したらどうかといふことを岡倉先生から学会の席上で慫慂されたときにも、お断りして神保氏の校閲を依頼したくらゐである。」

（三宅武郎（1938))

「「アクセント辞典」は常深氏の原稿を神保氏が校閲せられたのであるからやゝ妥協的なところがある。」

（三宅武郎（1940))

　また、次のような記録もある。

「委員の一人である神保文理科大学教授にはアクセント辞典の名著があるが、放送協会のアクセント辞典が出来たならば廃棄してもよいとまで言はれてゐる。」

(服部愿夫（1937）)

　なお、この『国語発音アクセント辞典』は、本節の冒頭にも示したとおり日本放送協会でのアナウンサーの養成にあたっても使われており、協会でその後に編纂される『日本語アクセント辞典』の編集にあたって最も重要な参考資料の一つとして扱われている（菅野謙・臼田弘（1979）p.265）。

e.『大辞典』(1934-1936、平凡社)
　公称70万語掲載で、このうち約5万には、傍線でアクセントを標示している（『日本辞書辞典』(1996、おうふう)）。以下の記述に見るとおり、このアクセントを付したのは、佐藤孝（日本放送協会に勤務（1934-1943年）していた用語調査係員の一人）であると思われる。

(昭和九年の)「五月ごろになり、大先輩兼恩師神保先生のご依頼により、先生の下職で平凡社『大百科事典』[引用者注　『大辞典』の誤記か]の見出し語にアクセント表示の記号を添付するという仕事を仰せ付かり、新婚早早の女房にも手伝わせて原稿書きをしたら、月末には初めてのアルバイト料として謝礼金（金二十円也）を送って寄越してきた」

(佐藤孝（1991）p.120)

　この『大辞典』の第二十六巻には、「主なる執筆者」の一人として「佐藤孝」の名前が挙げられており、後書きに相当する「大辞典完成に際して」には次のような文言が見られる。

「われわれが外国語の発音を知ってゐながらアクセントが違ふために、外国人に通じないことを思ふ時、日常用ひられる標準語にはアクセント

をつけねばならぬ。寧ろ当然である。然るに従来の国語辞典にはこれがなかった。困難もあったらうが、研究が発達してゐなかった。われ等の大辞典は、つとめて新研究を漏らさず入れるやうにした一つの現れとしてアクセントを採入れ、その道の権威者神保格先生にお願ひして現代語約五万にアクセントを附して頂いた。国語辞典にアクセントを示したのは実に本大辞典を以て嚆矢であると云っても差支えないであらう。」(pp.3-4)

以上から、『大辞典』(平凡社)のアクセントに関しては、記載の依頼を受けた神保格が、その実務作業を佐藤孝に任せたと判断するのが妥当である(注4)。

なお、ここに掲載されたアクセントに対しては、三宅武郎はあまり高い評価をしていない。

「国語辞書のアクセント表記に関する史的叙述の中で、平凡社の「大辞典」のことを書き落としてゐたが、同書のそれは、結局、神保・常深両氏の「アクセント辞典」の範囲を出でなかつたといふことである。」

(三宅武郎(1938))

f．吉沢義則編『アクセント表示　新辞海』(1938)
「五万五〇〇〇語　五十音順。通俗辞典としてはじめてアクセントを字の右に線を施して表示した。担当は日本放送協会・三宅武郎で、巻頭にアクセントの話六頁を付す」(『辞書解題辞典』(1977、東京堂))と記述されている。三宅武郎が採集してきたアクセントカードを編集担当者が原稿に転記したのだが、以下に見るとおり、誤植が多いことを三宅はやや後悔している。

「そのアクセントを引受けたことについて、現在なほ研究の途上にある私として、実は時期尚早であるといふことは十二分に心得てゐるつもりである。［中略］その私が一人の手でもつて、おほけなく国語辞書のアクセント表記を引受けることなど殆ど思ひもよらないところである。そ

れにも拘らず敢へて今度引受けたのは、旧著の「音声口語法」中「アクセント法」の部の序にも書いておいた通り、大正十三年以来コツコツと採集して来たアクセントカードの体系的分類を夜業で漸く終つたので、それをアイウエオ順に排列したものゝうちから、「新辞海」に所要の一部を割いて、それだけでも「一先づポケット用に纏めて見るといふ軽い気持で引受けてくれ」との依嘱によつたのである（それを精神的に支持したものは故岡倉先生亡き後私のアクセント調査に関する知己を失つた悲しみである）。故に私としては、これから改めて全部を再検して見なければならない。結局、本書は私の第一稿であり、将来の「アクセント表示国語辞書」の捨て石である。といつて別に無責任なものでは決してない。無責任といへば、出版上の都合で是非にといふ請を容れて、校正を編輯部に一任したことについては大いに後悔している。［中略］吉沢博士の私に任ずるの篤き、「新辞海」の書名に「標準アクセント」の角書きを冠せられんとした。私は勿論固辞して「アクセント表記」又は「表示」とせられんことを請うたのである。［中略］「新辞海」の線は新しく組んだのでなく、前に大きく刷つてあつた写真原稿の上へ、別に印刷した線を、私のカードに照らし合はせながら一々切つて貼り付けたのださうである。それにしても長過ぎたり短か過ぎたりしてゐる（そのうへ写真撮影の工程中に剥落や直し違ひ等の錯誤が若干あつたといふのである）」

(三宅武郎（1938）)

g．日本放送協会『放送用語調査委員会決定語彙記録（一）（二）』(1939) (1940)

本書の1章・4章でもふれたとおり、放送用語並発音改善調査委員会において1934（昭和9）年1月から1939（昭和14）年4月および1939年5月から1940（昭和15）年3月の間に審議された結果をもとに、読み方が決定された語彙およそ2200語および700語について、五十音順にまとめた資料である（謄写印刷、非売品）。この中には、読み方に加えてアクセントについても決定した語が多数含まれており、こうした語には○印が付けられている（注5）。書名のとおり「語彙記録」ではあるが、全国各局のアナウンサーが

頼りにして使用したものである（日本放送協会放送史編修室（1965）p.428）。

h．『基本動詞アクセント表（稿）』（1939）
「放送用語並発音改善調査委員会」の議題であるが、大部であるためかNHK放送文化研究所には製本された形でも残っている。「昭和18年の「日本語アクセント辞典」のもととなるもので、動詞だけ（約1400語）をとりあげて、そのアクセントを検討したもの」と記述されている（西谷博信（1965））。現物を見ると、単純動詞のほかにその名詞化形のアクセントも一部載せられている。

i．平山輝男『全日本アクセントの諸相』（1940）
方言の研究書であるが、「はしがき」に次のような記述がある。

「本書が東京アクセントに多くの紙面を費した事、特に語例を割合多く挙げた所以は地方の読者で『アクセント辞典』を始め、斯学関係書籍を入手してゐない方々の便宜を思つてである。国定教科書に出る語の中、一般的なものはなるべく之を収録した、特に動詞・形容詞に於てさうである。従つて小アクセント辞典の役にも立つ訳である。」

巻末に掲げられた「東京アクセントの語例」には、名詞（音節数別）・動詞・形容詞・副詞に分類された語群別にアクセントが示されている。総計100ページ以上の記述である。

j．日本放送協会『同音語類音語』（1941）
放送で使われることばに加えて国語辞書類から単語を抽出し、同音語（約8700語）および類音語（約4万3000語）について辞書形式でまとめた資料である。巻頭に「本書は曩に放送用語並発音改善調査委員会の審議を経たるものなり」と示されており、凡例に次のような注記が見られる。

「各語のアクセントは、近刊予定の『放送アクセント辞典』と大体一致

させた筈ではあるが、場合によつては編纂主任個人のものに従つた所もある故、之とそれとは或は相違してゐる点があるかも知れない。それらは他日訂正の筈であるから、本書を利用される方々もその補正に協力されんことを希望する。」

　実際の放送において同音語・類音語を用いざるを得ない場合に、アクセントによってこれらを区別するために編集された実務的資料である。
　この書について三宅武郎（1952）には「千ページに近い大作で、しかも佐藤さん［引用者注　用語調査係員の佐藤孝のことを指す］の独力の結集です」という記述がある。

k．寺川喜四男『標準　日本語発音比較辞典』（1941）
　台北・興南新聞社。前書きにあたる部分には、以下のような説明が見られる。

「台湾・朝鮮・満洲・蒙古・支那・南洋などに於て日本語の標準音を学ばんとする人や、これを教へんとする人のために役立たせようとして編纂したものであるが、ひとり外地人や外国人のためだけでなく、また日本内地に於て東京標準語の発音を学ばんとする人や、これを教へんとする人の参考にも資するために編纂したものである。［中略］本辞典に採録した語数は無慮四万を超えるのである。［中略］本辞典に示した語彙並にその発音は、いふまでもなく東京の山の手方面を中心とした教養ある中流社会の若い人々が使用してゐる所のものである。」

l．日本放送協会『放送用語備要集成（第二部　発音・アクセント篇）』（1942）
　「ニュース用語調査委員会」（第2期放送用語委員会）において審議・決定された語彙を五十音順にまとめた資料（『放送用語備要』）をもとに、これをさらに内容別にまとめなおして「発音・アクセント篇」という分冊としたものである（謄写印刷、非売品）。およそ2000項目が掲載されていると報告されている（注6）。これが第2分冊にあたり、第1分冊は「言換篇」、第3分

冊は「地名・人名篇」である。

m．金田一京助編『明解国語辞典』(1943)

　これは刊行が『日本語アクセント辞典』と同じ年で、発音・アクセント表示に関する相互の辞書どうしの影響はおそらくないものと考えられるが、参考までにここに記す。見坊豪紀が「編修並びに校正」を担当し、山田忠雄が「有効適切なる補助」を行い、金田一春彦が「標準東京アクセント」を施した国語辞書である（『日本辞書辞典』(1996、おうふう)）。見出し語にアクセントを付けようというのは金田一春彦の発案で、ゲラが上がってから一つ一つ付していった。神保格の示すアクセントと異なるものを載せるときには、神保に叱られぬよう、たくさんの実例を集めたという。アクセント記号を傍線で示すのではなく、①②といったマル数字で表示するのも、金田一春彦の考えによる（金田一春彦(2001)）。

5.4　『日本語アクセント辞典』編集関係者

　日本放送協会において『日本語アクセント辞典』の編纂が具体的にどのように進められてきたのかについて考察する。その前段階として、編纂にかかわった人物について概観する（ただしここでは、相当有名な人物にはあえて詳細な説明を施さない）。

　まず、放送用語委員会として第1期に位置づけられる「放送用語並発音改善調査委員会」(1934.1-1940.3)の委員は、岡倉由三郎、保科孝一、神保格、土岐善麿、新村出、長谷川誠也、服部愿夫の7名である。このうち、アクセントの問題に特に積極的にかかわったのは、神保・土岐・新村の3名であると思われる。

　また、第2期として位置づけられる「ニュース用語調査委員会」(1940.8-1945.6)の委員は、新村出、東条操、金田一京助、岸田国士、大岡保三、土岐善麿からなっており、ここでは新村・土岐に加えて東条がアクセントの問題に強くかかわっている。ただし後述するように、この「ニュース用語調査委員会」は、『日本語アクセント辞典』(1943)の編纂自体には直接的にかか

わっていないものと筆者は推定している。

　加えて、協会側の事務局の役割が非常に大きかったものと筆者は考えている。わけても、これまでもたびたび出てきた三宅武郎が、アクセント辞典の原案作成に大きく関与したものと思われる。

　神保格

　東京語を中心とする音声研究の分野を開拓した人物の一人である。

　土岐善麿

　歌人・国文学者。日本放送協会のアクセント辞典の編纂には1943年版と1951年版の両方にかかわっている。土岐のアクセント観としては、1つの単語に複数のアクセントが示されることを嫌っていたようである。たとえば、次のような発言記録が残っている。

「(昭和) 26年にやったのなんかも、ぼくなんか加わっていて、どうもこれじゃ満足しない。自分には納得がいかないといったようなことがあったんで、わたしはアクセント辞典に土岐アクセントというものをひとつ出してみるからと言って、この本に全部"土岐アクセント"を付けて、渡したんですけれども、それはなくしてしまったそうです。
　ことに戦後、アクセントについてゆれているといっても、ゆれていない一つのことばに二つなり三つなりアクセントがあるといっている場合もあると思うんですが…。とにかく、ゆれている度合いが非常に多くなってきて、そしてそのゆれているのをどこで決めるかというのは、大ぜいがこういうぐあいに言っているからといったような理由が一つ出される。「大ぜいが言っているからということが、必ずしも日本語の本来のアクセントじゃないんじゃないか。もとのところを知らないために、大ぜいがそういうぐあいに言うようになってきた。それを認めていいかどうか。」ということなんかも、しばしば会議で言っていることなんです。」

(用語研究班 (1964))

|新村出|

　音韻史の大家。『広辞苑』に連なる国語辞典である『辞苑』には編纂者と表示されているが、実際には溝江八男太が大半を執筆している（『日本語学研究事典』（2007、明治書院）の「辞苑」の項）。

|東条操|

　方言学を体系的に形成した第一人者である。

|三宅武郎|

　東京のアクセントに関して、1924（大正13）年から築地・日本橋・京橋の下町方言を中心に調査をおこなってカードに採集した。カードの枚数は1930（昭和5）年の時点で4万2000枚に達したとのことである（三宅武郎（1934）（1938））。三宅の手もとには1937（昭和12）年には常用語約5万枚のアクセントカードができあがっているという記録もある（服部愿夫（1937））。また、山田美妙『日本大辞書』の全語彙をカード化している（三宅武郎（1969））。

　『日本語アクセント辞典』（1943）の序（新村出執筆）に、「本辞典の作成につきては、嘱託三宅武郎氏其他の編纂係員及び放送員諸氏の少からぬ努力を銘記せねばならぬ」と特に実名を挙げて明記されていることからも、このアクセント辞典の作成にあたって中心的な役割をしたことがわかる。以下のように、『日本語アクセント辞典』（1943）の「責任者」を自任していた。

　　「ことにアクセント辞典は、その序文にも書いてありますような組織と経過でできたものでありまして、今日としては最高のものであると思います。
　　これで前に申しました初版の責任者であるわたくしも実に肩の重荷をおろしたような感じてうれしくてなりません。［原文のとおり］」

　　　　　　　　　　　　　　　　　　　　　　　　（三宅武郎（1952））

　日本放送協会で放送用語の仕事に当たっていたのは、1933（昭和8）年か

ら1943（昭和18）年の間であると推定される（注7）。

佐藤孝

　放送用語の調査に関して、三宅武郎が「兄弟のように一緒に仕事をした」と語る人物である（三宅武郎（1952））。東京帝国大学大学院在学中の1933（昭和8）年に、放送用語の調査研究を志望する履歴書を日本放送協会に提出し、翌1934（昭和9）年6月に臨時事務員として採用される。その後放送用語の調査研究を続け、1943（昭和18）年10月に「放送局の用語調査の方も事実上やや行詰まりの状態なので」放送協会を退職し外国人向けの日本語辞典作成の仕事に就く（佐藤孝（1991）pp.108-115）。

5.5 「標準アクセント」に関する当時の議論

　前にも示したとおり、山田美妙が『日本大辞書』（1892-1893）を編纂した理由の一つに、大槻文彦『言海』（1889〜1891）にアクセント表示がないことに関する不満が挙げられる。これに対して大槻は、その後の『広日本文典別記』（1897）において反論を示している。その趣旨は、山田の記したものは東京アクセントであってこれは「一地方のアクセント」にすぎず、日本語の概要を説明するのにあたってどのようなアクセントを掲載すべきなのかは議論が必要である、というものである。つまり、東京語のアクセントが標準語のアクセントである、といった即断はできないという姿勢の表れである。

　　「現在でも［引用者注　1938年］京都の人達は、東京の大家の東京アクセント標準論の講演放送を聴きながら笑つてゐるさうである（Ｓ博士談）」
　　　　（三宅武郎（1938）、引用者注　「Ｓ博士」とは京都在住の新村出のことか）

　また、かつてＢＫ（大阪放送局）には聴取者から「なぜ東京アクセントで放送するのか」という投書があったことが伝えられている（東条操（1951）p.39）。
　アクセント辞典を編纂するのにあたっては、そもそも「標準アクセントと

いうのはいったいどのようなものを指すのか」という議論が必要である。ここでは、当時なされた議論をめぐっていくつか紹介する。

まず、標準アクセントとして東京語のものを土台にするという意見が主流であった。たとえば神保格は、東京語のアクセントをひとまず採用するのが「合理的」であるという立場を取っている。そして、将来には各地のアクセントが混合して日本全体を平均したものができるはずであり、これが本当の「標準」である、という見解を示している。

> 「アクセントについて何を標準として統一するか。これは言葉遣ひと歩調を合せるのが合理的である。[中略]今日は東京に発達した一種の言葉遣ひが事実上標準と考へられ、国定教科書でも之を採用してゐるから全国の学校で此の種の言葉遣ひを標準として教へてゐる。然らばアクセントの方も同じく東京語に定まつてゐるものを標準として採用するのが合理的である。[中略]言葉遣ひが東京で、アクセントが大阪では、善くいへば公平かも知れないが、実は公平といふより不調和といふ感じの方が強く起る。[中略]勿論東京の言葉遣ひでもアクセントでも本質的に他より優れてゐるわけではない。大阪のアクセントでも東北のアクセントでも一般的にいへば悪くないのである。東京語のアクセントも或人々のいふ様に特別良いものでは無いが又同時に特別悪いものでもない。つまり何処の地方でも一般的には同じものである。同じであるといふなら、言葉遣ひの標準を東京語に求めた以上、アクセントも同じ東京語に求めるのは極めて自然の理ではないか。」　　　（神保格（1932.11））

> 「東京語といつても将来東京語ばかりが其の儘標準となるとは限らない。日本全国の標準となればそれは日本全国のものであつて東京といふ一局部のものとは云へないのである。もつと具体的にいへば、将来各地のアクセントが多少混合して日本全体を平均した一種のアクセントが出来るであらう。之がほんたうの標準的のものである。」（神保格（1932.12））

このように、神保の主張はあくまで実態主義に基づく「標準アクセント＝

東京語アクセント」観である。東条操（1951）なども同様の主張であると言える。

　また、三宅武郎・輿水實（1941）では、標準アクセントとして東京のものを採用することに異存がないこと、全国の3分の2の地域がおおむね東京式のアクセントであること、残りの3分の1の地域についても「幸にして、近畿地方は過去の文化的背景によつて自ら人の頭脳も鍛錬せられてゐるから、今後何十年かの間には、必ずや、よくこの困難を克服することができるであらう」と記されている。三宅武郎（1941）においても、次に見るとおり「東京アクセント」を前提とした上で、その中でどのようなものを選ぶのかが重要であると記述している。

　　「国語の標準アクセントが、東京アクセントの最も標準的なるものを基礎として、これに若干の彫琢を容れる余地を残しておくといふことには、今日、ほゞ国語界大勢が決してゐるとして、さてその東京アクセントの最も標準的なるものを選定するといふことが、実は一仕事なのである。」
　　　　　　　　　　　　　　　　　　　　　　　（三宅武郎（1941））

　このように、用語委員会の主要メンバーの一人である神保格や、日本放送協会側の事務方であった三宅武郎は、標準アクセントに東京語のものを採るという線で一致しており、『日本語アクセント辞典』の編集にあたっても、大きな見解の違いはなかったものと思われる。

　それに対して、石黒魯平（1931）（1941）・柳田国男（1941）・服部四郎（1944.7）（1944.8）などは、東京語のアクセントを普及させる必要を必ずしも認めない主張として位置づけられる（稲垣正幸（1951）p.768）。たとえば服部四郎（1944.7）（1944.8）は、標準語（音韻体系・アクセント体系も含む）は学者の理論的構築物ではなく現実の「東京語」を採用するのが適当であるという点において神保とほぼ同意見であると記した上で、日本語の場合アクセントを誤っても意味が通じないことはまれであることを考慮すべきであると主張している。

「[カメ]（亀）といふアクセントをきいて「死んでしまひたくなります」といつた東京の方もあるさうであり、［中略］この種の感情はできるだけ鈍くするやう努力すべきではないかと思ふ。東京人が、わかるけれども訛のある標準語的共通語を不愉快がつたり、腹立たしく思つたり、或は大阪人が東京アクセントをなまいきだとか浅薄だとか感じたりしてよいものであらうか。これは、日本人としての大同団結を幾分なりとも阻害する狭隘な感情ではなからうか。」

（服部四郎（1944.8））（注8）

　これに対して石黒魯平（1931）の主張は、東京語の必要性を認めないという点でさらに一歩進んでおり、アクセントを含めた標準というものは地域的にではなく社会的に位置づけるべきであるというものである。教養階級のアクセントを土台とし、これに人為的な原則によって加工を試みようとするものであるが、この「階級アクセント」は結果的には現在一般に認められている「標準地域アクセント」と同じものになるであろうと説いている。また石黒魯平（1933）においては、日本共通語のアクセントは「大都市の流動社会の実際に従ふべき」であるという考えが示されている。伝統的な東京語ではなく、首都圏の流動層のことばが実質的な共通語として認識されることの多い現代の言語状況を、うまく予測して言い当てているように筆者には思える。
　このように、標準アクセントの認定に関して、戦前・戦中期においても学者の間での異なりがあった。そのような中で『日本語アクセント辞典』の冒頭に次のように掲げられているのは、当時の放送用語委員たちの間の総意として認められるであろう。

「放送アクセントは、所定の「放送用語の調査に関する一般方針」の示すところに従ひ、東京アクセントの最も標準的なるものを採用することゝなつてゐるが、その選定に当つては、学問的にも実際的にも種々の困難が伏在してゐるといふことを率直に認めなければならない。」

（『日本語アクセント辞典』（1943）の「例言」から（注9））

5.6 『日本語アクセント辞典』の編集過程
～放送用語並発音改善調査委員会の審議に見る～

　ここでは、『日本語アクセント辞典』(1943)が実際にどのように編集されたのかを、残された資料から概観してみる。

　最初に、『日本語アクセント辞典』の冒頭に掲げられた「例言」から、本辞典の特徴を示す。

　　○アクセントの調査は、昭和12年度に開始した（注10）
　　○審議にあたったのは、放送用語委員である服部愿夫・長谷川誠也・神保格・新村出・土岐善麿・保科孝一で、途中から特別委員として新村・神保・土岐の3名が選任された（注11）
　　○語彙の収録は、新村出編『言苑』をもととして告知課員（アナウンサー）および用語調査係員が分担して選択し、それに若干の語彙を加えた（注12）
　　○原則として固有名詞・外来語は除いた（注13）
　　○アクセントを複数示す場合、最初に示したものが「第1アクセント」ということではなく、機械的に並べた（平板・頭高・中高・尾高の順）
　　○ここに掲載したアクセントに関する意見（年齢・生育地（本人および父母）を書き添えて放送用語係あてに）を読者から募集し、次回の改訂の参考にすることを表明

　次に、放送用語委員会においてアクセントの問題がどのように取り扱われてきたのかを見てみる（表5-1）。

表5-1　放送用語委員会（第1期・第2期）におけるアクセント関連のおもな審議

回数	審議日	決定日	審議内容等
8	1934.5/25	同左	調査に関する一般方針としてアクセントを取り上げ、その中で「アクセント付き放送用語辞典」の作成を明示
17		11/13	苗字の読み方およびアクセント　動詞のアクセント

回数	審議日	決定日	審議内容等
25?	1935.4/26	同左	アクセントの表記法について
46?	1936.5/27	同左	「尊号及び年号の読例」アクセントについて
53	1936.12/11		アクセント付常用語句集（一）（二）（三）
?	1938.2/24		アクセント表記法について
77	10/12		外国固有名詞及び外来語の発音に関する審議資料
78	10/29	同左	アクセント　カの部（一）
78	10/29		アクセント審議上における用語の取極（案）
79	11/11		放送用語備要（一）
80	11/24	12/10	放送用語備要（二）
81	12/10	同左	放送用語備要（三）
82	1939.1/11	同左	放送用語備要（四）
82・84	1/11・2/13	同左	アクセント　キの部（一）
83	1/26	同左	放送用語備要（五）
83・85	1/26・2/25	同左	アクセント　キの部（二）
85・86・87	2/25・3/25	同左	アクセント　キの部（三）
88	4/11	同左	アクセント　クの部（一）
89	?	4/27	アクセント　クの部（二）
	?（4/27作成）		放送アクセント辞典（ア行の部）
	?（6/15作成）	?	アクセント　ケの部
	?（6/25作成）		連語動詞のアクセント法則（稿）
	?（6/29作成）		基本動詞の名詞化アクセント法則・連語動詞の名詞化アクセント法則・対義連語動詞の名詞化アクセント法則
	?（6/29作成）		「かみなり」の類のアクセント表
	?（7/13作成）		基本動詞アクセント表（稿）
	?（7/26作成）		漢語動詞のアクセント法則
			［以上　第1期放送用語委員会］
	1941.11/13		疑問アクセント
	1942.10/10		（アクセント辞典まもなく発行との報告が用語委席上でなされる）
	1943.4/13		『日本語アクセント辞典』及び『放送用語備要』（追補各号を含む）・『放送用語備要集成』の関係について
	1943.7/13?		アクセント辞典の検討（一）（二）
	1945.2/13	同左	（用語調査委員会にて決定せるアクセントと「日本語アクセント辞典」所載のアクセントとが異なる語彙五十一につきアクセントを審議）
			［以上　第2期放送用語委員会］

5章　アクセント辞典の誕生　117

放送用語委員会の席上でアクセントの問題が初期に取り上げられたものとして、1934（昭和9）年5月25日（第8回）の議題が挙げられる。これは、今後アクセントにかかわる問題をどのように取り扱ってゆくべきであるかという指針を審議したものである。事務局側が提出した草案では、日本各地の方言アクセントの体系を明らかにすることも目標とされていたが、審議の結果、方言のアクセントについての言及はいっさいなくなってしまった（塩田雄大（2007））。

　同年11月13日（第17回）には、「苗字の読み方及アクセント表」と「動詞アクセント表」という資料が作成され提出されている。漢字表記の苗字についての読み方・アクセントと、基本的な動詞のアクセントを取り上げたもので、いずれも「ア」から始まる語のみが挙げられている。「動詞アクセント表」の単語一覧表では、「アクセント表記法A」としてカギ式（アクセントの落ちるところに 」を記す）が、「アクセント表記法B」として高く発音する部分のカナを太字で示すという方法が示されている。

　なお、1935（昭和10）年4月に『宮廷敬語』が出されたが（注14）、この資料の索引（「アオヤマゴ 」ショ　青山御所」から「ワカミヤヒデ 」ンカ　若宮妃殿下」までの約500語）には各語のアクセントがカギ式で示されている。

　このあと、1936（昭和11）年12月11日（第53回）にアクセントの問題について個別の語について具体的に議論される。ここで提出された資料「アクセント付常用語句集（一）（二）（三）」は、次のような構成になっている。

（一）：「アイ　愛」から「アソン　朝臣」までの約450語のアクセント事務局案（カギ式表示ではなく『日本語アクセント辞典』（1943）と同様の直線式表示法）を示し、「アクセント辞典」（神保格・常深千里『国語発音アクセント辞典』（1932）のことを指すものと思われる）に掲載のある語についてはそのアクセントも付してある。ＮＨＫ放送文化研究所に残っている資料では、この上に朱書きで『日本大辞書』（山田美妙のものを指す）のアクセントも追記されている。

（二）：「ア̄ダ　徒」から「ア̄ワレム　憐む」までの約250語のアクセント事務局案を示し、「アクセント辞典」と『日本大辞書』に掲載のある語はそのアクセントも付されている。

（三）：「ア̄イキ　愛機」から「ア̄ヘンキューイン　阿片吸引」までの50語についてのアクセントが、事務局案として示されている。「アクセント辞典」と『日本大辞書』のアクセントが付されている語はきわめて少なく、「ニュース原稿三十六日分ヨリ採集」という注があることから、国語辞典類に載りにくい新語を集めたものと解釈できる。

　この第53回の委員会の議事記録には、この資料の審議に関して以下のような記述が見られる。

> 「逐語審議三分ノ一を了す。その経過に鑑み、語彙の選択法とアクセント調査法とに関して協議。調査室作製の原案を委員に配布。委員閲覧の結果を調査室にて照合整理の上、アクセント相異のものだけを委員会に上程することとなる」

　このあと、1937（昭和12）年には残された資料で見るかぎりアクセント関連の内容が提起されていない（この年の後半は皇室用語関連の議題が多い）。

　1938（昭和13）年になると、アクセントに関する具体的な議論がなされるようになる（注15）。

　2月24日には、神保格と三宅武郎とで協議した結果、アクセントの表示法として直線式を採用する旨が記されている（注16）。

　10月12日には、外国の固有名詞（地名・人名・団体名が中心、一般名詞も若干含む）の発音・アクセント117語について、事務局の原案と、それに対する用語委員側の意見が各語ごとに委員の実名付き（一部は実名なし）で示されている。委員の名前には、神保格、土岐善麿、長谷川誠也、服部愿夫、保科孝一が見られる。いくつか抜き出してみると、次のようになっている。

5章　アクセント辞典の誕生　119

［原案］　　　　　　　　　　［原案に対する諸意見］
　　　アルサスローレン　　　　　　アルサスローレン（平）［神保］
　　　アグレマン（×アグレマン）　アグレマン［神保・土岐］
　　　ヴェネズエラ　　　　　　　　ヴェネズエラ［神保］
　　　カリフォルニア　　　　　　　カリフォルニア［土岐］
　　　コスタリカ　　　　　　　　　コスタリカ（平）［服部］
　　　テロリスト　　　　　　　　　テロリスト［神保］
　　　ノルマンディー　　　　　　　ノルマンディー（平）［服部］
　　　パリ（×パリー）　　　　　　パリ［神保］
　　　ハンガリー　　　　　　　　　ハンガリー［土岐・神保］
　　　パラグヮイ　　　　　　　　　パラグヮイ［神保］
　　　マネーヂャー　　　　　　　　マネーヂャー［長谷川］
　　　メイン・イヴェント　　　　　メイン・イヴェント［土岐］
　　　モスクワ　　　　　　　　　　モスクワ［神保］
　　　ラトヴィア　　　　　　　　　ラトヴィア［神保］
　　　ルフト・ハンザ　　　　　　　ルフト・ハンザ［土岐］

　残された資料で見るかぎり、委員の中でも神保格は外来語のアクセントに関して原語（英語・スペイン語など）のものを前面に出すような提案をなしている。

　10月29日には、「アクセント　カの部（一）」として「カ　香」から「カンヌキ　閂」までの138語（菅野謙（1984）で指摘）について各用語委員のアクセントが示された資料が提出されている。委員の名前には、神保格、土岐善麿、長谷川誠也、服部愿夫、新村出が見られる。いくつか抜き出してみると、次のようになっている。

　　　海運　　カイウン［土岐・服部・神保］
　　　　　　　カイウン［神保・新村・長谷川］
　　　開運　　カイウン［土岐・長谷川］
　　　　　　　カイウン［新村・神保・服部］

開花　　カイカ　［土岐・服部・長谷川］
　　　　　　カ̄イカ　［新村・神保］
　　外海　　ガイカイ　［土岐・新村・服部・長谷川・神保］
　　　　　　ガ̄イカイ　［神保］
　　海岸線　カイガンセン　［土岐・新村・服部・神保］
　　　　　　カ̄イガンセン　［神保・長谷川］

　菅野謙（1984）では、この138語のうち、その後『日本語アクセント辞典』（1943）に収録された129語について、それぞれの委員の回答の傾向を分析している。それによると、神保格および新村出は1つの単語に複数のアクセントを支持することが多く（神保は特に顕著）、現代アクセントとして普通に使われているアクセントは無理に1つにしぼらないという考えを持っていたこと、いっぽう土岐善麿および長谷川誠也は標準アクセントとしてできるだけ1語1アクセントという方向を望んでいたと指摘されている。
　また、その後『日本語アクセント辞典』（1943）に収録された129語168のアクセントには、このときに神保格の支持したアクセントが69.6%含まれており（母数は168のアクセント）、これは5人の委員の中でもっとも高い割合であることが示されている。ただし、神保は1つの語に複数のアクセントを支持する傾向が強い。そこで、このときに各委員が提案したアクセントがその後『日本語アクセント辞典』（1943）にどの程度採用されたか、という計算（母数は各委員のそれぞれ提案したアクセントの数）をしてみると、各委員の中でもっとも高い割合になるのは土岐善麿の81.6%である。以上のことから、『日本語アクセント辞典』（1943）編纂にあたってのアクセントの決め方に関して、最終的なものを決定する資料・根拠となったのは神保格のものの占める部分が大きく、一方「しぼり方」（1語1アクセントを目指す）に関しては土岐善麿の考えにやや近くなっているのではないか、と菅野謙（1984）は指摘している。神保の提示した諸アクセントを「材料」として、土岐の「姿勢」〔＝可及的「1語1アクセント」主義〕を尊重しながら選定した、と言うことができよう。
　また同日10月29日には、アクセントの審議にあたって用いる基本的な用

語として「頭高」「平板」「中高」などといった言い方を採用することが審議されている。

11月からは、「放送用語備要」というものが提議・決定されている。これは、ことばの発音・アクセントを中心として、「語彙の範囲・問題の種類・及び順序を問わず、随時に審議決定して、当務者の参考に供せんとするもの」である。たとえば「放送用語備要（一）」の最初の部分には、「大」の付く語「大火事・大地震・大評判」などといったことばの読み方・アクセントが示されている。なおこれは、p.126および9章で取り上げる『放送用語備要』（1940（昭和15）年〜1944（昭和19）年）とは、別のものである。

1939（昭和14）年になって提議された「アクセント　キの部（一）（二）（三）」（それぞれ97語、84語、139語掲載）は、「生糸　キイト　キイト　キイト」から始まっている。「カの部」と異なり、1つの語に複数のアクセントが示されているのみで、どの委員がどのアクセントを支持したのかが明示されていない（それ以降の「クの部（二）」（（一）は散逸、（二）は72語掲載）「ケの部」（240語掲載）も同様）。おそらくこれは事務局側で作成した「たたき台」で、この資料をもとに当日の審議が進められたものと想像される。

同年のなかばごろに、「放送アクセント辞典（ア行の部）」という資料が作成される（4月27日作成・審議日未詳・謄写印刷、約1000語掲載）。審議内容が付されていないので想像ではあるが、『日本語アクセント辞典』の仕上がりイメージを手書きで示したものであると思われる。

なお表中には示していないが、同年4月に日本放送協会『放送用語調査委員会決定語彙記録（一）』（1939）が刊行される（前述）。

同年6月に作成された「連語動詞のアクセント法則（稿）」は、複合動詞のアクセント形成について論じた資料である（本書6章で詳述する）。複合動詞のアクセントは前項動詞のアクセント式に大きく左右されるという原則・傾向（山田美妙が最初に記述し、三宅武郎が帰納的に一般化（塩田雄大（2013）））をめぐって、これに合致しない複合動詞を『日本語アクセント辞典』に掲載予定の語群（ア行のみ）から個別に引き出している。これに続く名詞化アクセント法則の資料および「「かみなり」類のアクセント表」（約600語掲載、四拍語における尾高型と中高型のゆれ（いわゆるA型とB型）を論じ

たもの（注17））も含め、内容的に見てこれらはおそらく三宅武郎の起案によるものと思われる。

同年7月に作成された「基本動詞アクセント表（稿）」は、単純動詞およびその名詞化形のアクセント型を示したものである（p.107）。「漢語動詞のアクセント法則」は、漢語＋スルの形の動詞について拍数別にアクセント型の傾向を示したうえで、これに合致しない少数例について論じたものである。

第1期の用語委員会として位置づけられる「放送用語並発音改善調査委員会」におけるアクセント関連の審議・決定は、ここまでである。これに関連して、1939（昭和14）年12月に発行された雑誌に載せられた「過去一ヶ年において放送用語調査委員会が疑問アクセントに就いて審議を了し得たる数が僅に四百語を出でなかつた」という三宅武郎（1939）の記述を指摘しておこう。

表にも示したとおり、『日本語アクセント辞典』（1943）発刊の下準備として、「クの部」までは用語委員会として審議された記録が残っており、また「ケの部」の資料も作成されている（これが審議されたかどうかは未詳）。それでは、これ以降はどのように審議・決定されたのだろうか。三宅武郎は、戦後に次のように語っている。

「ようやく他の仕事が一段落つきまして、いよいよアクセント辞典の編集ということになりましたので、ア行のアの部からはじめて委員とアナウンサーとの合同研究をはじめました。ところが急に第一期の事業をいちおう終了することになりましたので、カ行のクの部からわたくしが全部ひき受けて、まつたく独自の責任でやりました。それで、各品詞別に語形成上からアクセント表をつくつたり、その他、全力をあげて編集したのでありますが、いちばん不幸であつたことは、この印刷を平版でやるべきところを、輪転機にかけたために、アクセントの符号の線が墨つきがわるくて落ちたところが少なくなかつたことであります。」

（三宅武郎（1952））

ここで三宅は「クの部から」独自に引き受けたと記しているが、残された

議事録によるかぎり、少なくともクの部までは審議用の資料が作成されている。三宅の語るとおりクからは審議はしなかったものなのか、あるいは三宅の誤記（クとケの）もしくは記憶違いによるものなのかは、判然としない。

　上掲の記述によれば、当初はすべての掲載語について委員による審議・決定を施す予定であったが、途中から三宅武郎という一個人による作業に変更したこと、そしてそれは第1期の放送用語委員会である「放送用語並発音改善調査委員会」の突然の終了（1940（昭和15）年3月）決定がきっかけになっていることが推定できる。

　なお、『日本語アクセント辞典』（1943）の編纂にあたって、1940（昭和15）年以降も、委員の一人である土岐善麿が関与をしたことは事実であるようである。

　　「同委員会［引用者注　放送用語並発音改善調査委員会のことを指す］は、昭和十五年をもつて一応所期の目的を達したのであるが、引続き土岐善麿氏は当協会嘱託として現任し、用語調査の事に当ると共に本書の編纂についても指導に当つた。」
　　　　　　　　　　　（『日本語アクセント辞典』（1943）の「例言」から）

　ただし、その関与の度合いがどの程度であったのかは不明である。筆者（塩田）は、少なくともアクセント決定の最終段階には土岐はそれほど関与しなかったのではないかと推定している。以下の2点が、そのことを裏打ちする。

　　〇戦後の『日本語アクセント辞典』（1951）についての言及ではあるが、土岐はＮＨＫのアクセント辞典の記述内容に満足していなかったこと（p.110で先述）
　　〇『日本語アクセント辞典』（1943）の編纂にあたって、三宅武郎（1952）で「Ａ型だけを認めてＢ型を排する有力な委員の強い勧告をしりぞけて、その二つ［引用者注　Ａ型とＢ型の両方のこと］をおいた」と記されていること（この「有力な委員」とは、おそらく土岐のことを指す

ものと筆者は想像している）

これらを総合すると、『日本語アクセント辞典』（1943）の記載内容は、かなりの部分が三宅武郎の手によっていることが推測される。

5.7　ニュース用語調査委員会での議論

「放送用語並発音改善調査委員会」（第1期放送用語委員会）が終了したあと、1940（昭和15）年8月に「ニュース用語調査委員会」（第2期放送用語委員会）が発足した。『日本語アクセント辞典』（1943）に関する審議はこの新しい委員会ではおこなわれていないが、アクセントに関する話題は取り上げられている。たとえば1941（昭和16）年11月には、「疑問アクセント」として11のことばのアクセントが議題になっている。次のようなものが議題として残っており、記号の詳細な意味は明記されてはいないが、委員である東条操・金田一京助および協会嘱託の土岐善麿の意見を集約したものと解釈できる（最終的にどのように決定されたのかは未詳）（注18）。

疑問アクセント（1941.11/13 議題）

		東条	土岐	金田一
愛好者	アイコーシャ			多、？（標）
	アイコーシャ	○	○	稀、？・
経緯	イキサツ			少、？
	イキサツ	○	×	少、？・
	イキサツ		○	多、？（標）
伊勢大神宮				
	イセ・ダイジングー		×	多、新、（標）・
	イセ・ダイジングー	②	①	少、旧
	イセ・ダイジングー	①		
多い	オーイ		×	多、新、（標）
	オーイ	○	○	多、旧　・

語	読み			備考
襲う	オソウ		×	少、旧、（標）
	オソウ	○	○	多、新
様々	サマザマ		×	多、旧、（標）
	サマザマ			少、新
	サマザマ	○	○	少、新
焦点	ショーテン			多、旧（標）
	ショーテン	○	○	多、新、不可
譲歩	ジョーホ		①	多、旧（標）
	ジョーホ	○	②	多、新
師走	シワス	○		多、？（標）
	シワス	○	×	少、？
続々と	ゾクゾクト	○	②	少、新（標）
	ゾクゾクト		①	多、旧
代弁者	ダイベンシャ		×	多、？（標）
	ダイベンシャ	○	○	少、
	ダイベンシャ			少、新

　このあと、『日本語アクセント辞典』（1943）が1943（昭和18）年1月に発行される（注19）。

　同年4月には、「『日本語アクセント辞典』及び『放送用語備要』（追補各号を含む）・『放送用語備要集成』の関係について」という議論が委員会の席上でなされている（注20）。貴重な記録なので、ここにそのまま採録する。

「今回刊行を見た『日本語アクセント辞典』及び従来の『放送用語備要』（追補各号を含む）・『放送用語備要集成』との関係については次の如く意見が一致した。

　『日本語アクセント辞典』は前用語調査委員会（放送用語並発音改善調査委員会）に於て審議の上、三宅嘱託がその編纂主任となり、一応刷成したものであるが、亦誤植なきを保し難い。

　然るに、一方『放送用語備要』（同追補を含む）並に『放送用語備要

集成』は、右『アクセント辞典』印刷校正進行中新規企画の下に現用語調査委員会の承認を経て、可動的な発音及びアクセントに対して特に指導性を持たせることに重点を置いて逐次編輯の上仮刷したものである。
　従つて『アクセント辞典』と『用語備要』・『備要集成』との間には、その編輯方針並に時期その他の相違により、そのアクセント及び発音の表記に於て多少の齟齬を生ずるに至つたことは止むを得ない。
　依つて之等多少の齟齬については、今後速かに調査の上後日再議に附し適宜の処置を講ずべきである。」

　つまり、基本的に第1期の用語委員会のもとで作られた『日本語アクセント辞典』（1943）と、第2期の用語委員会のもとで発行され続けた『放送用語備要』（1940（昭和15）年11月から1944（昭和19）年1月にかけて本編・分冊形式で継続発行）およびその進行途中で五十音順に再配列・整理のうえ発行された『放送用語備要集成』（発音・アクセント篇は1942（昭和17）年1月発行）とでは、編集方針の違いなどから、認定された発音・アクセントに関してズレが見られることを明らかにしている。
　その次回の1943（昭和18）年5月11日には、三宅武郎が「アクセント辞典の検討（一）（二）」という議案を作成し、土岐善麿が提案の説明をしたあと、各委員が次回までに校閲してくることになった旨が記録されている。そして次の6月11日に、各委員の回答を整理のうえ改めて審議することが記されている。
　7月13日には、次のような記録がある。

「『アクセント辞典』所載のアクセント再審議（承前）について。各委員の意見記入の表を比較するに、これもまた必ずしも一致するものばかりではない。由つて更に調査整理の上、なほ疑義の残るものを逐次審議のことに決定。
　次に『備要』に於けるアクセント採定方針のうち、その決定に幅を持たせるべき語について特に慎重を期することに意見一致した。」

その後、記録によるかぎり、三宅武郎は1943（昭和18）年7月13日の回を最後として、また佐藤孝は同年10月13日の回を最後として、それ以降は会に参加していない。退職に関して佐藤は、p.112で先述のとおり「放送局の用語調査の方も事実上やや行詰まりの状態なので」（佐藤孝（1991）pp.108-115）と記している。

このあとニュース用語調査委員会においては、個別の語のアクセントについてはいくつか議論されたものの、『日本語アクセント辞典』（1943）を対象にした議題は、しばらく見られない。1944（昭和19）年の年末から1945（昭和20）年の2月の間の回に（日付が特定できていない）、次のような記録がある。

「同一の語彙について用語委員会で決定したアクセントと「日本語アクセント辞典」所載のアクセントと一致しない語彙が相当ある。かゝる語彙のアクセントはその何れによるも可であるが、一語について三種も四種もアクセントを認めることは妥当でないが、何種類かアクセントのある語彙についてはそのうち普通でないアクセントはこれを整理して行くことにした。その第一回の試みとして、左の語彙のアクセントは次のアクセントのみを認めることになつた。（別紙）」

〔引用者注　「別紙」は散逸している〕

また、その次の回（1945（昭和20）年2月13日）に、次のような記録がある。

「前回に引続き、用語調査委員会にて決定せるアクセントと「日本語アクセント辞典」所載のアクセントとが異なる語彙五十一につきアクセントを審議、次の語は左のアクセントのみを認めることにした。
　　　音信不通　　インシンフツー
　　　歌人　　　　ウタヨミ　ウタヨミ
　　　打つて変つて　ウツテカワツテ
　　　入り乱れる　　イリミダレル

居残る	イ‾ノコル‾
稲作	イナサク‾
偽り	イツ‾ワリ　イ‾ツワリ‾
育児法	イクジホー
育児	イクジ
餌	エサ
追風	オイカゼ　オ‾イカゼ‾
皇子	オ‾ージ
襲ふ	オ‾ソウ
音沙汰	オトサタ
俤	オモカゲ　オ‾モカゲ‾
遠忌	オ‾ンキ

次の諸語は両方のアクセントを認める

家毎に	イ‾エゴトニ‾　イ‾エゴトニ
いきさつ	イ‾キサツ　イキサツ‾
行き着く	イ‾キツク　イ‾キツク‾
初産	ウイザン　ウ‾イザン
撃ち落す	ウ‾チオトス　ウチオ‾トス
打砕く	ウ‾チクダク　ウチクダク
所謂	イ‾ワユル　イ‾ワユル‾
謂はば	イ‾ワバ　イ‾ワバ‾
一に	イ‾ツニ　イツ‾ニ
一文字	イチモ‾ンジ　イチモンジ‾
一月	イチガ‾ツ　イチガツ‾
幾つも	イ‾クツモ　イクツ‾モ
いくら	イ‾クラ　イクラ
幾重にも	イク‾エニモ　イ‾クエニモ‾
疫痢	エ‾キリ　エキリ‾
絵踏み	エ‾ブミ　エブミ‾
選び出す	エラ‾ビダス　エラビダス‾

奥義	オーギ	オーギ
大御稜威	オーミイツ	オーミイツ
補ひ	オギナイ	オギナイ
奥地	オクチ	オクチ
雄叫び	オタケビ	オタケビ
おちおち	オチオチ	オチオチ
落葉	オチバ	オチバ
衰へ	オトロエ	オトロエ
御内儀	オナイギ	オナイギ
尾根	オネ	オネ
思ひ	オモイ	オモイ
思ひ当る	オモイアタル	オモイアタル
思起す	オモイオコス	オモイオコス	オモイオコス
思ひがけなく	オモイガケナク	オモイガケナク
思出す	オモイダス	オモイダス
面長	オモナガ	オモナガ
思惑	オモワク	オモワク
泳切る	オヨギキル	オヨギキル	オヨギキル ｣

　ここには 51 の語のアクセントが示されているが、ア行（ア〜オ）のものみで、今後継続的に審議・決定する予定であったらしいことをうかがわせる。戦争が末期に近づきつつあったことも関係があるのだろうか（注21）、その後これに続く形の審議は記録されていない。

5.8　本章のまとめ

　本章において、『日本語アクセント辞典』（1943）編纂の流れを、きわめて断片的にではあるが概観してみた。
　ここまでの記述をまとめると、次のように言うことができる。

〇昭和の初期には、アナウンサーは各地の放送局で個別に採用されており、発音・アクセント上での個人差が非常に大きかった。これに対して、ラジオ聴取者からの不満が寄せられていた。

〇1934（昭和9）年以降は東京でのアナウンサーを一括採用することになったが、アナウンサーを養成するための統一的な資料（アクセント辞典）の編纂が望まれた。

〇「標準アクセント」としてどんなものを採用するかについては当時の社会でいろいろな意見があったが、日本放送協会の担当者の間では、実践的な立場から東京語のものを採用することでほぼ合意されていた。

〇放送用語委員会におけるアクセント関連の調査・審議は1936（昭和11）年末から始まり、1938（昭和13）年に本格的におこなわれた。

〇一語一語の審議・決定にあたっては、神保格の提示したアクセント案の占めた役割が大きく、また最終的な選定にあたっては「なるべく1語1アクセントを目指す」という土岐善麿の姿勢が活用されたと解釈できる。

〇第1期放送用語委員会の終了に伴い、複数の委員による一語一語の審議・決定は「カ行」の途中までで中断してしまい、それ以降の部分は日本放送協会側の担当者である三宅武郎が独力で編集をおこなったと推測できる。

〇『日本語アクセント辞典』（1943）は第1期の放送用語委員会の主導で編纂が始められたが、これが1943（昭和18）年に発行されたときには、第2期の放送用語委員会が活動をしており、双方の決めた発音・アクセントの間にいくつかの食い違いが見られた。

このあと戦後には、アクセント関連の再検討がおこなわれたのちに『日本語アクセント辞典』（1951）が発行される。

本章では、『日本語アクセント辞典』（1943）の編纂の背景について記述したところが大部分を占め、具体的な一語一語についての言及はほとんどできていない。今後はここに焦点を当て、たとえば編纂にあたって『日本大辞書』

『国語発音アクセント辞典』『新辞海』などの記述内容がどの程度影響したのか、同一責任者の手による『新辞海』と『日本語アクセント辞典』(1943)との違いはどのようなものであるのか、といったことについて分析を進めてゆきたい。

注

1　この両資料における漢語・漢字語の読み方に関する投書の分析を、7章に示してある。
2　ただし山田忠雄 (1981) p.631 でも示されているとおり、『日本大辞書』には1つの語に複数のアクセントを掲げたものや、疑問符を付けて示したアクセントもある。掲載されたアクセントについては、三宅武郎 (1969)・菅野謙 (1989) などで分析が試みられている。
　　なお美妙の言語的背景については、次のような記述がある。
　　「美妙の父は南部藩出身（維新前に浪人して上京）であったが、母は江戸の町医者の娘であり、美妙は神田に生まれて以来、父の赴任にも従わず下町を中心に育ち勉強していった。その点では、江戸生まれではあるが仙台藩で育ち、仙台へ行ったり江戸へ行ったりしていた大槻文彦よりも、アクセントに対して鋭い感覚を持っていたものと思われる。」

（山田忠雄 (1981) pp.628-629）

3　なお、神保は『国語読本の発音とアクセント』（尋常一学年〜六学年）という全6巻の著作を 1930（昭和 5）年に出している。これは尋常小学校の国語読本の内容をすべてカナで発音表記したうえでアクセントを付したものである。辞書形式ではないので本書では紹介しなかったが、その後に大きな影響を与えたものと思われる。
4　筆者のこの見解に対しては、「塩田雄大（「アクセント辞典の誕生」NHK放送文化研究所年報 2008）によれば「このアクセントを付したのは、佐藤孝（日本放送協会に勤務（1934〜1943年）していた用語調査係員の1人）である。」とあり、神保格がそれをどのくらい取り上げたか、佐藤孝の書（『ことのはつれづれくさ―自伝的駄弁録』1991）（未見）をそのまま鵜呑みにしてよいかどうか疑問が残る」という指摘（秋永一枝 (2010) p.27）もある。
5　浅井真慧 (1981) p.46 には、この資料に関して「すべての語にアクセントが付けられている」と記されているが、本書の4章でも述べたとおり、これには若干の補足を要する。すべての語にアクセントが付けられているのは事実であるが、正式に決定されたもの（○印付き）と、アクセント表示はしてあるが決定には及ばなかったもの（無印）とが混在している。
6　菅野謙 (1966) p.95 の以下の記述による。
　　「「ニュース用語委員会」で昭和 15 年 11 月から昭和 16 年 8 月までの 10 か月間に検討したアクセントは、およそ 2000 項目である。（「放送用語備要集成（第

2部発音アクセント篇)」)」

ただし、この言及が「この期間中に検討したアクセントの総数」に関するものなのか、あるいは『第二部　発音・アクセント篇』に掲載された語数を指すものなのか、不明である。

7　ただし、三宅自身の記述として「ＮＨＫの放送用語の調査に私が関係したのは七年あまり」(三宅武郎 (1952)) というものもあり、確定できない。なお、三宅は日本放送協会勤務後に文部省調査局国語課員となり、1983 (昭和58) 年に死去した (市川重一 (1984))。

8　ここに引用した内容は現代の日本人が読んでも違和感を覚えない。一方、次のような記述については、「方言はそう簡単にはなくならない」という予測は当たっているものの、「方言がなくなるのが理想である」という主張の点に関して、当時の社会・時代背景を感じさせる。

「日本国民たる者が一人残らず、音韻・文法・語彙の点で完全に同じ言語を用ゐるやうになり、従つて、方言が絶滅して了ふのが理想であることはいふまでもない。[中略] 併し、実際問題として見れば、さういふ理想の実現される可能性は極めて少く、少くとも今後数百年のうちに実現されないことは確実である。」

(服部四郎 (1944.7))

「我々は標準語の徹底的な普及、方言の絶滅を理想として、あらゆる努力を致すべきであるが、こゝ数百年の内に、日本全国の方言が絶滅しようとは到底考へられないから、各地の人々の話す標準語的共通語の発音やアクセントの地方的な訛も数百年の内に消滅しようとは考へられない。」

(服部四郎 (1944.8))

9　文中の「所定の「放送用語の調査に関する一般方針」の示すところ」に該当するのは、以下の記述である (詳しくは塩田雄大 (2007) 参照)。

「三．共通用語は、現代の国語の大勢に順応して、大体、帝都の教養ある社会層において普通に用ひられる語彙・語法・発音・アクセント（イントネーションを含む）を基本とする。」

10　ただし浅井真慧 (1989) も指摘しているとおり、放送用語委員会の議事録を調べてみると、「アクセント付常用語句集」という資料の作成と検討が1936 (昭和11) 年12月からすでに始められている。

11　原文では「中途より特別委員として新村・神保・土岐の三氏が選任せられた」となっている。この「中途より」については、浅井真慧 (1997) では「(昭和) 14年の11月以降」であると記述されている。また、浅井真慧 (1981) には「記録によれば、14年6月の「ケ」の部の審議を最後に、委員会での逐語審議は一応終了し、特別委員として選任された新村出、神保格、土岐善麿の3氏により検討が続けられた」という記述があるが、「ケ」以降が本当に特別委員たちによって検討されたかどうか、後述するとおり再検討してみる余地がある。

12　新村出編『言苑』(1938) の特徴としては、前書きにあたる部分に以下のように

記されている。
　「本辞書の包含する所は、普く中等学校・青年学校・小学校における国語科を始め各科の教科書中の主要語にわたるを以て、学習上の効果価値は、これに由つて大に高まるべきことを信じて疑はない。之に加ふるに、現代語・新造語・最新外来語等須要なる語彙の採択に努めたばかりでなく、殊に最近皇軍武威の発揚と国力の海外発展とに基く語彙の成果を、本書の中に成るべく多く蒐集することを期した。軍事用語の豊富なるが如きは、その顕著な一例である。」(「序文」)
　また編集に関しては、以下のように記されている。
　「収むる所の語彙凡そ十萬、語彙選択の当否、説明の確否については、編纂主任溝江八男太氏予を輔けて之に当り、森松興造氏はその得意とする「同訓異義」の立案・工作及び全般的検討並びに校正に終始その力を致し」(「跋」)

13　戦前・戦中の放送における外来語の取り扱いについては、9章を参照されたい。また、外来語のアクセントについて原語式に発音する必要のないことが佐藤孝(1942.3)に示されている。

14　日本放送協会発行。冒頭に「本稿は宮内省当局其他に就きて質したる上更に放送用語並発音改善調査委員会の審議を経たるものなり」と記されている。なお西谷博信(1965)にも示されているとおり、ＮＨＫ放送文化研究所に保存されているものは1936(昭和11)年8月に発行された再刷物(活版印刷、内容の改定なし)で、1935(昭和10)年4月刊行の初版は謄写印刷であったと思われる。

15　なお、三宅武郎は次のような「私案」を1938(昭和13)年5月に雑誌『国語運動』誌上で披露している。
　「アクセント辞典の編纂方法に関する私案
　　一．アクセント調査委員会を設ける。
　　　　委員を顧問委員と常任委員とに分ける。
　　　　顧問委員には各方面の専門家と老大家を委嘱する。
　　　　別に方面委員(後述)を依嘱する。
　　一．アクセント辞典編纂の「基本第一稿」として吉澤博士の「新辞海」を使用する。
　　　　因みに、先づ「新辞海」を用ゐるといふのは文化資源の総動員的精神に依るものである。私のカード(及び調査表)の全部を提供しやうといふのも同じ心持であり、各所で繰返す無用の労力と時間とを極度に節約しやうといふだけのことである。
　　一．常任委員は「新辞海」を通閲して、自己の異見を記入して返送する。
　　一．常任委員に異見なきものは、一先づ第一版の決定アクセントと認めてこれを印刷の方へ廻はす。
　　一．常任委員に異見あるものを摘録して「疑問アクセント表」を作る。
　　一．右「疑問アクセント表」には、各委員のアクセントと共に、山田の「日本大辞書」と神保・常深両氏の「アクセント辞典」とのアクセントを並記する。

一．疑問アクセントを審議するために参考として必要な体系的調査表を作る。アクセント辞典といへば直ぐにアイウエオ順で行かう、問題があれば数人の談合で決めやうといふのが、およそ始めて事に当る人の定石的な考へ方であるらしいが、実は、それで行くものと、それでは行かないものとがあつて、それで行かないものは、最後のワ行までいつて始めてア行の一語の問題が解決するのである。即ち全体が一部を規定するのである。そのとき必要なのが即ち体系的調査表である。

一．別に現在の小学・中学・女学校等の生徒達のアクセント傾向を随時に調査するため、下町・山ノ手の数区内に亙つて適当と認める学校当局と予め連絡をとりその調査責任者を方面委員として依嘱しておく。
　なお別に適当と認める家庭を選んで、必要に応じ随時にアクセントの問合せに応ずる「アクセント資源の家」又は「人」を設定しておく。
　右二者による調査資料をも審議上の参考に供する。

一．かくて顧問委員と常任委員との総会を開き、疑問のアクセントについて逐語的に審議し、これを適当に処理する。

一．一方、「新辞海」中の不用の語を消すと共に、それにない必要な語を補充する。それには先づ新村博士の「辞苑」を使用する。それは同書の内容が良いばかりでなく、語の排列順が同じであるから照合に便宜である。
　右の語彙の選択は広い方がよい。私は網羅主義である。勿論、始めから多きを望まないが、いろいろな立場から、それぞれの範囲を狭く限定することは、結局は二度手間である。

一．さて右の増補語彙にアクセントを表記し、即ち「増補第一稿」のプリントを作る。

一．以下、前の「基本第一項」に準じて処理する。」

（三宅武郎（1938））

　この三宅の「私案」が『日本語アクセント辞典』（1943）の編纂にあたってどの程度実行されたのかは、今後の課題としたい。

16　なお、『日本語アクセント辞典』（1943）と同じ年に出版された三宅武郎（1943）『国民学校アクセント解説　一学年用』（p.3）には、以下のような注釈が見られる。

「アクセントの表示は、在来の傍線式が印刷上種々の不便を伴ひ、かつ時局下、緊要な亜鉛資材の関係もあるので、本書では次のごとき太肉活字を用ゐる方式に従つた。

木 { キ ‖ キ }　花 { ハナ ‖ ハナ }　話 { ハナシ ‖ ハナシ }　紫 { ムラサキ ‖ ムラサキ }

但、教室の板書では在来の傍線式が便利であるから、適宜、それに引直して使用せられたい。」

つまり、上掲書では開戦によって貴重なものとなった亜鉛を節約するという目的で、アクセント型が傍線式でなくゴシック体で表示されている。

5章　アクセント辞典の誕生　135

17　たとえば「かみなり」のアクセントとして［カミ̄ナリ］（尾高型）とするのがＡ型、［カミ̄ナリ］（中高型）とするのがＢ型である。
　　Ａ型Ｂ型という呼称は、三宅武郎が名づけたものである。
　　「このことはずっと以前大正七、八年ごろ文部省の国語調査室でアクセント調査をしたときに、神保、東條、佐久間の諸先輩によつて発見されたもので、わたくしはこれをＡ型、Ｂ型と名づけているのです」

（三宅武郎（1952））

ここで掲げた審議資料には、東条操と土岐善麿がＡ型の系統、神保格と服部愿夫がＢ型の系統であるという記述がある。三宅は、「「かみなり」と同じ語形成を持つ語が、日本語の中で約千百余語ある」と指摘している（三宅武郎（1939））。

18　先述のとおり金田一京助編『明解国語辞典』（1943）の「標準東京アクセント」を付けたのは子の金田一春彦であることから考えると、この資料で「金田一」となっているところは、あるいは金田一春彦の示したアクセントである可能性も高い。なおＮＨＫ放送文化研究所に残っているこの議題資料には、万年筆手書きで「東条　土岐　金田一」と書かれたところに、青鉛筆手書きで取消線が付されたうえ「Ａ　Ｂ　Ｃ」と追記されている。おそらくこの原稿をもとにして何らかの活字印刷版が作られたものと思われるが、そこには委員の個人名は明記されなかったのであろう。

19　『日本語アクセント辞典』（1943）には「大日本アクセント分布図」という図が載せられており、これは修正を施しつつ現代の『ＮＨＫ日本語発音アクセント辞典』（1998）にも載せられている。このアクセント図は、もともと製本所の手違いによってこのアクセント辞典に収録されたことが、三宅武郎（1952）で明らかにされている。
　　「さてこの、日本語アクセント辞典（昭和十八年刊）の巻頭に、日本全国のアクセント分布図がついています。これは平山（輝男）さんの作図でありまして、同氏が全国を行脚して実際に臨地調査された研究の結晶であります。それがこの辞典に載りましたのは、実は全く偶然のことでありまして、神田の製本所で、この辞典の製本と、平山さんのほうの製本とがかち合つてそれを製本所のかんちがいからこちらへもつけたのであります。それを製本後に発見したときには実に驚きました。だんだん筋をたどつて調べてみると右のようなことでありましたので、当局とも委員方とも平山さんとも協議した結果、その簡単な解説にあわせて「平山輝男氏の調査によるものである」ということを印刷したものをつけたのでありますが、そのときすでに発行元から販売のほうへまわつたものがあつたということで、ついにそのことを知らない人もあるようですから、いろいろな機会にもいうことですが、ちようどこの機会にも明らかにしておきたいと思います。」

（三宅武郎（1952））

この取り違えのもととなった平山輝男の著書は、出版時期から考えても、おそらく日本方言学会編『国語アクセントの話』（1943、春陽堂書店）であると思われる。同書に載せられたアクセント分布図は、筆者が見るかぎり非常によく似ている（あ

20 なお同日（1943.4/13）には、放送協会において4月以降「ニュース」の呼称を改め「報道」としたことが用語委席上で報告されている。「敵性語」を言い換える動きの一つである。
21 開戦による徴兵によって、日本放送協会の報道現場でも人手不足が起こっていたと思われる。そのため、以下の記述に見るように用語委員会の事務担当者も報道現場に駆り出されるようになった。

> 「大東亜戦争の勃発と同時に、報道部に於てはニュース係の全能力を挙げて戦況ニュースの放送に最善を盡してゐるが、用語調査の係員も積極的にこれに協力することになり、交替で宿泊勤務まで分担し、用語係が身を以て実践的にニュース用語の平易化に努めることになつた。」
> 　　　　　　　　　　　　　　　　　　　　　　（佐藤孝（1942.2））

戦中最後のニュース用語調査委員会は、次に掲げるとおり「沖縄の地名の審議の提案」で終わっている。沖縄の状況を報道せざるを得なくなった当時の戦局をしのばせる。

> 「最近戦局ノ進展ニ伴ヒ報道中ニ難読ノ沖縄地名ガ相次イテ現ハルルモ町村名以外ニ就テハ未ダソノ読方ヲ調査シタルコトナクコノ際字名、島名ヲ含ム約六百ノ地名ノ読方ヲ調査シテ置クコトノ必要ヲ認メ沖縄出身ノ地理学者仲原善忠氏（成城高等学校教授）ニソノ読方ヲ調査ヲ依頼スルコトニ決定」
> 　　　　　　　　　　　　　　　（ニュース用語調査委員会 1945.5/12 議題）

引用文献

秋永一枝（2010）「東京アクセントの習得法則」『『（新）明解日本語アクセント辞典』からの報告』アクセント史資料研究会
浅井真慧（1981）「放送のことばのあゆみ（1）　〜放送用語調査研究資料解題〜」『文研月報』31-9
浅井真慧（1989）「放送用語の調査研究の変遷　〜耳のコトバの確立まで〜」『ＮＨＫ放送文化調査研究年報』34
浅井真慧（1997）「放送と「発音のゆれ」」『ＮＨＫ放送文化調査研究年報』42
石黒修（1939）「特に話す言葉の上において（標準日本語の理想的要件）」『放送』9-10
石黒魯平（1931）「アクセント研究法に関する一提案」『音声学協会会報』22
石黒魯平（1933）「ラヂオ言語学建設の議」『調査時報』3-19
石黒魯平（1941）「アクセントとイントネーションに就て」『日本語』1-6
市川重一（1942）「アナウンサーと国語」『現代日本語の研究』白水社
市川重一（1984）「放送用語史論（その2）」『千葉経済短期大学初等教育科研究紀要』7
稲垣正幸（1951）「国語アクセントの研究概観」『国語アクセント論叢』法政大学出版

局

菅野謙（1966）「放送用語研究の一方法」『ＮＨＫ放送文化研究年報』11

菅野謙・臼田弘（1979）「放送での「発音のゆれ」45年」『ＮＨＫ放送文化研究年報』24

菅野謙（1984）「アナウンサーのアクセント」『金田一春彦博士古稀記念論文集　第二巻　言語学編』三省堂

菅野謙（1989）「山田美妙のアクセントと現代共通語のアクセント」『大正大学大学院研究論集』13

金田一春彦（2001）「『明解国語辞典』『三省堂国語辞典』と私」『明解物語』三省堂

佐久間鼎（1940）「日本語の現状への反省」（佐久間鼎（1942）『日本語のために』（厚生閣）に1940年初出として再録（初出誌未詳））

佐藤孝（1936）「放送用語の問題」『言語問題』2-5

佐藤孝（1941）「放送用語発音規準の問題」『コトバ』3-1

佐藤孝（1942.2）「放送用語」『放送研究』昭和17年2月号

佐藤孝（1942.3）「外来語のアクセント」『国語運動』6-3

佐藤孝（1942.12）「現代語と放送用語」『国語文化』2-13（十二月号）

佐藤孝（1991）『自伝的駄弁録　ことのはつれづれぐさ』講談社出版サービスセンター

塩田雄大（2007）「最初の放送用語基準　～1935年『放送用語の調査に関する一般方針』作成の背景～」『放送研究と調査』57-7

塩田雄大（2013）「ＮＨＫアナウンサーのアクセントの現在　―複合動詞を中心に―」相澤正夫編『現代日本語の動態研究』おうふう

神保格（1932.11）「言葉の統一とアクセントの問題［一］」『調査時報』2-22

神保格（1932.12）「言葉の統一とアクセントの問題［二］」『調査時報』2-23

神保格（1936）「アナウンスと其の用語」『放送』6-4

総務局計画部（1935）「放送の言葉に関する事項投書調査（昭和九年投書内容調査第一次報告）」『放送』5-5

総務局計画部（1936）「「放送の言葉」に関する事項（投書内容調査（第一次報告））」『放送』6-11

東条操（1951）「アクセント教育の問題」『国語アクセント論叢』法政大学出版局

西谷博信（1965）「放送用語研究史要　―ＮＨＫで編集した放送用語関係資料を中心として―」『ＮＨＫ放送文化研究年報』10

日本放送協会放送史編修室（1965）『日本放送史　上巻』日本放送出版協会

服部四郎（1944.7）「標準語とアクセント」『日本語』4-7

服部四郎（1944.8）「標準語とアクセント（承前）」『日本語』4-8

服部愿夫（1937）「最近の放送用語発音調査」『放送』7-7

三宅武郎（1934）『音声口語法（国語科学講座Ⅵ　国語法）』明治書院

三宅武郎（1938）「国語辞書のアクセント表記について　標準アクセント辞典の編纂方法に関する私案」『国語運動』2-5

三宅武郎（1939）「放送アクセント選定上の一問題」『放送』9-12

三宅武郎（1940）「アクセントについて」『標準語と国語教育』岩波書店
三宅武郎（1941）「標準アクセント選定上の手続について」『コトバ』3-1
三宅武郎（1943）『国民学校アクセント解説　一学年用』国語文化研究所
三宅武郎（1952）「ラジオ用語研究の過去・現在・将来」『商業放送講座』日本民間放送連盟
三宅武郎（1969）「山田美妙のアクセント観」『国語講座　第1巻』白帝社
三宅武郎・輿水實（1941）『国民学校アクセント教本　一学年用』国語文化研究所
米良忠麿（1932）「絃上の音」『調査時報』2-15
柳田国男（1941）「標準語について」『方言研究』第三輯
山田忠雄（1981）『近代国語辞書の歩み　―その模倣と創意と―　上』三省堂
用語研究班（1964）「座談会「日本語のアクセント」」『文研月報』14-2

6章 終戦前の辞典に示された複合動詞のアクセントをめぐって
～帰納的記述と演繹的規範～

[本章の要旨]

　複合動詞のアクセントは、前部動詞の反対の式をとると言われている（「式保存の逆転現象」）。前部動詞が平板式であれば複合動詞は起伏式に、また前部動詞が起伏式であれば複合動詞は平板式になるというものである。しかし運用実態としては例外も多く、前部動詞が起伏式・複合動詞も起伏式というものが、少なからずある。

　この「複合動詞アクセントの式保存の逆転現象」という一般化を導き出したのは、三宅武郎（1934）である。本章では、三宅がおもな編集を担当した2冊の辞書（国語辞典のアクセント注記と、アクセント辞典）を中心として、その記述の中に「式保存の逆転現象」に合致するものがどの程度見られるのかをめぐって、考察を進める。

　この2冊の辞書で示されている複合動詞のアクセントは、同時期のほかのアクセント辞典での掲載内容と比べて、「式保存の逆転現象」に忠実すぎる〔＝おそらく実態とはいくらかのずれがある〕様相になっていることを、計量的に示す。

　この事実は、一般的法則として三宅が帰納的に指摘した「複合動詞アクセントにおける式保存の逆転現象」が、その後に彼の成したアクセント記述・アクセント辞典編纂に対して、演繹的に「過剰適用」されてしまったこと、すなわち、「規範」の提示にあたって、「実態」の考察を通して得られた「傾向」を、「原則」にまで高めてしまったものとして、解釈することができる。

6.1　はじめに

　これまでに、伝統的な東京方言における複合動詞のアクセントは、その複

合動詞を形成する前部動詞の反対の式を取ることが指摘されている（「式保存の逆転現象」(注1)）。ただしこれは（少なくとも現代では）あくまで「傾向」にすぎず、時代の経過につれて、全体としておおむね「起伏式（中高型）」に統一されるような方向に変化しつつある。このことは、川上蓁（1959）で早くに指摘され、菅野謙・臼田弘・最上勝也・宗像朋子（1982）、菅野謙（1989）、相澤正夫（1992）、塩田雄大（1998.5）（1998.8）などで計量的に確認・実証されている（塩田雄大（2013））。

伝統	腫れる〔平板式〕＋上がる〔平板式〕⇒ 腫れ上がる〔起伏式（中高型）〕
	晴れる〔起伏式〕＋上がる〔平板式〕⇒ 晴れ上がる〔平板式（平板型）〕
新興	腫れる〔平板式〕＋上がる〔平板式〕⇒ 腫れ上がる〔起伏式（中高型）〕
	晴れる〔起伏式〕＋上がる〔平板式〕⇒ 晴れ上がる〔起伏式（中高型）〕

「複合動詞のアクセントは前部動詞の反対の式を取る〔＝前部動詞が起伏式であれば複合動詞は平板式であり、前部動詞が平板式であれば複合動詞は起伏式である〕」という一般化（「式保存の逆転現象」）が最初に示されたのは三宅武郎（1934）においてであり、同書にはその原案が1929（昭和4）年4月の音声学協会研究会において発表されたものであると記されている。三宅は吉沢義則編（1938）『アクセント表示　新辞海』のアクセント記述担当者であり、日本放送協会編（1943）『日本語アクセント辞典』の編纂主任である（塩田雄大（2008）（2013））。

本章では、一般的法則として三宅が帰納的に指摘した「複合動詞アクセントにおける式保存の逆転現象」が、その後に彼の成したアクセント記述・アクセント辞典編纂に対して、演繹的に「過剰適用」されてしまったこと、すなわち、「規範」の提示にあたって、「実態」の考察を通して得られた「傾向」を、「原則」にまで高めてしまったのではないかということを、問うてみる。なおデータの一部は、塩田雄大（2009）でも紹介したことがある。

6.2 三宅武郎とアクセント研究

　最初に、三宅武郎の背景について整理しておく。

　三宅武郎は、1892（明治25）年に広島県山県郡壬生町で生まれた（秋永一枝（1999）p.216）。東京のアクセントに関して、1924（大正13）年から築地・日本橋・京橋の下町方言を中心に調査をおこなってカードに採集した。カードの枚数は1930（昭和5）年の時点で4万2000枚に達したとのことである（三宅武郎（1934）（1938））。1937（昭和12）年には三宅の手もとに常用語約5万枚のアクセントカードができあがっていたという記録もある（服部愿夫（1937））。また、山田美妙『日本大辞書』の全語彙もカード化している（三宅武郎（1969））。

　1934（昭和9）年に発足した日本放送協会の放送用語委員会には、当初から嘱託の用語調査係員として従事していた（金田一春彦（1994）・塩田雄大（2007.7））。最初の仕事として『放送用語の調査に関する一般方針』の原案起草が挙げられる（三宅武郎（1937））。

　三宅がアクセント記述を担当した吉沢義則編（1938）『アクセント表示新辞海』（**写真6-1**）は、「五万五〇〇〇語　五十音順。通俗辞典としてはじめてアクセントを字の右に線を施して表示した。担当は日本放送協会・三宅武郎で、巻頭にアクセントの話六頁を付す」（『辞書解題辞典』（1977、東京堂））と解説されている。アクセントの表示にあたっては、辞典の編集担当者が三宅のカードを見ながらアクセントの線を切り貼りしたもので、誤植も少なくない（塩田雄大（2008）の注10）。また、平版印刷ではなく輪転機にかけたために、アクセント記号の線の墨付きが悪くてきちんと印刷されていないところが少なくないことを三宅はやや後悔している（三宅武郎（1952））。掲載されたアクセントに関して、大西雅雄（1951）では「三宅氏（広島県人）の四十余歳の時の東京的主観」であるという評価が示されている。

　また、日本放送協会編（1943）『日本語アクセント辞典』では編纂主任として中心的な活動をおこなった。同書の序（新村出執筆）には「本辞典の作成につきては、嘱託三宅武郎氏其他の編纂係員及び放送員諸氏の少からぬ努力を銘記せねばならぬ」と特に実名を挙げて記されている。三宅本人の言に

写真6-1『アクセント表示 新辞海』

よると、掲載されたアクセントのうち「カ行」の途中までは外部識者である放送用語委員とアナウンサーたちとの共同によって作業が進められたが、それ以降の語については三宅の個人作業であった（三宅武郎（1952））。このことは、現在ＮＨＫ放送文化研究所に残されている会議資料によってもほぼ確かめられている。おそらく三宅のアクセント記述と放送用語委員各人のアクセントとの間にはいくばくかの食い違いがあったと思われ、『日本語アクセント辞典』が1943年に発行された直後から、放送用語委員会（この当時の名称は「ニュース用語調査委員会」）ではこの『日本語アクセント辞典』に掲載されたアクセントの再検討を始める（塩田雄大（2008））。

三宅はアクセント関連の著作として、上記以外に三宅武郎（1934）、三宅武郎・興水實（1941）、三宅武郎（1943）なども記している。

日本放送協会で三宅が放送用語の仕事にあたっていたのは、1933（昭和8）年から1943（昭和18）年の間であると推定される（ただし、三宅自身の記述として「ＮＨＫの放送用語の調査に私が関係したのは七年あまり」（三宅武郎（1952））というものもあり、確定できない）。日本放送協会勤務後には文部省調査局国語課員となり、1983（昭和58）年に死去した（市川重一（1984））。1941（昭和16）年には、「海外進出日本語教師養成講習会」の講師（敬語法概説）を担当している（松永典子（2008）p.48）。1950（昭和25）年の時点での肩書は「文部事務官」となっている（三宅武郎（1950））。

6.3　1939（昭和14）年「連語動詞のアクセント法則（稿）」

　日本放送協会編（1943）『日本語アクセント辞典』を出版する準備段階として、放送用語委員会におけるアクセント関連の調査・審議が1936（昭和11）年末から始まっている。その後、1939（昭和14）年4月には『日本語アクセント辞典』の仕上がりイメージを手書きで示したものと思われる「放送アクセント辞典（ア行の部）」という資料が作成された。これは、「ア」から始まる語のアクセントが示されたものである。
　そして同年6月に「連語動詞のアクセント法則（稿）」という資料が作られている（写真6-2）。これは、稿本である上記資料「放送アクセント辞典」に掲載された複合動詞も含め、複合動詞の「アクセント法則」（式保存の逆転現象）に合致していない項目を個別に取り上げたもので、「ア〜オ」で始まる57の複合動詞が掲げられている（塩田雄大（2008））。おそらく三宅武郎が起案したものと思われる。
　まず「連語動詞のアクセント法則（稿）」の前半部分には、次のような説明が付されている（原文は縦書き）。

　　一．上の動詞の原アクセントが平板式ならば、連語動詞の新アクセントは起伏式になる。
　　　　［例］　トブ（飛ぶ）　　トビ・ダス（飛び出す）
　　　　　　　アテル（当てる）　アテ・ツケル（当てつける）

写真6-2 「連語動詞のアクセント法則（稿）」

	アケル	アデル／アル	イウ／ウ	
見出し	明け行く／明け渡す／明け渡る	當てこする／有り餘る	言ひ合ふ／言ひ送る／言ひ落す／言ひ返へす／言ひ暮らす／言ひ消す／言ひ溢る／言ひ損ふ／言び初める／言ひ違へる	
この型あり、かつ合法則的なもの	アケユク／アケワタス／アケワタル	アテコスル／アリアマル	イイアウ／イイオクル／イイオトス／イイカエス／イイクラス／イイケス／イイシブル／イイソコナウ／イイソメル／イイチガエル	「ア行の部」所揚の型
「ア行の部」所揚の型にして合法則的なもの	アケユク／アケワタス／アケワタル	アテコスル／アリアマル	イイアウ／イイオクル／イイオトス／イイカエス／イイクラス／イイケス／イイシブル／イイソコナウ／イイソメル／イイチガエル	
参考（「ア行の部」所揚の型にして合法則的なもの）	アケハナス／アケハナレル／アケヒロゲル	アテツケル／アテハメル／アリフレタ（例外として「アリアマル」の型もあるか）	イイカエル／イイカカセル／イイカカワス／イイキカセル／イイキル／イイスギル／イイソビレル／イイタテル／イイツクス／イイツケル／イイツノル／イイツクロウ／イイナラワス	

　　　　トマル（泊まる）　トマリ・コム（泊まりこむ）
　二．上の動詞の原アクセントが起伏式ならば、連語動詞の新アクセント
　　は平板式になる。
　　　［例］ミル（見る）　　ミ・コム（見込む）
　　　　　　カク（書く）　　カキ・ダス（書き出す）
　三．上の動詞がカナ三字以上の起伏式である場合には、場合に依つて次
　　の如く二様にいふ。
　　　［例］オモウ（思ふ）　⎛オモイ・コンデ（オモイ・コム）
　　　　　　　　　　　　　　⎝オモイ・コンデ（オモイ・コム）
　　　　　　タタク（叩く）　タタキ・ツケテ（タタキ・ツケル）
　　　　　　　語の意味が強いから殆ど常に右の如くいふ。
　　　　　　カンガエル（考へる）　カンガエ・コンデ（カンガエ・コム）
　　　　　　　カナの字数（即チ音律単位の数）が多いから殆ど常
　　　　　　　に右の如くいふ。

　式保存の逆転現象に関して、「連語動詞のアクセント法則（稿）」の記述と、これより以前に発表されていた三宅武郎（1934）『音声口語法』とで異なるところは、「三．」の箇所である。三宅武郎（1934）では前部3拍・起伏式のときには前部動詞のアクセントが生きる型（「オモイコム」のような型、以下「前部型」とする）のみを示していたが、「連語動詞のアクセント法則（稿）」ではこれ以外に場合によって平板型もあるという記述になっている。

　「連語動詞のアクセント法則（稿）」では、上記の記述に続いて、57の複合動詞のアクセントが取り上げられている。原文（縦書き）では発音カナにアクセント記号（音調の高い部分に右傍線、平板型は傍線なし）を付した形で示されているが、これを筆者（塩田）がアクセント核の位置（最終拍からの逆算指定）を表す形式に整理しなおしたのが表6-1である。各項目の内容は次のとおりである。

　「前部の式・拍数」：
　　前部動詞について、式（平板または起伏）、および連用形での拍数（起

伏式についてのみ）を、筆者（塩田）が判定して記入した。判定が困難な動詞（たとえば「いきる」）については、『日本語アクセント辞典』に示されたものを採用した。

「当初原案」：
「連語動詞のアクセント法則（稿）」に示されている、当初の原案。原文では「「ア行の部」所掲の型」と示されている。

「追加案」：
「連語動詞のアクセント法則（稿）」に示されている追加案。「法則」に合致するものが示されている。原文では「この型あり。かつ合法則的なるもの」と示されている。

漢字の字体・送りがなおよび歴史的かなづかい表記は、現代語のものに統一した。また、最終的な成果である1943年の『日本語アクセント辞典』と、金田一京助編（1943）『明解国語辞典』および神保格・常深千里（1932）『国語発音アクセント辞典』の掲載状況も示した。

表6-1　1939年「連語動詞のアクセント法則（稿）」の記述と各種アクセント辞典の掲載状況

	前部の式・拍数	「連語動詞のアクセント法則」		『日本語アクセント辞典』(1943)	『明解国語辞典』(1943)	『国語発音アクセント辞典』(1932)
		当初原案	追加案			
明け行く	平	0	-2	(掲載なし)	(掲載なし)	(掲載なし)
明け渡す	平	0	-2	-2	-2	-2, 0
明け渡る	平	0	-2	-2	-2	(掲載なし)
当てこする	平	0	-2	-2	-2	-2
有り余る	起・2拍	-2	0	0	0	-2
言い合う	平	0	-2	-2	-2	-2
言い送る	平	0	-2	-2	-2	(掲載なし)
言い落とす	平	0	-2	-2	-2	(掲載なし)
言い返す	平	0	-3	-3	(掲載なし)	-3
言い暮らす	平	0	-2	-2	-2	(掲載なし)
言い消す	平	0	-2	-2	-2	(掲載なし)
言い渋る	平	0	-2	-2	-2	(掲載なし)

	前部の式・拍数	「連語動詞のアクセント法則」		『日本語アクセント辞典』(1943)	『明解国語辞典』(1943)	『国語発音アクセント辞典』(1932)
		当初原案	追加案			
言い損なう	平	0	-2	-2	(掲載なし)	(掲載なし)
言い初める	平	0	-2	-2	(掲載なし)	(掲載なし)
言い違える	平	0	-2	-2	(掲載なし)	(掲載なし)
言い伝える	平	0	-2	-2	(掲載なし)	(掲載なし)
言い詰める	平	0	-2	-2	(掲載なし)	(掲載なし)
言い渡す	平	0	-2	-2	-2	-2
居直る	平	0	-2	-2	-2	-2
射落とす	起・1拍	0, -2	0	0	(掲載なし)	0
射込む	起・1拍	0, -2	0	0	(掲載なし)	(掲載なし)
生き残る	起・2拍	0, -2	0	0	(掲載なし)	-2
いきり立つ*	平	-3	-2	-2	-4	(掲載なし)
行き渡る	平	0	-2	-2	(掲載なし)	-2
植え替える	平	0	-2, -3	-3	(掲載なし)	-3
浮き出す	平	0	-2	-2	(掲載なし)	-2
浮き出る	平	0	-2	-2	(掲載なし)	-2
動き出す	起・3拍	0	0, -4	0, -4	(掲載なし)	0
薄れ行く	平	0	-2	(掲載なし)	(掲載なし)	(掲載なし)
打ち落とす	起・2拍	0, -2	0	0	(掲載なし)	0
討ち亡ぼす	起・2拍	-2	0	0	(掲載なし)	(掲載なし)
売り付ける	平	0	-2	-2	(掲載なし)	-2
押し付ける	平	0	-2	-2	-2	-2
追っかける	平	0	-2	-2	-2	-2
威しつける*	平	-4	-2	-2	(掲載なし)	(掲載なし)
跳(おど)り上がる	平	0	-2	-2	-2	-2
思い合う	起・3拍	0	(掲載なし)	(掲載なし)	(掲載なし)	0
思い合わす	起・3拍	0	(掲載なし)	0	(掲載なし)	(掲載なし)
思い合わせる	起・3拍	0	(掲載なし)	(掲載なし)	0	(掲載なし)
思い浮かべる	起・3拍	0	(掲載なし)	0	(掲載なし)	0
思い起こす	起・3拍	-2	(掲載なし)	0	0	(掲載なし)
思い返す	起・3拍	-2	(掲載なし)	0	0	-3, 0
思い切る	起・3拍	-3	(掲載なし)	0	-4, 0	-4
思いこむ	起・3拍	0	(掲載なし)	0	0	-4, 0
思い知る	起・3拍	-4	(掲載なし)	0, -4	-4	(掲載なし)
思い過ごす	起・3拍	-5	(掲載なし)	0	0	(掲載なし)
思い立つ	起・3拍	0	(掲載なし)	0	-2	-4

	前部の式・拍数	「連語動詞のアクセント法則」		『日本語アクセント辞典』(1943)	『明解国語辞典』(1943)	『国語発音アクセント辞典』(1932)
		当初原案	追加案			
思いつく	起・3拍	0	(掲載なし)	0	(掲載なし)	0
思い続ける	起・3拍	0	(掲載なし)	0	(掲載なし)	(掲載なし)
思いつめる	起・3拍	-2	(掲載なし)	0	-2	-2, 0
思いとどまる	起・3拍	-6	(掲載なし)	0	0	(掲載なし)
思いとまる	起・3拍	0	(掲載なし)	0	0	0
思い直す	起・3拍	0	(掲載なし)	0	-2	(掲載なし)
思い残す	起・3拍	0	(掲載なし)	0	0	0
思いめぐらす	起・3拍	0	(掲載なし)	0	(掲載なし)	(掲載なし)
思いわずらう	起・3拍	0	(掲載なし)	0	0	(掲載なし)
泳ぎまわる	起・3拍	0	(掲載なし)	-5	(掲載なし)	-5, 0

(「いきり立つ [-3]」「威しつける [-4]」は、当時このようなアクセントが実際にあったのか、あるいはここで誤記を正すことを企図したのか、不明である)

表6-1の内容を前部動詞のアクセント型別に整理・集計すると、表6-2のようになる。

表6-2　前部動詞の式と 1943 年『日本語アクセント辞典』での掲載

前部動詞のアクセント式	1943 年『日本語アクセント辞典』
一．前部動詞が平板式　　　　　(29 語)	⇒ すべて起伏式に　　　　(掲載なしが2語)
二．前部動詞が起伏式・2拍以下 (6 語)	⇒ すべて平板式に
三．前部動詞が起伏式・3拍以上 (22 語)	⇒ 平板式が 17 語 平板式と前部型の併記が 2 語 前部型が 1 語　　　(掲載なしが2語)

表6-2から、以下のことが言える。

> 1939 年「連語動詞のアクセント法則（稿）」で取り上げられた 57 の複合動詞が、1943 年『日本語アクセント辞典』で掲載された際に、
> ・前部動詞が「平板式」・「起伏式（2拍以下）」のもの
> 　⇒　すべて「法則に合致する」アクセント型に修正されて掲載
> ・前部動詞が「起伏式（3拍以上）」のもの

> ⇒ すべて「法則に合致する」アクセント型〔＝平板式または前部型〕に修正されて掲載
> （ただしほとんどの語には「平板式」のみを認め、「前部型」を掲載したものはごくわずか）

　この際に提起されたのは「ア〜オ」で始まる複合動詞（57語）についてのみであったが、このような演繹的な編集姿勢〔＝「規範」の提示にあたって、「実態」の考察を通して得られた「傾向」を、「原則」にまで高めてしまったこと〕、すなわち「合法則的」でないアクセントの掲載を避ける態度が、この辞典所収のほかの複合動詞のアクセントを示す際にも貫かれたであろうことは、想像に難くない。

6.4　『日本語アクセント辞典』と同時期の他の辞典の対照

　この節では、三宅武郎が編集に携わったアクセント辞典（『アクセント表示　新辞海』および『日本語アクセント辞典』）と、ほぼ同時期の辞典類での掲載状況を比較してみる。
　『アクセント表示　新辞海』（1938年）と『日本語アクセント辞典』（1943年）の背景については、6.2で簡単にふれた。また同時期のものとして、『国語発音アクセント辞典』（1932年）、『大辞典』（1934-1936年）、『明解国語辞典』（1943年）の3つがある。この3冊の背景については、5章を参照されたい。
　塩田雄大（2013）でも示したとおり、相澤正夫（1992）には前部動詞が起伏式である複合動詞のリスト（888語）が載せられている。これは、もし式保存の逆転現象に忠実に従った場合には、前部動詞が2拍以下のものは全体として平板式に、3拍以上のものは平板式あるいは前部型で現れるはずの複合動詞群としてとらえることが可能である。この888語の複合動詞について、同時期のほかの辞典類ではそれぞれどのようなアクセントが示されているのかを、類型化してみた。
　まず、前部動詞が2拍以下のものについては、各資料に掲載されている複合動詞のアクセントが平板式か起伏式か、またはその併記かという観点から

表6-3 【前部動詞が起伏式・2拍以下】(716語)

複合動詞のアクセント	1932『国語発音アクセント辞典』	1934-36『大辞典』	1938『アクセント表示 新辞海』	1943『日本語アクセント辞典』	1943『明解国語辞典』
平板式のみ掲載	293語(90%)	240語(86%)	157語(100%)	521語(98%)	398語(86%)
平板式と起伏式の併記	4語(1%)	0語(0%)	0語(0%)	0語(0%)	54語(12%)
起伏式のみ掲載	27語(8%)	38語(14%)	0語(0%)	10語(2%)	12語(3%)
その他	1語Ⓐ(0%)	0語(0%)	0語(0%)	1語Ⓑ(0%)	0語(0%)
計	325語	278語	157語	532語	464語
(非掲載)	391語	438語	559語	184語	252語

Ⓐ平板式と分離型〔＝前部と後部が複合せず2単位のもの〕の併記:「誉め称える」
Ⓑ平板式と分離型の併記:「誉め称える」

表6-4 【前部動詞が起伏式・3拍以上】(172語)

複合動詞のアクセント	1932『国語発音アクセント辞典』	1934-36『大辞典』	1938『アクセント表示 新辞海』	1943『日本語アクセント辞典』	1943『明解国語辞典』
前部型のみ掲載	14語(19%)	11語(24%)	3語(20%)	9語(9%)	5語(9%)
前部型と平板式の併記	5語(7%)	0語(0%)	3語(20%)	10語(10%)	3語(5%)
平板式のみ掲載	41語(57%)	25語(56%)	8語(53%)	82語(79%)	30語(52%)
平板式と起伏式の併記	4語(6%)	0語(0%)	0語(0%)	0語(0%)	8語(14%)
起伏式のみ掲載	6語(8%)	9語(20%)	0語(0%)	2語(2%)	8語(14%)
その他	2語Ⓒ(3%)	0語(0%)	1語Ⓓ(7%)	1語Ⓔ(1%)	4語Ⓕ(7%)
計	72語	45語	15語	104語	58語
(非掲載)	100語	127語	157語	68語	114語

Ⓒ前部型と起伏式の併記が2語;「叩き起こす」「聳え立つ」
Ⓓ前部型と起伏式の併記:「思い余る」
Ⓔ平板式と分離型の併記:「祓い浄める」
Ⓕ前部型と起伏式の併記が4語;「困り切る」「たけり立つ」「叩き起こす」「踏ん反り返る」

分類した（**表6-3**）。また、前部動詞が3拍以上のものは、上記に加えて前部型の類型も加えた（**表6-4**）。

そして、表6-3・表6-4をもとにして、起伏式〔＝「合法則的」でないもの〕が掲載されているかどうかを再集計したものが、表6-5である。いずれも、割合については小数点以下を四捨五入して示してある。

表6-5 複合動詞全体のアクセントとして起伏式〔＝「合法則的」でないもの〕が掲載された率

複合動詞のアクセント	1932『国語発音アクセント辞典』	1934-36『大辞典』	1938『アクセント表示 新辞海』	1943『日本語アクセント辞典』	1943『明解国語辞典』
【前部動詞が起伏式・2拍以下】	10%	14%	0%	2%	14%
【前部動詞が起伏式・3拍以上】	17%	20%	7%	2%	34%

表6-5の数値から、ここで取り上げた5種の資料は、以下の2つに分類できる。

前部動詞が2拍以下、および3拍以上の複合動詞に関して、
　起伏式〔＝「合法則的」でないもの〕の掲載率が10%未満のもの
　　　　　：『アクセント表示　新辞海』『日本語アクセント辞典』
　起伏式の掲載率が10%以上のもの
　　　　　：『国語発音アクセント辞典』『大辞典』『明解国語辞典』

ここから、『アクセント表示　新辞海』『日本語アクセント辞典』の2書は「式保存の逆転現象」にきわめて忠実である（あるいは「忠実すぎる」）のに対して、『国語発音アクセント辞典』『大辞典』『明解国語辞典』は必ずしもそうではないということが言える。後者の3冊のほうが、当時の運用実態に近かったのではないだろうか。

あえて想像をたくましくすると、三宅武郎（広島出身）には、自身の母方言ではない東京語の調査・研究を通じて帰納的に「発見」した「式保存の逆転現象」に対する自負心のようなものがあったのではないか。そのことによっ

て、『日本語アクセント辞典』と『アクセント表示　新辞海』において複合動詞のアクセントを示す際に、演繹的な操作〔＝「式保存の逆転現象」をなかば機械的に適用して、「合法則的」でないアクセントの掲載を避けること〕を試み（てしまっ）たのかもしれない。

6.5　本章のむすびに

　本章の目的は、決して、「三宅武郎の辞書編集態度が、当時の言語運用実態に基づかない、いい加減なものだった」ということをあげつらうものではない。

　言語の「規範」の示し方に関し、一つのあり方として、(それが、場合によっては「伝統」や「運用実態」とは食い違うところがあったとしても)「なるべく単純化して提示する」という立場も、認めてもよいのではないだろうか。

　たとえば、形容詞を活用させたときのアクセントは、「伝統」においても「運用実態」においても、かなり複雑な様相を見せることが、随所で指摘されている（たとえば塩田雄大（1998.12）、田中ゆかり（2003）など）。こうしたことをめぐって、おもに日本語教育の観点からは、「場合によっては、アクセントがゆれている場合、体系的教育に都合の良いものをとりあげ、規則を簡素化して示す必要もあるかもしれない。つまり文法でいう pedagogical grammar（教育文法）の考え方である。」（松崎寛（2003））という重要な提案もなされている。たとえば、「規範」的なアクセントとしては、平板式形容詞「遅い」は［おそい⓪、おそく⓪、おそくて②、おそかった②、…］（丸数字はアクセント核の位置）のようになるのに対して、起伏式形容詞「高い」は［たかい②、たかく①、たかくて①、たかかった①、…］のようになっており、決して単純ではない。これを、仮にいずれも［おそい②、おそく②、おそくて②、おそかった②、…］［たかい②、たかく②、たかくて②、たかかった②、…］のようにするならば、「形容詞については、辞書形〔＝終止形〕のアクセント核は後ろから2拍め〔＝「－2」〕にあり、また活用形のアクセントもその位置のままである」というように「整理」することができる。言語教育用の「申し合わせ事項」としては、こうした考え方も成立しうる。「正

解」は、一つではないのである。

　三宅武郎もこのような考え方を意識的にしたのかどうか、またその結果として複合動詞のアクセントが上述のように示されるに至ったものなのかは、現在となってはわからない。三宅の試みは「おそらく過去にはそのような形で調和がとれていた」というような「伝統」に軸足を置いた姿勢であるのに対して、上述の形容詞アクセントの整理は「伝統」からは乖離する方向を目指している。しかし、単純なシステムを指向するという点では、両者は共通している。

　また、近年の日本語教育では「複合動詞（終止形）のアクセント核は、基本的に後ろから2拍めにある」と示す考え方が少なくない（塩田雄大（2013））という現象も、「単純な規範を提示する指向」という面では、三宅の試みと同一である。

　そのころの日本放送協会では、漢語の読み方をめぐって、「どちらかというと漢語の伝統的な『読み』よりも、全体としての規則性（記憶上の負担の軽減）を大きく視野に入れた新しい『読み』を採用しようとしていた」（塩田雄大（2007.3））ことなどを考え合わせると、三宅を含む当時の言語政策実務担当者の間に「規則性を重視した規範の提示」を目指すという観念があったのではないかということは、あながち否定できないのである。

注
1　この現象は「山田（美妙）の法則」と呼ばれることがあるが、それに対して一考の余地があることについては、塩田雄大（2013）の注2を参照。

引用文献
相澤正夫（1992）「進行中のアクセント変化　―東京語の複合動詞の場合―」『研究報告集』国立国語研究所
秋永一枝（1999）『東京弁アクセントの変容』笠間書院
市川重一（1984）「放送用語史論（その2）」『千葉経済短期大学初等教育科研究紀要』7
大西雅雄（1951）「美妙齋アクセントの考察」『音声の研究』7
川上蓁（1959）「標準アクセント習得の急所」『音声学会会報』100

菅野謙（1989）「山田美妙のアクセントと現代共通語のアクセント」『大正大学大学院研究論集』13

菅野謙・臼田弘・最上勝也・宗像朋子（1982）「ＮＨＫアナウンサーのアクセント19年の変化」『ＮＨＫ放送文化研究年報』27

金田一春彦（1994）「日本語の灯台守60年　〜講演と公開・放送用語委員会から〜　第一部　講演「放送用語委員会と私」」『放送研究と調査』44-4

塩田雄大（1998.5）「アナウンサーのアクセントはここ15年でどう変化したか　―現役アナウンサー500人調査から（用言の分析）―」『国語学会平成10年度春季大会要旨集』

塩田雄大（1998.8）「アクセントは［ウツリカワル］　〜アナウンサーアクセント調査報告②「複合動詞」〜」『放送研究と調査』48-8

塩田雄大（1998.12）「アクセントは［ムズカシイ］　〜アナウンサーアクセント調査報告⑤「動詞・形容詞」〜」『放送研究と調査』48-12

塩田雄大（2007.3）「漢語の読み方はどのように決められてきたか　戦前の放送用語委員会における議論の輪郭」『ＮＨＫ放送文化研究所　年報2007』51

塩田雄大（2007.7）「最初の放送用語基準　〜1935年『放送用語の調査に関する一般方針』作成の背景〜」『放送研究と調査』57-7

塩田雄大（2008）「アクセント辞典の誕生　放送用語のアクセントはどのように決められてきたのか」『ＮＨＫ放送文化研究所　年報2008』52

塩田雄大（2009）「戦前・戦中期におけるアクセントの規範と放送　―複合動詞にみる―」『第267回近代語研究会秋季発表大会（松江）』発表予稿

塩田雄大（2013）「ＮＨＫアナウンサーのアクセントの現在　―複合動詞を中心に―」相澤正夫編『現代日本語の動態研究』おうふう

田中ゆかり（2003）「首都圏方言における形容詞活用形アクセントの複雑さが意味するもの　―「気づき」と「変わりやすさ」の観点から」『語文』116

服部愿夫（1937）「最近の放送用語発音調査」『放送』7-7

松崎寛（2003）「アクセント教育の体系的シラバスとアクセントの「ゆれ」」『広島大学日本語教育研究』13

松永典子（2008）『「総力戦」下の人材養成と日本語教育』花書院

三宅武郎（1934）「音声口語法（国語科学講座Ⅵ　国語法）』明治書院

三宅武郎（1937）「先生と私」『言語問題』3-3（岡倉先生追悼号）

三宅武郎（1938）「国語辞書のアクセント表記について　標準アクセント辞典の編纂方法に関する私案」『国語運動』2-5

三宅武郎（1943）『国民学校アクセント解説 第一〜四学年用』国語文化研究所

三宅武郎（1950）『教育国語要説　―とくに低学年の実地指導を中心として―』東洋館出版社

三宅武郎（1952）「ラジオ用語研究の過去・現在・将来」『商業放送講座』日本民間放送連盟

三宅武郎（1969）「山田美妙のアクセント観」『国語講座　第1巻』白帝社

三宅武郎・輿水實（1941）『国民学校アクセント教本 第一学年用・第二学年用』国語文化研究所

7章 漢語の読み方はどのように決められてきたか
〜戦前の放送用語委員会における議論の輪郭〜

[本章の要旨]

　漢字で書かれたことばをどのように「読むか」ということをめぐって、放送が始まった当初のころに、さまざまな試行錯誤がなされた。

　放送において漢語・漢字語（注1）の読みがどのように定められてきたのか、ということを考えるのにあたって、放送開始初期にあたる1934・1935（昭和9・10）年の状況を概観する。具体的には、漢語・漢字語の読みに関してどのようなことが当時問題になっていたのかということを雑誌類の記述から瞥見したあと、いくつかの漢語・漢字語の読みに関する放送用語委員会での提案・決定を議事録類から紹介し、まとまった公的資料である『常用漢語発音整理表』（注2）（1935（昭和10）年）発行までの流れをめぐって考察する。

　当時の用語委員会の決定に関して、以下のような諸特徴を認める。

　　漢語一語一語の「読み」の決定に関して、
　　①相当広範かつ詳細な資料を準備し、慎重に審議していたこと
　　②どちらかというと伝統的な「読み」よりも、全体としての規則性（記憶上の負担の軽減）を視野に大きく入れた新しい「読み」を採用しようとしていたこと
　　③その決定は、当時の規範的な漢和辞典の記述とは異なるものも少なからずあり、現在にまで同様に継承されているものが多い

　これは、書きことばの伝統にこだわらず、新しく「耳のコトバ」を創成しようという放送用語委員会の態度の表れであると感じさせるものである。

7.1 はじめに

漢字で書かれたことばをどう発音するかということは、放送開始の初期から現在に至るまで、非常に大きな問題として取り上げられてきている。本章では、「漢字語」というものを、どのような資料を用いて、どのような議論をし、結果的にどのような結論に至ったのか、という諸点について考察することを目的とする。

7.2 放送開始初期の音声言語と規範意識

放送のことばが耳障りである、といったような否定的な指摘は、1925（大正14）年の新聞にすでに掲載されている（塩田雄大（1999））。これは、放送の開始によって他地域のことばを耳にする機会が増えたことに対する当時の人たちの（規範的）言語意識を表している資料としてとらえることができるだろう。それと同時に、当時の日本語の実態を示しているものと言える。

ここでは、昭和初期のころの放送における日本語についての「反響」をはじめとする記述のいくつかを取り上げることを通して、当時における放送用語の実態の一端を探ってみたい。分量が多いので、ここでは、漢語・漢字語に関する指摘のみを紹介する（表7-1）（注3）。

ここで掲げた記事・論文について説明を加えておくと、①は、1931（昭和6）年9月2日から12日にかけて教育放送で放送された内容について、「東京市富士小学校」で批判的に検討されたものである。

②は、アナウンサーの読み誤りとして増田幸一氏（広島高校教授）がある雑誌（注4）に掲載したものである。この内容は、米良忠麿（1932.8）「絃上の音」『調査時報』第2巻第15号において引用されている。ここでは、この引用部のうち漢語・漢字語の読みに関連するものを再引用した。表中でのカナ書き発音は、実際に放送されたことばのうち増田氏が誤用と考えたものである。

③は、「放送用語並発音改善調査委員会」（第1期放送用語委員会）の発足（1934（昭和9）年）にあたって記されたものである。執筆者の岡倉由三郎は、

調査委員主査である。

表7-1　漢語・漢字語の読み方に関する指摘　〜昭和初期の雑誌に見る〜
　　　　［固有名詞の読みは除く］

	報告時	記述	執筆者	記事・論文名	掲載誌
①	1931.10	「学校に入るを入ると読んだ」「大君（オホギミ）をオホキミと読む」「目に入つたのは…入つたのはと読みたり」	東京市富士小学校	「教育放送の批判記録」	『調査時報』第1巻第12号
②	（1932.8より以前）	荷役（ニエキ）　定例会議（テイレイ）　救済（キユウザイ）　石工（イシコウ）　抬頭（ダイトウ）　誤謬（ゴビヨウ）　核心（ガイシン）　発端（ハツタン）　未曾有（ミソユウ）　内幕（ナイマク）　相殺（ソウサツ）　容態（ヨウタイ）　圓滑（エンコツ）　出納（シユウノウ）	増田幸一	（不明）	（不明）
③	1934.2	「われわれのうちに、お茶を飲ませる家のことを「キツチヤテン」という人も、「キツサテン」といふ人もある。それ等をどちらにしたものか、「ギケンキン」と「ギエンキン」の問題もただ字引にケンの音がないといふだけで片付けるか、またはたとへ字引の上では間違ひであつても言ひならはしでは正しいといふ変態の扱ひをしなければならない場合も屢々出てくるであらう。［中略］チヤ、サ、どちらの音も使はれてゐる類の漢字を例にとつてみると、発明（はつめい）、発心（ほつしん）の発、明瞭（めいりやう）、明日（めうにち）の明などを挙げることができる。」	岡倉由三郎	「放送用語並発音改善調査事務の開始とその仕事」	『調査時報』第4巻第3号
④	1935.5	（表7-2）	総務局計画部	「放送の言葉に関する事項投書調査」	『放送』第5巻第5号
⑤	1936.11	（表7-3）	総務局計画部	「「放送の言葉」に関する事項（投書内容調査）」	『放送』第6巻第11号

⑥	1938.7	(表7-4の左側)	河合絹吉	「四声とラヂオ」	『国語と四声』
⑦	1939.1	(表7-4の右側)	三宅武郎	「放送国語批評」	『国語運動』第3巻第1号
⑧	1939.1	「アナウンサーが「シュザンショウレイ」と度々繰返したが、珠算（たまざん）のことであった。「たまざん」で昔も今も誰れにもわかるのに、なぜ「シュザン」とゆうのか、改めさせたい。」	Ikeda-T.氏	「ラヂオ投書箱」	『国語運動』第3巻第1号
⑨	1939.1	「昭和十三年二月夜ＡＫ午後四時ニュースから。一喜一憂をイチキイチイウといわれたが、一天万乗、一得一失、一死報告、一朝一夕、挙国一致、一中節、一知半解、一半一班、なども「イチ」と統一されたのでしょうか。　動静　ドウセイ　右はドウジャウを正しいかと思いますが、白衣　ハクイの式に御研究になったものと存じます。これでいゝと思います。」	服部嘉香	「ラヂオ投書箱」	『国語運動』第3巻第1号
⑩	1939.3	「精進は　セイシン　フタイテン、精神不退転、シャウジンレウリ　精進料理、右の区別を正しくして頂きたいと思います。」	服部嘉香	「ラジオ投書箱」	『国語運動』第3巻第3号
⑪	1942.10	「放送用語を使つて放送をするアナウンサーは、どんな問題に直面してゐるかを、僭越ではあるが自分の経験を中心として述べていくことにする。[中略]標準語と私の語彙とが、語形が違つてゐた例をあげてみよう。[中略]フクジンズケ（福神漬）―私は［フクシンズケ］であつた。　キシモジン（鬼子母神）―私は［キシボジン］[中略]　フルホン（古本）―［フルボン］と云ふ人もあるが、従来の云ひ方は［フルホン］である。放送用語としては［フルホン］と決定してゐる。私は［フルボン］と云つてゐた。」	市川重一	「アナウンサーと国語」	『現代日本語の研究』
⑫	1942.12	振作［シンサク］―［シンサ］　清郷工作［セーゴーコーサク］―［セーキョーコーサク］　忽然［コツゼン］―［コツネン］　楔入［セツニュー］―［ケイニュー］　慴伏［ショーフク］―［シューフク］　攪乱［コーラン］―［カクラン］　芟除［サンジョ］―［センジョ］	佐藤孝	「現代語と放送用語」	『国語文化』第2巻第13号

162

④〔＝表7-2〕は、1934年に日本放送協会に宛てられた投書7225通のうち、放送の言葉に関するもの691通の概要を雑誌誌上で紹介したものである。ここでは、漢字・漢語の読みに関する指摘について、筆者（塩田）が暫定的にカテゴリーを設けて分類し、ここに提示した。

表7-2　「放送の言葉に関する事項投書調査」（1935.5）
〔漢語・漢字語に関するもののみ抜粋、地名・人名・固有名は除く〕

語の複合による清濁に関するもの

宛局名 （洋数字は 投書数）	内容	備考（○は用語委員会事務局として同感・肯定するもの）
東京	大広間―大ヒロマが正。（ビロマ）	○
東京	養蚕―「ヨウサン」が正しい。（ヨウザン）	○
東京	養蜂―「ヨウホウ」が正しい。（ヨウボウ）	○
東京	菜根譚―菜根タンが正。（サイコンダン）	○

音読みの異同に関するもの

宛局名 （洋数字は 投書数）	内容	備考（○は用語委員会事務局として同感・肯定するもの）
東京3	伊藤痴遊氏軍人勅諭中、維持をキヂ、和諧をワカイ。（ユイヂ）（クワカイ）	投書の読み方は陸軍省教育総監部に於て定めたる読方と同一なり
東京	三十町歩を三十町ボと読む、注意。	○
東京	首相―セウなりや、ソウなりや。	「ショー」をとる
東京	職業紹介―ショクゴウ紹介、注意。	○
東京	蒐集―キシウと読む、注意。	○
東京	懇望―コンモウが正。（コンボウ）	○
東京	仲買人を仲ガイジンと言つた、注意。	○
東京	遺言―ユヰゴンが正。（キゴン）	○
東京2	端緒、齊猛、残滓、北陸道が正しい。（シシ[ママ]ドウ）（シ）（ロク）	端緒―タンチョをとる、以下審議中
東京	誤謬―誤謬が正。（ゴビョー）（ゴビュー）	○

地域	語	判定	備考
東京	絶叫―絶キョー（キゥー）が正。	●	
東京	早急―早急（ソー・トウ）が正。	●	
東京	掉尾―チョウ尾（トウ）が正。	●	
東京	遂行―スイ行（ツイ）が正。	●	
東京	趣味―シュ味（シ）が正。	●	
東京	治安―チ安（ヂ）が正。	○	
東京	治療―チ療（ヂ）が正。	○	
東京	自治―自チ（ヂ）が正。	○	
東京	婉曲―エン曲（ワン）が正。	○	
東京	直截―直セツ（サイ）が正。		審議の上「チョクサイ」に決定
東京	薨去―コウ去（ゴウ）が正。	●	
東京	戒飭―戒チョク（ショク）が正。	●	
東京	猜疑―サイ疑（セイ）が正。	○	
東京	弛緩―シ緩（チ）が正	●	
東京	容體―容ダイ（タイ）が正。	○	
東京	発起―ホツ起が正。（発句、発端、十一月十九日七時）	○	
東京2	工作―工作（サク・サ）統一希望。		「コーサク」に審議決定
東京	橈骨―「タウコツ」（ギョウコツ）が正。	●	
東京	入洛―「ジユラク」（ニウラク）が正。	○	
東京	退下―タイカ（タイゲ）にあらずや。		審議の上退化は「タイカ」退下は「タイゲ」をとることに決定
東京	宣化―センカ（センゲ）にあらずや	○	
東京	防遏―「ボウアツ」（ボウカツ）が正。	○	
東京	忙殺―「ボウサツ」（ホーサイ）が正しい。	○	
熊本	温州蜜柑―ウンシユウ（オンシウ）が正。	○	

音読み・訓読みの異同に関するもの

宛局名 （洋数字は投書数）	内容	備考（○は用語委員会事務局として同感・肯定するもの）
東京 3	伊藤痴遊氏軍人勅諭中、御制（オンオキテ）―ギヨセイ、七百年（ナナヒヤクネン）をシチヒヤクネン、稜威（ミイヅ）をリヨウキ、福（サイフイ）をフク、訓諭（オシヘサトス）をクンユ、其の間（アヒダ）をソノカン。	投書の読方は陸軍省教育総監部に於て定めたる読方と同一なり
東京	月の出をフタ十一分はニジユーと希望。経済市況はフタ十一銭の方が好い。（七時―ナナジ）	●
熊本	護国の鬼（オニ）―鬼と発音希望。	●
福岡	県下に於ける戸口調査云々―戸口（ココウ）が正。	○
東京	海鳴―カイメイ、又はウミナリと呼ぶ、ウミナリに統一希望。	○
熊本	天気予報中、今夕（コンユウ）―今夕（コンセキ）が正。（寧ろ今晩がよい）	「コンユー」にて差支なし、審議済
大阪	東西二元放送囲碁中、九（キウ）、十（ヂウ）、七（シチ）と一（イチ）は混同して不明。七（ナナ）、一（イチ）、十（ヂウ）、九（ク又はコノヽツ）と希望。	○
大阪	西瓜一玉―「一タマ（ギヨク）」が正。	○
東京	帆船―ハン（ホ）船が正。（子供の新聞）	○
熊本	産業ニュース中、作柄―サクガラ（サクヘイ）が正。	○
熊本	早生赤（サウセイアカ）―ワセアカが正。	○

音韻上の問題

宛局名 （洋数字は投書数）	内容	備考（○は用語委員会事務局として同感・肯定するもの）
東京	氷点（ショウテン）―「ヒヨウテン」が正。	○
東京	ヒトシ、代表―代シヤウ、被害―市街―死骸、批評―死傷、非族―士族、注意。	○
東京	評議（ショウ）―評議（ヒヨウ）が正。	○
小倉	時報中、八分―ハチフン（ハツプン）が正。	○

7章　漢語の読み方はどのように決められてきたか

用法上の問題

宛局名 (洋数字は 投書数)	内容	備考（○は用語委員会事務局として同感・肯定するもの）
東京 3	伊藤痴遊氏軍人勅諭中、陸海軍（リクカイグン）をカイリクグン、只〻一途にをタダイチヅニ（タダタダイチヅニ）。	投書の読み方は陸軍省教育総監部に於て定めたる読方と同一なり

その他

宛局名 (洋数字は 投書数)	内容	備考（○は用語委員会事務局として同感・肯定するもの）
東京 8、 大阪 10、 名古屋 1、 岡山 2、 小倉 1、 福岡 1	未だ「ニツポン」「ニホン」の区別がしてゐない。	
東京	木（キ）立―コ立が正。	○
東京	芥子、辛子をケシと云つた、カラシならずや。	○
東京 4	燕麦（ツバメムギ）―カラスムギが正。	○
東京 2、 金沢 1、 仙台 1	大手合（テアヒ）―「大テアワセ」が正しい。	「オーテアワセ」に審議すみ
東京	各々の立場（タテバ）―「タチバ」が正。	○
東京	博士（ハカセ）―「ハクシ」にあらずや。	学位名としては「ハクシ」をとる

⑤〔＝**表7-3**〕は、1935（昭和10）年に日本放送協会に宛てられた投書7913通のうち、放送の言葉に関するもの748通の概要を雑誌誌上で紹介したものである。④と同様に分類をした。

表7-3 「「放送の言葉」に関する事項（投書内容調査）」(1936.11)
［漢語・漢字語に関するもののみ抜粋、地名・人名・固有名は除く］

語の複合による清濁に関するもの

宛局名 （洋数字は投書数）	内容	備考（○は用語委員会事務局として同感・肯定するもの）
東京	「何々検事係」を「ガカリ」といふは誤。	○
東京	戦死者遺骨帰還の場合、何某少尉等「十三柱」は「十三ハシラ」が正。	○但「柱」は祭祀用語。
東京	交渉方、促進方、選定方等何れも「一方」にあらず。	○
東京	三味線「替手」を「カエテ」といふ。不可。	○
東京2	「齋」は「トギ」、「横着者」は「オーヂヤクモノ」なり。	放送用語としては「トキ」「オーチャクモノ」を採る。
東京	「日満両国」は「リョーコク」の方、可。	
広島	「営業所」「散宿所」「出張所」は「所」の方よくはなきや。	「所」の「ショ」「ジョ」は画一的に取扱ふこと能はず、慣用に従ふ。
広島	「講座」「衆議院」「実現」「労働組合」「中々キカス」「ローマ駐在」「増減」「出来ス」「変ラス」「予算十萬」「何々されす」「水曜日」「小学校のお時間」以上誤なり。	○
大阪	「建国」をいつも「ケンゴク」と濁る。「ケンコク」の方よろし。	○
大阪	「四階建」は、「ヨンカイダテ」の方よろし。	○
大阪	「開山」「門跡」正し。「カイザン」「モンセキ」誤り。	○

音読みの異同に関するもの（注5）

宛局名 （洋数字は投書数）	内容	備考（○は用語委員会事務局として同感・肯定するもの）
東京	敷衍（フエン）は…ふえん　漸次（ザンジ）は…ぜんじ　森厳（シンゴン）は…しんげん【塩田注　後者が「正」】	○但、場合により「森ゴン」「森ゲン」共に可。
東京	切手「貼付」を「テンプ」といふは誤。	○
東京	「発足」を「発足」、「発起」を「ハツキ」といふ誤ならずや。	誤にはあらず但放送用語と

7章　漢語の読み方はどのように決められてきたか

		しては、「ホツソク」「ホツキ」を採る。
東京	「カナダ内閣連袂(レンペイ)辞職」を「レンケツ」といふのは誤り。	◯
松江	「圓滑」「滑走」の「滑」は「カツ」が正。	◯
東京	「攪乱」を「カクラン(コーラン)」、「紊乱」を「ビンラン(ブンラン)」といふ、百姓読なり。	現在放送用語としては慣用音「カクラン」「ビンラン」を採る。
東京	「警保局」は「ケイホーキヨク」なり。	「ケイホ局」正、警保局照会済。
大阪	「天保山」「警保局」の如き「保(ホー)」を「ホ」とするくせあり。	「天保山」は「天ポー」、「警保局」は「警ホ」なり。
大阪	「首相・文相・海相」は「ソー」なり。「シヨー」にあらず。	放送用語としては「シヨー」とす。
東京	「植字工(ショクジ)」印刷屋仲間では「チヨクジコー」なり。	放送用語としてはその社会の慣用に従い「チヨクジ」を採る。
東京	「大佐」陸軍にては「タイサ」海軍にては「ダイサ」なり。	陸海軍共「タイ佐」とす、両省照会済。
大阪	「禮拝」は「ライハイ」なり	場合により「レーハイ」「ライハイ」いづれも用ひられる。
東京	「加重」(カジユー)は「カチヨー」、「固執」(コシツ)は「コシユー」、「郷土芸術」(キヨード)は「ゴード」と学べり。	「カジユー」「コシツ」「キヨード」にて可なり。
大阪	「大阪控訴院(サ)」「出生(セイ)」「比較(コー)」「出席(シユツ)」は誤。	◯
広島、名古屋	「収斂(レン)」を「シユーケン」、「カフエイン」を「コカイン」といふ。共に誤。	◯
名古屋	「曙光(ショコー)」を「ショククワウ」と何度も読んだ。	◯
熊本	「浚渫(シユンセツ)」を「シユンチヨー」といふ。誤。	◯

大阪	「遂行(スイコー)」を「ツイコー」、「帷幄(イアク)」を「チヨーアク」といふ人あり。誤。	○	
東京、大阪	「遂行(ズイコー)」を「ツイコー」といふは誤り。	○	
大阪	「冀(キ)察」「冀(キ)東」を「ヨクサツ」「ヨクトー」といふ。誤。	○	
大阪	澄宮様の熊野川「遡(ソ)行」を「サクコー」といふは誤。	○	
東京	「御協(キョー)力」を「ゴコーリョク」といふは誤。	○	
東京	(雑音(ザツオン))を…ゾーオン　(繭価(ケンカ))を…ランカ　(言質(ゲンチ))を…ゲンシツ　【塩田注　後者が「誤」】	○但「言質」は慣用音として「ゲンシツ」を採る。	
東京	「荷役(ニヤク)」を「ニエキ」といふ不可	○	
東京	「工作」を「コーサ」といふが「コーサク」の方がよい。	放送用語としては「コーサク」と決定。	
東京2	「獰猛(ドーモー)」を「ネイモウ」、「不倶戴天(タイテン)」を「サイテン」といふは誤。	○	
東京2	「嗅覚(キユーカク)」を「シユーカク」といふ、誤。	○	
東京2	「良寛様は恬淡(テンタン)無慾」を「カツタン無慾」といふは誤。	○	
東京2	「祭祀(サイシ)」を「サイキ」、「左右馬寮(サウメレウ)」を「サユウバリヨオ」といふは誤。	○	
東京2	「慰藉料」を「イセキリヨー」といふ、不可。	○	
東京	「統治」は「トーヂ(チ)」。	○「統治」の「治」は「チ」を採る。	
新潟	「官庁公示事項」「ジ」と濁音を望む。	放送用語は「コージ」と決定。	
東京	「曹洞宗(トー)」「黄檗(オーバク)宗」にして「ソードー」「コーバク」は誤。	○	
大阪	「精霊(ショーリョー)棚」にして「ショーレイダナ」は誤。	○	
秋田	「正信念仏偈(ショーシン)」は「セイシン」ならず。	○	
東京	「聖典講義」の「セイ典」は仏教にては「ショー典」を正しとす。	この場合は「セーテン」の方を可とす。	
東京	国禱会(コクトーヱ)を「クワイ」と誤る。加行(ケギョウ)を「カギヨウ」と誤る。	○	
新潟	曹洞宗聖典「修證義(シユシヤウギ)」を「シユウシヤウギ」といふ。聞きぐるし。	○	

7章　漢語の読み方はどのように決められてきたか

音読み・訓読みの異同に関するもの

宛局名（洋数字は投書数）	内容	備考（○は用語委員会事務局として同感・肯定するもの）
大阪	「今日」は「キョー」より「コンニチ」がよい。	
大阪、名古屋	「今夕」「コンユー」でなく「コンセギ」の方よろしからずや。	「ユウ刊」の例もあり。
東京	内訳（ナイヤク）は…うちわけ【塩田注 後者が「正」】	○
小倉	経済市況「明太子」を「メンタイシ」、「生鰤」を「イキブリ」といへり。誤。	○
東京	産業ニュースにて「白木耳」を「ハクモクジ」と音読しては通ぜず。	○中央産業組合照会済。
東京	薬名「麻黄」を「アサギ」と誤る。	○
長崎	番組発表の時「阿部川の義父」を「ヨシオ」と誤る。	○
大阪	「ブリウ三番」を「サンバン」といふは誤り。	○
東京	（半晴半曇）を…ハンバレハングモリ （将に将たる）を…マサニシヨータル （軽々に）を…カルガルニ【塩田注 後者が「誤」】	○
東京2	「汽船底曳網」を「キセンテイヒキツナ」と誤る。	○
東京2	「灰燼」を「ハイジン」といふ、誤。	○
東京2	「海鳴」を「カイメイ」、「低気圧東北位」を「トーホクグライ」は誤。	○
大阪	「二河白道」をはじめ「フタカワハクドー」次に「ニガハクドー」といつた。誤り。	○
東京	「二」の読み方について、「フタ千、フタ百」の外は凡て「ニ」とすることに一定されたし。（例）二十二億フタ千フタ百二十二萬フタ千フタ百二十二圓二十二銭。	
大阪	温度「二度」を「フタド」といふは重苦しく、実際ばなれがしてゐる。	
小倉	「十貫当り」の「トウカン」は「ジツカン」が通りよし。	
東京	「明日の歴史」の「明日」のよみ方、「ミヨーニチ」か「アス」か一定されたし。	「ミョーニチ」を採る。

音韻上の問題

宛局名（洋数字は投書数）	内容	備考（○は用語委員会事務局として同感・肯定するもの）
東京	時刻「三十八分、二十八分」等の呼び方は「八分」の方、聴きよし。	以下数詞の発音については調査中。

宛局名	内容	備考
東京	「十」のよみ方、「ジユツ」とせず「ジツ」とされたし。なほ「十手」は「ジツテ」なり。	
東京4	「ヒ」「シ」の混同を避けられたい。被害（死骸）、代表（代償）、匪賊（士族）、否定（指定）等同音語も紛はし。	
大阪	「氷（シヨー）点下」等「江戸ッ子」を真似られては困る。	○
	全国主（シ）要都市「シユ」と発音されたし。	○
東京2	制定（セーテー）（「セイテイ」が正）、快晴（セー）（「ーセイ」が正）	字音「エイ」を「エー」と発音すること一般に認容せらる。放送用語としても両用を認む。
東京2	「快晴（クワイセイ）」が「改正（カイセイ）」に聞える。	「クワ」「カ」は現代の発音にて混同を免かれず。放送用語としても両用を認む。

用法上の問題

宛局名 （洋数字は投書数）	内容	備考（○は用語委員会事務局として同感・肯定するもの）
広島	「時刻」といふべきを「時間」という。改めよ。	
札幌	「甘藷」は必ず「サツマイモ」と言ひ「甘蔗」と区別せよ。	○更に「甘蔗」を「サトーキビ」とせば一層明瞭。

その他

宛局名 （洋数字は投書数）	内容	備考（○は用語委員会事務局として同感・肯定するもの）
東京	「博士」の「ハクシ」「ハカセ」不統一。	学位令の「○○博士」は「ハクシ」と一定。
札幌	「○○博士」は「ハカセ」といはずに「ハクシ」と乞ふ。	
東京	学位令では「ハカセ」なり。「ハカセ」の方が一般に耳にもよく又正し。	
札幌	「…博士」は古来「ハカセ」なり。	
松江	「博士」は「ハカセ」なるべし。	

7章　漢語の読み方はどのように決められてきたか

| 東京 | に係る（かかはる）は…かかる　難い（がたない）は…がたい【塩田注　後者が「正」】 | ○ |
| 東京 | 「鉛糖(エントウ)」を「エンヌカ」と誤る。 | ○ |

⑥〔＝表7-4の左側〕は、放送におけるアナウンサーのことばの誤りを指摘したものである。ここで掲げたのは漢語・漢字語に関するもののみであるが、もとの指摘では、発音・読み方に関するものが74例、アクセントに関するものが91例あげられている。

⑦〔＝表7-4の右側〕は、⑥で指摘されたことばのうち、11例について放送用語委員会の見解を述べた箇所から抜粋したものである。執筆者の三宅武郎は、当時の用語委員会の事務局担当者の一人である。このうち「修祓」の放送における読みについては、1938（昭和13）年4月28日の用語委員会において、「再検の結果、現行通り慣用に依る」ということであらためて［シュバツ］のままとすることが確認されている。

表7-4　河合絹吉『国語と四声』（1938.7）および三宅武郎「放送国語批評」
　　　　（1939.1）

	放送での誤り （河合絹吉）	正 （河合絹吉）	放送用語としての規定 （三宅武郎）
十銭	ジュッセン	ジッセン	ジッセン（ジュッセンも可）
逐電	チクデン	チクテン	
修祓	シュウフツ	シュウバツ	シュバツ
班女	ハンジョ	ハンニョ	ハンジョ
封	フウゼラル	ホウゼラル	
伝馬船	デンマセン	テンマセン	
戴冠式	サイクワンシキ	タイクワンシキ	
十五柱	十五バシラ	十五ハシラ	
飛雪	トビユキ	ヒセツ	
子日	子イワク	子ノタマハク	
藩主	バンシユ	ハンシユ	
懇望	コンボウ	コンモウ	
刀二十口	〜二十コウ	〜二十フリ	
刀二口	〜ニクチ	〜ニフリ	
野邊地	ノベチ	ノヘヂ	
風波	カザナミ	カゼ、ナミ	

扈従	コジウ	コシヨウ	コジュウ
洗滌	センジヤウ	センテキ	
出帆	シユツポン	シユツパン	
二十箱	ニジフパコ	ニジフハコ	ニジッパコ（ニジュッパコも可）
南方	ナンホウ	ナンポウ	
禮拝	レイハイ	ライハイ	仏教用語としてはライハイ、普通語および基督教用語としてはレイハイ
後方	コウボウ	コウホウ	
潰走	カイゾウ	カイソウ	
八氏	ハチシ	ハツシ	
同士打	ドウシウチ	ドシウチ	ドシウチ、ドウシウチともに可
核心	ガイシン	カクシン	
不倶戴天	～サイテン	～タイテン	
逃亡	トウハウ	トウバウ	
諸将	シヨジヨウ	シヨシヨウ	
守り育てよ	マモリ～	モリ～	
三棟	サンムネ	ミムネ	
先鋒	センポウ	センボウ	センポウ
街道	ガイドウ	カイドウ	
募集	モシユウ	ボシユウ	
瑠璃	リユウリ	ルリ	
副官	フククワン	フツクワン	
洪水	ゴウズイ	コウズイ	
繁華	ハンガ	ハンクワ	
生存	セイゾン	セイソン	
全治	ゼンヂ	ゼンチ	

　ここで p.162 に戻ると、⑧の「珠算」の読みに関連して、筆者が確認できた範囲内で明治期の新聞（読売新聞（1890（明治23）年2月4日附録1面））に「珠算（たまざん）」というルビ付きの表記が見られたことを付記しておく。
　⑪は、日本放送協会のアナウンサーが執筆したものである。
　⑫は、放送用語としてどちらの発音にすべきかを決定しにくい漢語の例として挙げられたものである。執筆者の佐藤孝は、当時の用語委員会の事務局担当者の一人である。

　今回ここで紹介した指摘について、細かい分析は今後時間をかけておこな

7章　漢語の読み方はどのように決められてきたか　　173

いたい。印象として言えることは、放送におけることばの「誤り」を指摘するものとして、漢語・漢字語の読み方に関することがたいへん多く取り上げられている、ということがありそうに思う。これは今後綿密に検証してゆかなければならないが、放送のことばの問題点という面から漢語・漢字語の読みの誤りが指摘される例は、現代ではこの当時ほどには多くないのではないだろうか。

　これは、この当時の漢語・漢字語の読みにはさまざまなものがあった〔＝「ゆれ」が大きかった〕のに対して、現代では統一的な規範性が高まったものと推定する根拠になると思われる。

　このような動きを「日本語の現状」と「放送での規範」という観点から見た場合、ここで定められた規範というのは「現状の追認」にすぎなかったのか、あるいは放送での規範整備が現実としての漢語の読みの統一化に寄与したと考えるべきなのか、今後とも考察してゆきたい。

7.3　『常用漢語発音整理表』の成立まで

　ここではまず用語委員会のごく初期の議論・審議・決定について、漢語・漢字語に関するものに焦点を当てて提示してみたい。初期について取り上げる理由は、この時期に議論されて示された用語の決定方針が、その後に強い影響を与えているものと想像するからである。漢語・漢字語に着目する理由は、それまで日本人が経験したことのなかった「音声言語としての標準的日本語創成」という課題の解決にあたって、漢語・漢字語の読み方の問題が相当大きなものになっていたものと思われるからである。

　1934（昭和9）年1月に第1回の放送用語委員会が開催され、1935（昭和10）年9月には『常用漢語発音整理表』が完成する。ここでは、その間の議論・審議を紹介する。なお、1935年の議事資料には残念ながら散逸しているものが多い。

〇「漢語の調査に関する一般方針」
　1934（昭和9）年1月に放送用語委員会が発足し、同年2月に「漢語の調

査に関する一般方針」の草案が示された。この内容はその後数回にわたって追加・修正が施され、1935（昭和10）年3月に発刊された『放送用語の調査に関する一般方針』の一部として引き継がれている。

この草案は、以下のようになっている（原文は縦書き）（注6）。

漢語の調査に関する一般方針（草案初稿）

一．放送上の使用を予想される漢語を調査すること。
　　（附記）ここにいふ漢語とは、必ずしも語原によらず、専ら語感において普通に漢語と認めるものをさす。
二．右の漢語を、次の二部に分けて考へること。
　　第一部　おもに放送原稿を読むために要するもの（相当に難かしいものも予想しなければならない）
　　第二部　おもに部内で作る放送原稿に使ふもの（なるたけ平易なものに限りたい）
三．右の漢語に使用する漢字を調査して、その音を整理すること。
四．右の漢字の音の整理は、次の原則によること。
　　第一、一字ごとに「代表音」を定めること。
　　第二、右の代表音は、現代の日本において最も通俗に広く行はれてゐるものを採用して、いはゆる漢音、呉音その他の区別によらないこと。
　　第三、代表音のほかは、委員会の審議を経て、その使用範囲の広さにより「第二音」又は「第三音」とすること。
　　　　例　行　代表音（仮定）コー（かう）（漢音）
　　　　　　　　第二音（同上）ギョー（ぎやう）
　　　　　　　　第三音（同上）アン（あん）
　　　　　　京　代表音（同上）キヨー（きやう）（呉音）
　　　　　　　　第二音（同上）ケー（又はケイ）（けい）
　　　　　　　　第三音（同上）キン（きん）
　　　　　　省　代表音（委員会の審議を要す）

　　　　　第二音　（委員会の審議を要す）
　五．熟字で二つ以上の読み方があるものは、委員会の審議を経て「第一
　　　の読み方」と「第二の読み方」とを定める。
　　　　例　日本　第一の読み方（仮定）ニツポン
　　　　　　　　　第二の読み方（同上）ニホン
　　　　　　日本語　第一の読み方（仮定）ニツポンゴ
　　　　　　　　　　第二の読み方（同上）ニホンゴ
　　　　　　皇子　第一の読み方
　　　　　　　　　第二の読み方
　　　（附記）放送では第一の読み方によるのを原則とするけれども、そ
　　　　　　の上での放送当務者の活用を束縛するものではないとする
　　　　　　こと。
　六．右の発音を示す仮名は、単に部内における放送上の心覚えのためゆ
　　　ゑ、なるべく純粋に発音の通りとすること。
　　　　例　本朝女二十四孝（ホンチヨー・オンナ・ニジユーシコー）
　　　　　　　比較《ほんてう・をんな・にじふしかう》
　　　　　　明治天皇（メージテンノー）
　　　　　　　比較《めいちてんわう》
　　　（附記）なほ次第に発音上の自覚が進むにつれて、やや詳しい発音・
　　　　　　アクセントその他の符号の使用を認めるときは、別に定め
　　　　　　る約束によること。
　七．以上の調査の結果を綜合して、放送用基礎漢語表を作ること。

また、「補遺」として以下のような記述も残っている（注7）。

　六．一般に、すでに常用語化して大衆の「耳のコトバ」となつてゐるも
　　　の（例へばミョーニチ。コンバンなど―カナで書いてもすぐわかるも
　　　の）以外において、その字面を本とし、それを漢音・呉音のどちらで
　　　読んでも大した差障りのないもの、或は現在は大体一定してゐても将
　　　来変化の可能性があると認められるものは、なるべく第一音で読むこ

とを原則とし、或は第一音で読んでも誤りでないとすること。
　　例　重複　（仮にジューを代表音としてジューフクと読むことなど）

　この「漢語の調査に関する一般方針」では、「二.」において漢語を「ニュース用」と「部内作成原稿用」の２種に分けて考えることが提案されている。この区別は、放送初期のニュース原稿が通信社など外部から入手されたもの（もともと「新聞用」の書きことばで作成されたもの）であったことによるものである。外部から得られた原稿にある程度修正を加えて放送用原稿を作成していたのであるが、その修正にはおのずと限界があったであろうことが想像される。
　また「四.」において、漢字一字一字の「代表音」を定めることが提議されている。「代表音」とは、日本語の漢字には一字に複数の読み（呉音・漢音・慣用音）があるなかで、そのうちもっとも代表的な読み、というものである。この場合の「代表音」は、伝統的な「呉音・漢音・慣用音」という枠組みにとらわれず、あくまでも「読みとして（現在）もっとも広く用いられているもの」を採用することになっている。
　「代表音」を定める理由は、漢語の読みをなるべく統一的に整備して記憶上の負担を軽減させようという意図に基づく。たとえば、「行」を第二音のギョーと読む漢語は「行、行者、行司、…」という数十語であり、第三音のアンと読む漢語は「行灯、行脚、…」という数語である、ということを覚えておけば、それ以外のものは代表音のコーで読めばよい、という発想である。一字一字について「代表音」を定めたうえで、読みの「ゆれ」がある漢語についてはなるべく「代表音」を採用する、という意図があったのである。たとえば、「重複」にはジューフクとチョーフクという二とおりの読みが「ゆれ」として当時も存在していたが、これは「重」の代表音をジューと定めた場合には、必然的にジューフクという読みが採用されるような形になっていた。
　また、この草案においては「代表音」という術語が使用されているが、これが会議の席上で「第一音」という名称に変更されたことが議事録に残されている。
　なお、この「単漢字の読みをなるべく一定にしたい」という発想に対して、

用語委員の一人である新村出はどうも否定的であったらしいことが、下記の記述から読み取れる。

「…私共の東京に於ける国語論者は成るべく一定したい、一元化したい、文ならブンといふ音を主な原則的な発音にして、モンと読むのは変則的な発音に敬遠してしまふ、それはどうだらうといふやうなことを相談されたに対しまして、それはいかぬ、さういふ風に一方を其の主なる音と立て、他方を貶する、落しめる、軽蔑するといふやうな態度を、根本の国語政策者或は国語教育の首脳者がするといふと、益々乱れて来るばかりだ、今年令を出して来年にはそれが一元化して行くといふやうなれば宜しいけれども、此の複雑な人文社会に於てはさう単純に行くものではなくて、却つて益々乱れて収拾すべからざるものになるから、是は国語の規格、規準といつた風のものを定めて、その中で錯綜したものは相当整理するといふ建前で行かなければならぬ、といふ風に申したのであります。」

（新村出（1943）『国語の規準』p.14）

まったくの想像であるが、草案での「代表音」が「第一音」という名称に変更されたのは、個々の漢字音に「代表」とそうでないものとがあるわけではない、といったような新村出委員の持論が反映したのかもしれない。

○「小雨」の読み
　また同年3月には、「小雨」ということばについてラジオの放送で「コサメ」と読んだことについて取り上げている。伝統的な形はコサメであることを認めたうえで、「されど現今は一般に「コアメ」の方が分り易きか」という記録が残されている。これは、伝統的な語形（コサメ）と新興的な語形（コアメ）との「ゆれ」があった場合に、新興的な語形を採用するという傾向・方針があったかもしれないことを予想させる。なお、同日の議事資料には放送で「コアメ」と読んだ例も紹介されている。
　なお、「小雨を小雨と放送局に頼みます。」という投書（注8）が1941（昭

和16) 年にあることから、上記の決定以降も放送で実際に「コアメ」と読まれていたことがわかる。

また、「小雨(アメ)がパラつく」というのを「地方訛」の一つとして取り上げている記述(注9)もある。増田は東京出身で広島高校に赴任した人物なので(注10)、ここでは広島近辺の方言形として取り上げられたのだろうか。

平山輝男編 (1992)『現代日本語方言大辞典』の「雨」の項で「コアメ」という語形が載せられているのは、兵庫と鹿児島である。また、倉嶋厚監修 (2000)『雨のことば辞典』でも、兵庫での方言形として「コアメ」が載せられている。

○「工作」の読み

「工作」という漢語には、おもに「何かを作ること」という意味と、「何らかの働きかけをおこなうこと」という意味とがある。このうち、「工作」を前者の「作ること」という意味で用いた例は明治初期ごろにはすでに見られるが、後者の「働きかけ」という意味での用例は、昭和初期ごろの比較的新しいもので、当時の中国語からの借用である。

この「工作」ということばは 1934 (昭和 9) 年ごろに大流行したようである。平岡伴一 (1935.2) (1935.10) は、東京朝日新聞に「工作」が朝刊1日分 (1934年9月19日) だけで 16 回も表れていることを指摘し、この新語がどのような経緯でいつごろ借用されたのかを丹念に追っている。

なお現代の辞書には、「工作」の語誌として以下のように記述されている。

「(1)中国の英華辞書や洋学書を通じて幕末明治初期に日本に伝わった語。(2)昭和初期、旧満州や上海での日中衝突により、中国語の「工作」が、日本の新聞の軍事関係の記事に頻繁に現れたが、その際日本では軍事的な色彩を帯びたものと受取られる一方、「裏工作」「秘密工作」「スパイ工作」などにおけるように、裏の、陰で行なわれるものという語感が加わった。」

(『日本国語大辞典 第2版』(小学館))

また、平岡伴一（1935.10）には、

> 現代語の研究にはラヂオ放送もその資料となるのであるが、資料としてのラヂオ放送は前に遡ることが出来ない特質を持つて居る。従つてラヂオ放送に於ける"工作"の出始めは取調べに困難であるが、"工作"は新聞語であるから、ラヂオに於ても、しばしば文章朗読的であると批評されるニユースの放送に最も多く現れる。

という記述があり、「工作」が放送にも頻出していたことがうかがわれる。

この「工作」という漢語は、当時、コーサクと読まれたりコーサと読まれたりしており、「ゆれ」のあることばであった。たとえば、昭和初期の新語辞典には以下のような記述が見られる。

工作（コーサク）支那語より転用さる、企画しかつ仕事をする意。
　　　　（喜多壮一郎監修・麹町幸二編（1930）『モダン用語辞典』
　　　　　実業之日本社　近代用語の辞典集成（13）として復刻）
工作（こうさく）支那語より転用、企画し且つ仕事をする意
　　　　（大西林五郎編（1933）『新聞新語辞典』日刊新聞通信社
　　　　　　　　近代用語の辞典集成（36）として復刻）
こうさ　工作　こうさくに同じ
　　　　（下中彌三郎（1936）『大増補改訂　や、此は便利だ』平凡社
　　　　（『日本国語大辞典　第2版』から再引用））

このように複数の読みがなされていた状況において、放送用語委員会では最終的には現代と同じくコーサクという読みを1934（昭和9）年4月11日に採用する（注11）。

この決定にあたって作成された資料が、**表7-5**である。これは、一語の読みの審議にあたって、個人個人の語感だけに頼ることなく、さまざまな資料を参考にしておこなってゆくという姿勢があらわれているものであり、これは現在にも継承されていると考えられる。

この資料を見ると、「工作」の読みは辞書類をはじめとしてコーサクが主流であり、それに加えて「『作』の第一音はサクであろうからコーサクが穏当である」という推論が読み取れる。なお、「新語（特に漢語）の発音は、なるべく第一音によること」という方針（「語彙・句法の選択及拡充に関する一般方針」）が、1934（昭和9）年6月6日に示されている。

　「工作」がやや例外的にコーサとも読まれたのは、この資料の八．にある「サクは『ツクル』の意、サは『ハタラキ』などを表すと考えられている」ということも要因として挙げられるだろう。ここで議題としている「新語としての『工作』（政治的工作など）」には、「何かをツクル」という意識は希薄であり、「動作、所作」などと意味上の共通点があるからである。

表7-5　新語「工作」のヨミカタ（コーサクかコーサ）についての審議資料（1934.1）

一．	その用例の二三 政治的工作　外交工作　軍事工作　春の美容の準備工作　内閣の補強工作　齋藤内閣の居据り工作（三月三十一日アサヒ朝刊三面論説）　音楽的工作（三月三十日よみうり十面伊庭孝氏）　若妻の強盗工作
二．	読売には全部「こうさく」とフリカナあり。東朝には、「工」の字にはフリカナありて「作」の字にはフリカナなし。但、最近「こうさく」とありし由。
三．	三月二十日夜九時三十分の放送ニユースでは「準備コーサ」と発音 四月一日夜七時の放送ニユースでも「外交コーサ」と発音
四．	「作」の字を一字でよむときには誰でも「サク」といふ。それにおのつから第一音があらわれてゐるかなほ次項参照。
五．	帰納的に第一音を求める。 （一）「サク」　（イ）作文　作歌　作詞　作曲　作品　作者　作家　作成　作製　作例　作意　作図　作字　作為　作戦　作略　作物　作得　作病　作事　（ロ）著作　創作　製作　制作　合作　近作　舊作　述作　力作　名作　大作　傑作　佳作　駄作　耕作　農作　豊作　不作　家作　造作 （二）「サ」　（イ）作用　作法　作業　作佛　作略（二）　作禮而去 　　　（ロ）動作　座作　発作　所作　操作　造作（二）　諸悪莫作
六．	漢呉音共に「サク」にて「サ」は別音なれども佛家にては「サ」を用ふ。 「諸悪莫作、作禮而去、作佛、活作略」等。 儒教的には「作善降二之百祥一」にも「サクゼン」とよむ。（大字典字源とも）
七．	古き造語の「作用、所作、動作、座作」などは、すべて佛家のよみにて教へられたるものか。文教の権の所在によりて。
八．	或は、「サク」は「ツクル」の意味で、「サ」は「ハタラキ」「オコル、オコス」等の意味に考へられてゐるところもあるか。

「振作」を「シンサ」とよむ老荘階級が多いのは、或は右の心持のあらはれか。ところがこの「振作」を、諸種の和漢辞典に悉く「シンサク」としてゐる。
大字典　　振作。シンサク。ふるひおこすこと。
字源　　振作。シンサク。ふるひおこる。作は興起
大日本国語辞典　　しんさく　振作。振ひ作（オコ）すこと。振興。振起。作興。
言泉　　しんさく。振作。ふるひおこすこと。盛んにすること。又、ふるひおこること。盛んになること。振興。振起。　張説又「六楽振作、萬舞再弱」
広辞林　なとも皆「しんさく」にて一も「しんさ」とせるものなし。
国民精神作興の詔書中の「振作」は「シンサク」に一定の由。
内閣官房　総務課　照会回答

九．　「作興」も諸種の和漢辞典に「サクコウ」とあり。
十．　「工作」は、老荘階級も、多くは「コーサク」と読む。但し中に少しは「コーサ」と読む人もあり。
十一．　「経済的合作」といふ語は「ガツサク」に限るか如し。
十二．　なるべく新語の字音は第一音を適用して、第二音・第三音による読み方の例外を作らないやうにしたい。
但し、これは原則的な精神であつてあなかちこれによつて「工作」の「作」の読み方を牽制するものではない。

○「大審院」の読み

　「大審院」は現在の最高裁判所の前身であるが、これについても読みのゆれがあった。この読みを決定するのにあたって作成された資料が表7-6であるが、たいへん広範囲かつ詳細な調査が成されていることに驚く。参考にした辞書類は国語辞典のみならず百科事典・和英辞典も用いられている。

　資料では、明治初期に設置された「大審院」に関して、当時は漢音の勢力がたいへん強くなっていた時期で、「タイシンイン」と発音されていたであろうが、それがなぜ今日になって「ダイシンイン」と呉音に戻るような傾向を見せているのか、ということに関して、三字漢語「大○○」においてはダイというような発音になる傾向がある、という推定を導き出している。これは現代にも当てはまる傾向である（注12）。

　この用語委員会の資料が作成されたのは1934（昭和9）年4月25日であるが、いつ審議されてどのような決定が下されたのかは、残念ながら記録に残っていない（注13）。

なお、国語辞典類は伝統的な発音を採用する傾向があるのに対して、新語辞典の類はその当時の発音をそのまま反映している可能性が高いと思われる。大正から昭和にかけての新語辞典には、以下のとおりダイシンインと濁音での表記が見られる。

　　［大審院（ダイシンイン）］わが国の最高級の普通司法裁判所。［以下略］
　　　　　　　　（小林花眠編著（1922）『新しき用語の泉』帝国実業学会
　　　　　　　　　近代用語の辞典集成（6）として復刻）

　　ダイシンイン（大審院）大審院（たいしんゐん）は最上級（さいじやうきふ）の裁判所（さいばんしよ）にして、［以下略］
　　　　　　　　（竹野長次監修（1928）『近代新用語辞典』修教社書院
　　　　　　　　　近代用語の辞典集成（9）として復刻）（注14）

　　表7-6　「大審院」の読み方について（審議資料）（1934.4）

一.	「大」の字は「太」「泰」に通すといふ。
	（参考）　康熙字典　「太」の字の項　　［ここでは引用省略］
二.	「大」の字原は人の象形なること論なし。されど「太」の字原については異説あり。或は「泰」の省文なりといひ、或は大大＞太＞太となりしものなりといふ。
	「泰」の字原は双手と水とをもつてせる会意にして、いはゆる「滑也」の本義の存するところ、これに諧聲記號の「大」を加へて作れり。
三.	日本に於いて最も普通に用ひらるる「大」「太」「泰」の意味は左の如し
	大　　おほきい　おほいに　太に通じて絶対の義
	太　　ふとい　大の大なるもの　絶対の義　はなはだ
	泰　　やすし
	（参考）「泰山」の「泰」は「大」にて「大山」の義。又、人名「太郎」の「太」は「長也」の義
四.	「大」「太」「泰」の字典音を左に示す。
	漢音　／　呉音
	大　／　タイ　タ　／　ダイ　ダ
	太　／　タイ　タ　／　ダイ　ダ
	泰　／　タイ　　　／　タイ
五.	今、字において「大」「太」を、意味において「おほいに」「おほきい＝比較的な大」および「絶対的な大」を、音において「タイ」「ダイ」「ダ」をえらひて、その用例の数個を表示す。

(附記)「大」は今語「おほきい」なれど、古語「おほい―おほし」にて、「多し―多い」に同じ。「少」は今語「すくない」古語「すない」にて、「小」に義同じ。漢字の方にても「小」「少」と相通す。
「康熙字典」［ここでは引用省略］　故に、官名に「大・中・少」と用ひたるは、右の「小」の義をとりたるものにして、その「大」も比較的の大なりとす。

	「タイ」に限る	「ダイ」に限る	「タイ」「ダイ」双用
大いに（副詞）	大笑す　大切に　大正		
大きな（比較的な大）	大将（中将・少将）　大山　大陸　大会　大衆　大人	大納言（中納言・少納言）　大山（ダイセン　伯耆山名）　大佛　大乗　大會（仏）　大衆（仏）　大日本　大人	大佐・大尉（海軍にて）　大地　大海　大道
絶対の義	大極無極　大禮　大逆　大命　大詔　大典　大政　大婚　大葬	大元帥（太元帥とも）　大極殿　大嘗會　大宰相　大相国　大統領　大勲位	

六．　「大正」の出典は「大享、以正天之道也」（易）

「君子大居レ正」（公羊傳）。故に「大」は「大いに」なり。然れども「大審」は「大いに審く」には非ずして、その「大」は絶対の義なるべし。

七．　「太」は漢字においては殆どすべて「タイ」と読む。然れども称号・官名（桓武天皇の漢音奨励以前に設けられたるもの）等には「ダ」又は「ダイ」と読む

太政官　太政大臣　太宰府　太上天皇

八．　右「太上天皇・太政大臣・太政官」などの「太」は、すべて絶対の義なり。「太宰府」の「太」も絶対の義なること、大貳・少貳の「大」に比較しても考ふべし。

九．　俗解するものあり。「大(ダイ)」は比較の大にて、「太(タイ)」は絶対の義なれは、「太」は必ず「タイ」と読むと。而して「大審」の「大」は「太」の義に借るものなれば、これ必ず「タイ」と澄みて読むべしと。右「第四、第七」両項の例を見て、その誤りを悟るべし。

十．　要は、「大」「太」における清音濁音の区別はいはゆる漢音・呉音の区別にして、畢竟、時代と地方との発音の区別のみ。これによつて断じて意義を異にするものにあらず。

十一．　但、字形の使ひ別けにおいて、古く、「大」は「大小の大」に、「太」は絶対の義に用ひたることあるは、上掲の「太宰府」と「大貳、少貳」との例によりてほぼ考ふることを得べし。

十二．　呉音（濁音）と漢音（清音）との語感には次の如き傾きあるが如し、

	呉音	漢音
一.	古	新
二.	佛家に残る	儒家に用ふ（されど王仁なとは呉音なりしなるべし）
三.	語感において内語的なり（このこと夙に平安朝の文献に見ゆ）	語感において外語的なり
四.	通俗的	学者的
五.	重く力強き感あり	清軽

十三． 今、問題の「大審院」において、その「大」は絶対の義なりと解すべし。然れども、その発音においては「タイ」「ダイ」の二つが有り得べし。

（一）タイシンイン　明治初期以来今日に至るまで、部内においては「タイシンイン」といふ。けだし、明治初期は儒学系統の漢語の全盛時代なりしが故に、これを漢音の「タイ」にとりしは当然とすべし。

備考、明治初期に大審院判事たりし谷津春三は常にタイシンインと呼び居りし由、その女（當五十九才）の談による。又現在も部内においては廷丁の末に至るまでタイシンインといふ由、三宅大審院判事の談による。

（二）ダイシンイン　然れども漸次国民語化するにおよび、その読み方も通俗化して「ダイシンイン」と読むに至れるものか、明治二十二年初版の「言海」以来、殆ど觸目する限りの国語辞書にも悉く「ダイ」と濁音に読めり。左に代表的なる辞書名を挙ぐ。

「言海」「大日本国語辞典」「言泉」「廣辞林」

「大字典」「字源」（以上二冊漢字典）

（参考）「日本百科大辞典」（三省堂）「家庭大百科事彙」（冨山房）　例外（百科大事典（平凡社）は「タイシンイン」とす。大森氏署名の項）

「竹原スタンダード和英」「武信和英」但、武信和英にはTの部にも名をあげてDの部を見よとあり。

十四． 現代の中年以下の人は多く「ダイ」なり。黄バスの車掌もよく「大審院前停留所」を「ダイシンインマエ」といふ。三宅大審院判事の講演（四月六日）の時の紹介アナウンス（松澤女史）にも「ダイシンインハンジ」といへり。但、中には「タイシンイン」といふものなきにあらず、ただその数の比較的に少きのみ。

十五． 漢語における呉音の勢力は明治維新をもつて一たび幕をとじ、明治以後の新造語は殆どすべてともいつてよきほどに漢音の盛行を見、勢の及ぶところ例へば「大衆」といふがごとき佛教語を復活再用せるものをも「タイシュウ」といふ今日の時代に、なにゆゑに「大審院」の「大」を「ダイ」といふ一般的傾向の存するにや。それにつきて考査して得たる結果の大要、およそ左のごとし。

（1）漢字二字より成る熟語は、左の如く「タイ」が優勢なり。但、蒐集の例語二一六語中

タイに一定してゐると認めらるるもの　一四六

ダイに一定してゐると認めらるるもの　　四八

おなじ意味にて「タイ」「ダイ」の二つに読まるるもの　一九
（例）大輪　大地　大海　大罪　（下略）
「タイ」「ダイ」及び下字の読み方の違ひにて意味の変るもの　三
（例）大人　大名　大兵
然るに漢字三字より成るものにては、断然「ダイ」が優勢となる。中には左のごとく、同一の意味の語にして、二字にては「タイ」、三字にては「ダイ」となるものもあり。
（例）　大戦―大戦争　大男―大男気　大勝―大勝利　大計―大計画　大利―大利益
右は思ふに、上の一字と中下の二字とを区切りて発音せんとする発音上の自然的傾向に出づるもの（アクセントの転換も第二字目の始めにあり）にして、本題の「大審院」もまた、この発音上の自然的傾向の支配を免るること能はず。
(2) 語義の上よりいへば「外国語―学校」にして、その発音は「ガイコクゴ―ガツコー」なるべきに、実際の発音にては「外国―語学校」と区切りて「ガイコク―ゴガツコー」といへり。
又、「大勲位」も実は「大勲・位」即ち大勲（タイクン）の位の義なるべく解せらるれど、これも「大勲位」と三字に熟しては普通に「ダイ・クンイ」の如く発音す。
かくのごとく、熟語は、その組成の原義の如何に拘らず、一旦熟語となりては「熟語」としての発音上の一般的傾向に支配せらる。而して、熟語三字中の上の一字が「大」なるときは、それは「大の字」の「大」即ち「ダイ」の発音となるか一般的傾向なり。

十六．　これによつてこれをみるに、現代の普通語としては、少くとも、或は「ダイシンイン」と読むこと多しの程度に認めざるを得ざるべきか。
　　　　それにつきなによりも有力なる参考とせざるべきは、当代の権威と目せらるる多くの国語辞書が悉く「ダイ」に一致せることなり。

十七．　然らは放送用語としては如何。普通語と専門的用語との二面に亘るものは、むしろ普通語によるべきこと、既に囲碁の「手合・大手合」の読み方において決定例あり。然れども「大審院」は一種の固有名詞なり。これを人名に準じて考ふべく、直ちに右の「手合・大手合」の例に倣ふことあたはず、これ用語調査の一般方針中に、特に次の一項目を設くる所以なり。
　　　　一．人名に準じて考へられる官庁や団体の名称で、部内の呼び方と一般の呼び方とが違つてゐる場合には、その官庁や団体と協力し、委員会の審議を経て、それぞれ別個の事情に応じ、適当な処置を講ずること。
　　　　（備考）　放送上、固有名詞を呼ぶにつきては、それによりて、一面、その固有名詞の所有者か直ちに自分自身を認識し得る必要あると同時に、他面、一般聴取者が、その固有名詞の所有者を認識し得る必要あり。故に、すべて固有名詞の所有者（特に公共的なるものにおいて）は、ひとり主観的満足のみによりて自己の読み方を固執すべからず。これ厳然たる一個の社会的道義の責任なりと信ず。然れども、大審院のごときは一種の別格的存在にして、普通の官庁乃至団体とは、その自己主張の権威にお

いておのづから異なるものありて存す。これ本文にいはゆる「それぞれ別個の事情に応じ」て慎重に審議せざるべからざる所以なり。

（参考）
一．この稿の筆者は「大衆」を「ダイシュウ」といふことあり。これ新語として流行せざりし以前に佛教語彙より学びて、それか先入主となりて今に抜け切らざるがためなり。家人これを評して「東北の人かとおもふ」といふ。

二．然るに他面、次のごとく感ずるひともあり。曰く「「大審院」を「タイシンイン」といふと朝鮮の人かとおもふ」と。（二十代の青年）

三．人の感じのさまざまなること、おほむねかくのごとし、されど次の感想は、大審院の職掌と相関聯して一顧すべき価値あるか。曰く「タイシンインといふと法律に凝り固まってゐるやうた」と。（二十代の青年）

四．然るに一高女五年生（二クラス五十九名中五十七名）の感想は、この項の筆者（中年以上）をして殆ど奇想天外より落つるの感をいたかしめたり。曰く「ダイシンインといふ方が重重しくて権威がある。タイシンインでは軽いやうで権威がない」と。ああ、言語感覚の時代と共に推移ること、かくのごときかな。因に筆者の如きは「タイシンイン」といふ方が重く聞ゆるなり。

（参考五）「日比谷バス」の事務所に就きて、その車掌の呼び方を質したるに、養成のはじめは明かに「タイシンイン」と清みて教ふるも、うかと「ダイシンイン」と（濁りて）いふものもありとのことなりしゆゑ、その自然に「ダイ」と（濁りて）いふことのある人の大略の数を知りたしと、車掌監督に依頼し置きたるところ、左の如き回答を得たり。
総人員は七十餘名なれど、質問に明答したるは六十名なり。内、十名が「ダイ」と濁ていいふ。残り五十名は「タイ」と正しく清みて発音す。云々。

○『常用漢語発音整理表』

1935（昭和10）年9月に、冊子『常用漢語発音整理表』が出される。冒頭に「本稿は放送用語並発音改善調査委員会の審議を経たるものなり　昭和十年九月　社団法人日本放送協会」と示されており、公的な資料として位置づけられる。

編纂過程については、用語委員会議事録のうち1935（昭和10）年のものの大半が散逸してしまっているため、残念ながら詳細がわからない。しかしここまで述べてきた1934（昭和9）年の議論から推測されるとおり、「工作」や「大審院」と同様に、一語一語に関して相当詳細な議論が成されたものと思われる（注15）。

この冊子では、読み方に問題のある漢語145語に関して、放送での「読み」が示されている。このうち、漢字の「慣用音」に従ったのは29語である（浅

井真慧（1990））。また、冊子の後半部分には、「附録」として「現代に広く行はるる漢字の慣用音」およびその字典音の一覧が載せられている。ここで用いられた漢和辞典として、『大字典』（啓成社）と『字源』（明治書院）が挙げられている。

　ここでは、『常用漢語発音整理表』（以降『常用漢語』と略称）に掲載された漢語145語に関して、『字源』（注16）に載せられている読みと、現代の読み（1998（平成10）年発行（2007（平成19）年32刷）の『NHK日本語発音アクセント辞典』（以降『アク辞』と略称）に載せられているもの）とを、筆者があらためて調べて表に示した（**表7-7**）。

　なお、表には『常用漢語』において決定された発音をそのまま記してあるが、カナ表記方式は『字源』『アク辞』でそれぞれ異なる。ここでは、実質的に同じ発音となる項目には「◎」を付し、一致しない項目にはそれぞれの辞典での発音表記を示すようにした。辞典で複数の読みを示しているもののうち一方が一致している場合には「○」を付し、もう一方の読みもあわせて記した。「φ」は「漢語として立項されていない」という意味である。『常用漢語』で取り上げられた漢語とそれぞれの辞典とで取り上げられている漢語とが厳密には一致しない場合（ここでは字体の違いも含む）には、辞典で立項されている漢語もあわせて示した。また、漢字表記はここではできるだけ元資料のとおり「本字」を用いるようにした。

　また、例えば（A／A／A）という表示は、例えば「暗示」に関して、『字源』ではアンジ〔＝A〕という語形があり、また『常用漢語』および現代『アク辞』でもアンジ〔＝A〕がある、ということを模式的に示したものである。（A／B／AB）類というのは、例えば「早急」に関して、『字源』でサウキウ〔＝A〕、『常用漢語』でサッキュウ〔＝B〕、現代『アク辞』ではサッキューとソーキューの両方（細かく言うとサッキューが第一、ソーキューが第二）が掲載されている、ということを意味する。

表7-7 『常用漢語発音整理表』(1935)に掲載された145語に関する『字源』(1923)および現代『日本語発音アクセント辞典』(1998)との対照

凡例:

語句	『字源』の読み	↔	『常用漢語発音整理表』の読み	備考	↔	現代『アクセント辞典』の読み
暗示		◎	アンジ	「ジ」濁音	◎	

↑ 『常用漢語発音整理表』に掲載されている項目

↑ 『字源』に掲載されている読み『常用漢語発音整理表』と実質的に同じになる場合には表記省略(空欄)、やや異なる漢語が掲載されている場合には「　」として掲載　掲載がない場合にはφ

↑ ◎=同形　○=同形を含む　×=非同形

↑ 『常用漢語発音整理表』での備考欄

↑ 現代『アクセント辞典』に掲載されている読み『常用漢語発音整理表』と実質的に同じになる場合には表記省略(空欄)、やや異なる漢語が掲載されている場合には「　」として掲載　《　》は「放送では使わない漢字」　掲載がない場合にはφ

イ. 『字源』語形A、『常用漢語』語形A、『アク辞』語形Aという形で、3冊とも共通しているもの (A／A／A) 40項目

語句	『字源』の読み	↔	『常用漢語発音整理表』の読み	備考	↔	現代『アクセント辞典』の読み
暗示		◎	アンジ	「ジ」濁音	◎	
一言を呈する	「一言」イチゲン	◎	イチゲン		◎	「一言(〜を呈する)」イチゲン
胸に一物	(一つのたくらみ、穏謀)	◎	イチモツ	成句として従来の読み方に従ふ	◎	
一緒		◎	イッショ	「ショ」	◎	「《一緒》」イッショ
越権		◎	エッケン	古くは「ヲッケン」	◎	
圓滑		◎	エンカツ		◎	「円滑」エンカツ
議定書		◎	ギテエショ	「テエ」内閣に照会済・外務省に照会済	◎	
嗅覚		◎	キュウカク		◎	「きゅう覚《嗅》」

7章　漢語の読み方はどのように決められてきたか

語	備考1	◎	読み	備考2	◎	備考3
減殺		◎	ゲンサイ	「サイ」常用語中「サイ」と読むは上の二語のみとす	◎	
絢爛		◎	ケンラン		◎	「《絢爛》」
膏肓		◎	コオコオ	「病膏肓に入る」など	◎	「病こうこう《膏肓》」ヤマイコーコー
誤謬		◎	ゴビュウ		◎	「誤びゅう《謬》」ゴビュー
示威運動		◎	ジイウンドオ	「ジ」濁音	◎	「示威」ジイ
證據湮滅	「湮滅」インメツ	◎	ショオコインメツ		◎	「隠滅」インメツ
上梓		◎	ジョオシ		◎	「じょうし《上梓》」
饒舌		◎	ジョオゼツ		◎	「じょう舌《饒》」ジョーゼツ
従容		◎	ショオヨオ	「従容として死に就く」など	◎	
贖罪		◎	ショクザイ		◎	「しょく罪《贖》」ショクザイ
真摯		◎	シンシ		◎	「《真摯》」
神事		◎	シンジ	「シ」清音 古くは「ジンジ」	◎	
進捗		◎	シンチョク		◎	「進ちょく《捗》」シンチョク
数奇		◎	スウキ	『数奇な運命』など	◎	
刹那		◎	セツナ	「セツ」慣用音に従ふ	◎	「《刹那》」セツナ
着服	「著服」チヤクフク（「着」は著の俗字）	◎	チャクフク	「フク」	◎	
稠密		◎	チュウミツ		◎	「ちゅうみつ《稠密》」チューミツ
伝播		◎	デンパ		◎	「伝ぱ《播》」デンパ
天稟		◎	テンピン	「ヒン」「ピン」	◎	「天ぴん《稟》」テンピン
憧憬		◎	ドオケエ		◎	「《憧憬》」ドーケイ
読会	ドククヮイ	◎	ドッカイ	「ド」濁音『読会省略』など	◎	「読会」ドッカイ

語句	『字源』の読み	↔	『常用漢語発音整理表』の読み	備考	↔	現代『アクセント辞典』の読み
人気		◎	ニンキ	「ニン」『人気がある』『土地の人気』など	◎	「人気」ニンキ
稗史小説	「稗史」ハイシ	◎	ハイシショオセツ		◎	「はい史《稗》」ハイシ
抜群		◎	バツグン	古くは「バックン」	◎	
訃音		◎	フイン	成語・成句として従来の読み方に従ふ	◎	
便宜		◎	ベンギ		◎	
発起		◎	ホッキ	「ホツ」呉音（これらの外は多く漢音「ハツ」に読む）	◎	「発起」ホッキ
発句		◎	ホック	「ホツ」呉音（これらの外は多く漢音「ハツ」に読む）	◎	「発句」ホック
発心		◎	ホッシン	「ホツ」呉音（これらの外は多く漢音「ハツ」に読む）	◎	「発心」ホッシン
発端		◎	ホッタン	「ホツ」呉音（これらの外は多く漢音「ハツ」に読む）	◎	「発端」ホッタン
由緒		◎	ユイショ	「ショ」	◎	
懶惰		◎	ランダ		◎	「らん惰《懶》」ランダ

ロ．『字源』で複数の読みがあり、『常用漢語』および現代では単独の読みになっているもの（AB／A／A）8項目

語句	『字源』の読み	↔	『常用漢語発音整理表』の読み	備考	↔	現代『アクセント辞典』の読み
言語道断	ゲンゴダウダン・ゴンゴダウダン	○	ゴンゴドオダン	「ゴン」成句成語として従来の読み方に従ふ	◎	
刺客	セキガク・シカク	○	シカク		◎	
笑殺	セウサツ・セウサイ	○	ショオサツ	「サツ」慣用音に従ふ（原義は「甚だ」）	◎	
神宮	シンキユウ・ジングウ	○	ジングウ	「ジ」濁音（国定教科書の振仮名に従ふ）	◎	

語句	『字源』の読み	↔	『常用漢語発音整理表』の読み	備考	↔	現代『アクセント辞典』の読み
相殺	サウサツ・サウサイ	◯	ソオサイ	「サイ」常用語中「サイ」と読むは上の二語のみとす	◎	
悩殺	ナウサツ・ナウサイ	◯	ノオサツ	「サツ」慣用音に従ふ（原義は「甚だ」）	◎	「悩殺」ノーサツ
忙殺	バウサツ・バウサイ	◯	ボオサツ	「サツ」慣用音に従ふ（原義は「甚だ」）	◎	
発作	ハツサ・ホツサ	◯	ホッサ	「ホツ」呉音（これらの外は多く漢音「ハツ」に読む）	◎	「発作」ホッサ

ハ．3冊とも同じ発音が掲載されているが現代では複数の読みが認められているもの
　　（A／A／AB）8項目

語句	『字源』の読み	↔	『常用漢語発音整理表』の読み	備考	↔	現代『アクセント辞典』の読み
越年		◎	エツネン	古くは「ヲツネン」	◯	エツネン、オツネン
議定官	「議定」ギテイ	◎	ギジョオカン	「ジョオ」賞勲局に照会済・行政裁判所に照会済	◯	「議定」ギジョー、「議定」ギテイ（それぞれ別項目）
水郷		◎	スイキョオ	「水郷めぐり」など	◯	スイキョー、（スイゴー）
同人	（同じ志の人）	◎	ドオジン	『同人雑誌』など	◯	ドージン、（ドーニン）
白衣の勇士	（語釈として「しろきころも、びゃくえ」あり）	◎	ハクイ		◯	ハクイ；ハクエ；ビャクイ；ビャクエ（すべて別項目）
白衣の天使	（語釈として「しろきころも、びゃくえ」あり）	◎	ハクイ		◯	ハクイ；ハクエ；ビャクイ；ビャクエ（すべて別項目）
分泌		◎	ブンピツ		◯	ブンピ、（ブンピツ）（注17）
末席		◎	マッセキ	「マツ」	◯	マッセキ、バッセキ（注18）

ニ.『字源』と現代では複数の読みがあるもの（AB／A／AB）4項目

語句	『字源』の読み	↔	『常用漢語発音整理表』の読み	備考	↔	現代『アクセント辞典』の読み
攪拌	カウハン・カクハン	○	カクハン	「カク」慣用音に従ふ	○	「《攪拌》」カクハン、コーハン（注19）
攪乱	カウラン・カクラン	○	カクラン	「カク」慣用音に従ふ	○	「かく乱《攪》」カクラン、コーラン（注19）
茶菓	サクワ・チヤクワ	○	チャカ		○	サカ；チャカ（それぞれ別項目）
茶話会	「茶話」サワ・チヤワ	○	チャワカイ		○	サワカイ、（チャワカイ）

ホ.『字源』のみ異なる読みのもの（A／B／B）26項目

語句	『字源』の読み	↔	『常用漢語発音整理表』の読み	備考	↔	現代『アクセント辞典』の読み
一言もない	「一言」イチゲン	×	イチゴン	「ゴン」成句成語として従来の読み方に従ふ	◎	「一言（〜もない）」イチゴン
一言半句	イチゲンハンク	×	イチゴンハンク	「ゴン」成句成語として従来の読み方に従ふ	◎	
蘊奥	ウンアウ（注20）		ウンノオ	成語として従来の読み方に従ふ	◎	「蘊奥」ウンノー
過言	クワゲン	×	カゴン	「ゴン」成句成語として従来の読み方に従ふ	◎	
忌諱	キキ	×	キイ	「イ」慣用音に従ふ	◎	「《忌諱》」キイ
三種の神器	「神器」シンキ	×	サンシュノジンギ	「ジ」濁音（国定教科書の振仮名に従ふ）	◎	
撒水車	サツスキ	×	サンスイ	「サン」慣用音に従ふ	◎	「散水車」サンスイシャ
撒布	サツプ	×	サンプ	「サン」慣用音に従ふ	◎	「散布」サンプ
指示	シシ	×	シジ	「ジ」濁音	◎	
情緒	ジヤウショ	×	ジョオチョ	「チョ」慣用音に従ふ	◎	

省略	セイリャク	×	ショオリャク	常用語中「帰省」「反省」「内省」「三省」「人事不省」及び「省察」の外は「ショオ」とす	◎	
神社	シンジャ	×	ジンジャ	「ジ」濁音（国定教科書の振仮名に従ふ）	◎	
神道	シンダウ	×	シントオ	「シ」清音『神道十三派』など	◎	
他言	タゲン	×	タゴン	「ゴン」成句成語として従来の読み方に従ふ	◎	
端緒	タンショ	×	タンチョ	「チョ」慣用音に従ふ	◎	
堪能	カンノウ	×	タンノオ	「…に堪能な人」など（日常語として）	◎	「たんのう《堪能》」
緒に就く	ショ	×	チョ	「チョ」慣用音に従ふ	◎	「緒」チョ
緒言	ショゲン	×	チョゲン	「チョ」慣用音に従ふ	◎	
緒論	ショロン	×	チョロン	「チョ」慣用音に従ふ	◎	
提示	テイシ	×	テエジ	「ジ」濁音	◎	
掉尾	テウビ	×	トオビ	「トオ」慣用音に従ふ	◎	「とう尾《掉》」トービ
独壇場	「独擅」ドクセン	×	ドクダンジョオ	「独壇場」より生じたる新しき語と認む	◎	「独壇場」ドクダンジョー
駁論	ハクロン	×	バクロン		◎	「ばく論《駁》」バクロン
末子	マツシ	×	バッシ	「バツ」	◎	
反駁	ハンパク	×	ハンバク		◎	「反ばく《駁》」ハンバク
白衣観音	「白衣」ハクイ（語釈として「しろきころも、びゃくえ」あり）	×	ビャクエカンノン	成語として従来の読み方に従ふ	◎	「白え観音」ビャクエカンノン
紊乱	ブンラン	×	ビンラン	「ビン」慣用音に従ふ	◎	「びん乱《紊》」ビンラン

ヘ.『アク辞』で『字源』と『常用漢語』の両方の読みを採用しているもの（A／B／AB）8項目

語句	『字源』の読み	↔	『常用漢語発音整理表』の読み	備考	↔	現代『アクセント辞典』の読み
安心立命	アンジンリツメイ	×	アンシンリツメエ	古くは「アンジンリュウメイ」	○	アンシンリツメイ、（アンジンリューメイ）
音信不通	「音信」オンシン	×	インシンフツウ	成語・成句として従来の読み方に従ふ	○	オンシンフツー、（インシンフツー）（注21）
奥義	アウギ	×	オクギ	古くは「オオギ」	○	オーギ、オクギ（注22）
早急	サウキフ	×	サッキュウ	「早急」「早速」の二語に限り「サツ」と読む	○	サッキュー、（ソーキュー）
重複	チョウフク	×	ジュウフク	「ジュウ」を第一音として、漢文風の成句の外は主として「ジュウ」を用ふることとす（「重宝な」は別の意味）	○	チョーフク、（ジューフク）
同人	ドウジン（同じ志の人）	×	ドオニン	「ニン」「同ジ人」の意味	○	ドージン、（ドーニン）
末孫	マツソン	×	バッソン	「バツ」	○	バッソン、マッソン
放縦	ハウショウ	×	ホオジュウ	「ジュウ」慣用音に従ふ	○	ホージュー、ホーショー

ト.『字源』と『常用漢語』は同じだが現代では違う読みになっているもの（A／A／B）2項目

語句	『字源』の読み	↔	『常用漢語発音整理表』の読み	備考	↔	現代『アクセント辞典』の読み
一物も得ず	（ひとつのもの。一事、又、一件の義）	◎	イチブツ		×	イチモツ
泌尿器科	「泌尿器」ヒツネウキ	◎	ヒツニョオキカ		×	「泌尿器」ヒニョーキ

チ.『常用漢語』のみ異なる読みのもの（A／B／A）8項目

語句	『字源』の読み	↔	『常用漢語発音整理表』の読み	備考	↔	現代『アクセント辞典』の読み
喫茶	キツサ	×	キッチャ		×	キッサ
軽重	ケイチョウ	×	ケエジュウ	「ジュウ」を第一音	×	ケイチョー

語句	『字源』の読み	↔	『常用漢語発音整理表』の読み	備考	↔	現代『アクセント辞典』の読み
				として、漢文風の成句の外は主として「ジュウ」を用ふることとす（「重宝な」は別の意味）		
杜撰	ヅサン	×	ズザン		×	「《杜撰》」ズサン
絶叫	ゼツケウ	×	ゼッキュウ	「キュウ」慣用音に従ふ	×	ゼッキョー
読書会	「読書」ドクショ	×	トクショカイ	「トク」清音	×	「読書会」ドクショカイ
人面獣心	ジンメンジウシン	×	ニンメンジュウシン	「ニン」成句として従来の読み方に従ふ	×	ジンメンジューシン
評定官	「評定」ヒヤウテイ	×	ヒョオジョオカン	「ジョオ」賞勲局に照会済・行政裁判所に照会済	×	「評定」ヒョーテイ
満腔	「満腔子是惻隠之心」「満腔子都是春意」マンカウ	×	マンクウ	「クウ」慣用音に従ふ	×	「満こう《腔》」マンコー

リ．『字源』あるいは現代『アクセント辞典』に語形掲載のないもの・その他　41項目

語句	『字源』の読み	↔	『常用漢語発音整理表』の読み	備考	↔	現代『アクセント辞典』の読み
截断機	「截断」セツダン	×	サイダンキ	「サイ」慣用語に従ふ		φ
綴字法	「綴字」テイジ	×	セツジホオ	「セツ」慣用音に従ふ		φ
洗滌	センデキ	×	センジョオ	「ジョオ」慣用音に従ふ（法律用語の「滌除」は「テキジョ」）		φ（「洗浄」センジョー）
参差			シンシ		◎	φ
品隲			ヒンシツ		◎	φ
蠕動			ゼンドオ		◎	φ
使嗾			シソオ		◎	φ
戒飭			カイチョク		◎	φ
席末			セキマツ	「マツ」	◎	φ
賁臨			ヒリン		◎	φ
謬見			ビウケン		◎	φ
忌服			キブク	「ブク」	◎	φ
未亡人			ミボオジン		◎	φ

稟性		◎	ヒンセエ	「ヒン」「ピン」		φ
椽大	「椽大之筆」テンダイノフデ	◎	テンダイ	「椽大の筆を揮ふ」など		φ
慰籍	「慰藉」キシヤ	◎	イシヤ			φ（「慰謝」イシャ）
練達堪能	φ		レンタツカンノオ	「練達堪能の士」など		φ
稟申	φ		リンシン	「リン」慣用に従ふ		φ
装幀	φ		ソオテエ	「テエ」慣用音に従ふ		φ（「装丁」ソーテイ）
截然	φ		サイゼン	「サイ」慣用語に従ふ	×	「せつ然《截》」セツゼン
貼付	φ		チョオフ		×	「てん付《附》」テンプ（注23）
読者	φ		トクシャ	「トク」清音	×	「読者」ドクシャ
核心	φ		カクシン		◎	
黙殺	φ		モクサツ	「サツ」慣用音に従ふ（原義は「甚だ」）	◎	
公示	φ		コオジ	「ジ」濁音	◎	
遂行	φ		スイコオ		◎	
読本	φ		トクホン	「トク」清音	◎	
服喪	φ		フクモ	「フク」	◎	
古刹	φ		コサツ	「サツ」	◎	「《古刹》」コサツ
弛緩	φ		シカン		◎	「弛緩」
名刹	φ		メエサツ	「サツ」	◎	「《名刹》」メイサツ
簡明直截	φ		カンメイチョクサイ	「サイ」慣用語に従ふ	◎	「簡明直せつ《截》」カンメイチョクセツ、（〜チョクサイ）
口腔	φ		コオクウ	「クウ」慣用音に従ふ	○	「口くう《腔》[医]」コークー；「口こう《腔》」コーコー
残滓	φ		ザンシ		◎	「残し《滓》」
定例閣議	φ		テエレエカクギ	「テエ」内閣に照会済・外務省に照会済	◎	「定例」テイレイ
獰猛	φ		ドオモオ		◎	「どう猛《獰》」ドーモー
発頭人	φ		ホットオニン	「ホツ」呉音（これらの外は多く漢音「ハツ」に読む）	◎	「発頭人」ホットーニン

豊饒	φ		ホオジョオ		◎	「豊じょう《饒》」ホージョー
稟議	φ		リンギ	「リン」慣用音に従ふ	◎	「りん議《稟》」リンギ
元服	(プかブか判読不能)		ゲンブク	「ブク」	○	ゲンブク、(ゲンブク)

　ここで取り上げられているのは145語で、計量的な分析にたえうるほどの数ではない。そのことを承知した上で表を見てみると、類型としてもっとも多いものは、『字源』『常用漢語』『アク辞』の3冊で語形が共通している（A／A／A）類の［イ．］で、次に『常用漢語』と『アク辞』とが共通している（A／B／B）類の［ホ．］であるように考えられる。つまり、『常用漢語』と『アク辞』とは読みが共通しているものが多く、1935（昭和10）年当時の決定が現在にまで相当引き継がれていることが予想される。

　それぞれの類型について見てみよう。まず［イ．］は、大正末から現代にかけて比較的安定した読みを保っている語群であると言える。ただし、これらが当時懸案事項として取り上げられたのは、多かれ少なかれ「読みのゆれ」が存在したからなのであろう。この［イ．］のうち、「刹那」については、1938（昭和13）年4月28日の用語委員会において、「再検の結果現行通り慣用に依る」ということであらためて［セツナ］のみを認めることが確認されている。

　［ロ．］［ハ．］［ニ．］は、［イ．］の亜種とも位置づけることができる。『字源』および『アク辞』に『常用漢語』と同じ読みが載せられているが、それ以外の読みも載せられているものである。その「それ以外の読み」が、［ロ．］は『字源』に、［ハ．］は『アク辞』に、［ニ．］は両方に認められる。

　［ロ．］は、大正期ごろには「ゆれ」ていた（と思われる）読みに対して『常用漢語』において統一的な決定を下し、それが現代まで有効であると考えられるものである。この場合、用語委員会の決定（ひいては全国向けラジオ放送）によって「読みのゆれ」が収束したと考えるのか、あるいは単に「実際の口語では当時収束しつつあった優勢な読み」に追随して用語委員会決定を下し、その収束の動きが現代にまで引き継がれていると考えるのかはなかな

か判断がつかないが、今後の課題としたい。

　［ハ.］はこれとは反対に、「読みのゆれ」が拡大しているともとらえられるものである。あるいは、現代『アク辞』編纂までの期間に、より伝統的な読みもあわせて採用したという項目もあるかもしれない。

　［ニ.］は、大正期ごろに「読みのゆれ」があり、それを用語委員会決定として統一をしようとしたものの、現実にはその「ゆれ」が存続し続けたものとして位置づけられるだろう。この［ニ.］のうち、「攪乱」については、1938（昭和13）年4月28日の用語委員会において、「再検の結果現行通り慣用に依る」ということであらためて［カクラン］のみを認めることが確認されている。また「茶話（会）」の［サワ］～［チャワ］については、同じく4月28日の時点で「宿題」として再検討の対象になっている。

　［ホ.］は、それまでの伝統的な「読み」から脱して用語委員会として新しい「読み」を採用したものと考えられる。そして、その決定の効力が現代にまで続いているととらえられる。この［ホ.］のうち、「忌諱」「撒布」「情緒」「端緒」「緒」「緒言」「緒論」「掉尾」「紊乱」については、1938（昭和13）年4月28日の用語委員会において、「再検の結果現行通り慣用に依る」ということであらためて［キイ］［サンプ］［ジョーチョ］［タンチョ］［チョ］［チョゲン］［チョロン］［トービ］［ビンラン］のままとすることが確認されている。

　［ヘ.］は、『字源』と『常用漢語』とで異なる読みが掲載されているが、現代『アク辞』ではそれら両方の読みが採用されているものである。

　［ト.］は、『字源』の読みが『常用漢語』に引き継がれているとも考えられるもので、それが現代には継承されていないものである。数はきわめて少ない。

　［チ.］は、用語委員会決定として伝統的ではない読みの採用を試みたが、現代には引き継がれなかったものとしてとらえられる。この［チ.］のうち、「杜撰」「絶叫」「満腔」については、1938（昭和13）年4月28日の用語委員会において、それぞれ［ズサン（現行はズザン）］［ゼッキョー（現行はゼッキュー）］［マンコー（現行はマンクウ）］という改定案が提出され、可決されている。また「喫茶（店）」の［キッサ］～［キッチャ］については、同じく4月28日の時点で「宿題」として再検討の対象になっている。

7章　漢語の読み方はどのように決められてきたか　　199

また次の［リ.］のうち「綴字法」については、同じく1938年4月28日の用語委員会において［テツジホー（現行はセツジホー）］というように改定されている。それに対して「簡明直截」「截然」「洗滌」「装幀」「稟議」「稟申」は、「再検の結果現行通り慣用に依る」ということでその時点では［カンメイチョクサイ］［サイゼン］［センジョー］［ソーテイ］［リンギ］［リンシン］のままとなっている。

　表7-8は、これまで述べてきたものを集計して図にしたものである。一見してわかるとおり、「同形」は、図中上段の「『字源』と『常用漢語』」よりも、下段の「『常用漢語』と現代『アク辞』」のほうが多い。『字源』は1923（大正12）年刊行、『常用漢語』は1935（昭和10）年の発行で、12年の間隔がある。いっぽう現代『アク辞』は、『常用漢語』から63年たったあとの1998（平成10）年刊行である。つまり、間隔としては「『字源』と『常用漢語』」のほうが短い（12年間：63年間）のに、共通する語形は「『常用漢語』と現代『アク辞』」のほうが多い（75語形：113語形）のである（表7-9）。

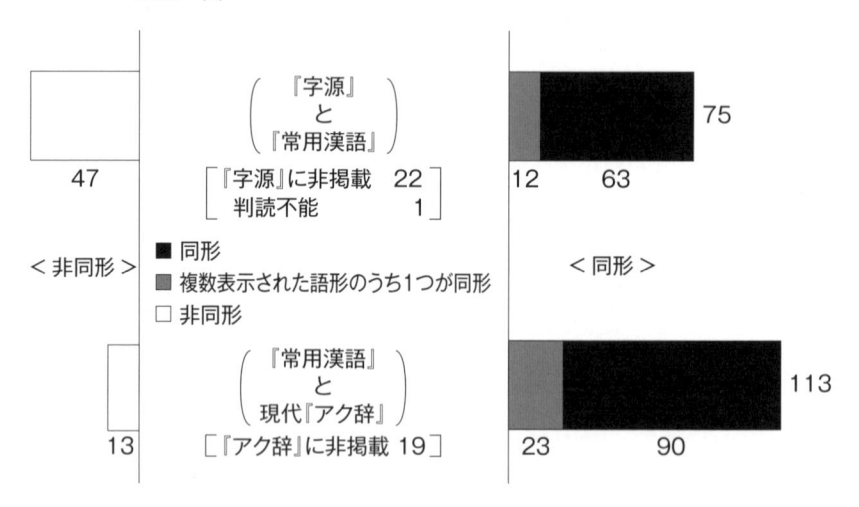

表7-8　『字源』（1923）『常用漢語』（1935）『アク辞』（1998）の漢語共通語形（1）

	非同形		同形	
『字源』と『常用漢語』	47	『字源』に非掲載 22　判読不能 1	12　63	75
『常用漢語』と現代『アク辞』	13	［『アク辞』に非掲載 19］	23　90	113

■ 同形
▨ 複数表示された語形のうち1つが同形
□ 非同形

表7-9 『字源』(1923)『常用漢語』(1935)『アク辞』(1998)の漢語共通語形 (2)

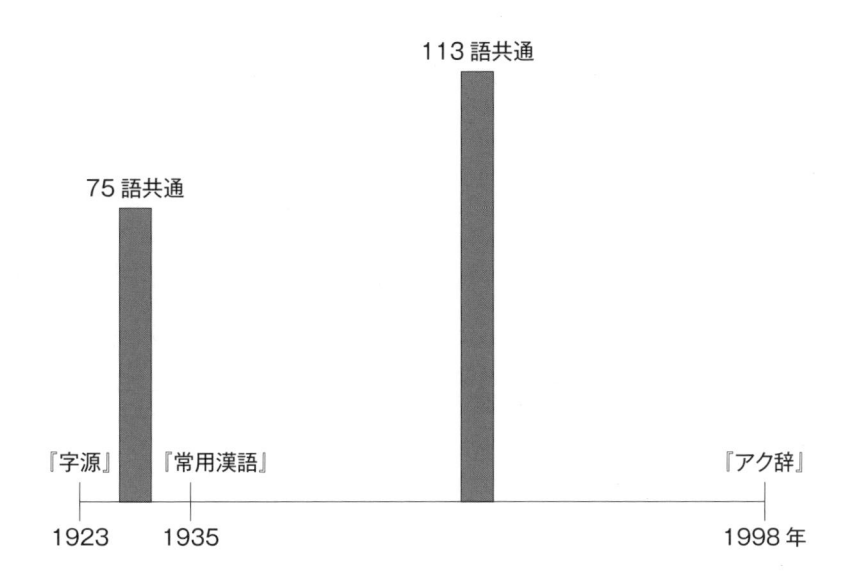

```
                    113 語共通
                      ┃
                      ┃
                      ┃
   75 語共通            ┃
     ┃               ┃
     ┃               ┃
     ┃               ┃
     ┃               ┃
   『字源』 『常用漢語』              『アク辞』
   ├────┼──────────────┤
   1923  1935              1998 年
```

　『字源』は漢和辞書であり、いっぽう『常用漢語』と現代『アク辞』は「発音用の資料」であるという違いがあり、比較にあたっては慎重を期す必要がある（注24）。その点を勘案しても、この結果から、『常用漢語発音整理表』の編集方針が、必ずしも伝統的な語形のみにこだわらない、当時としては画期的な内容であったことが推測される。

7.4 本章のまとめ

　本章において、1935（昭和10）年の『常用漢語発音整理表』編纂までの流れを、きわめて断片的にではあるが概観してみた。
　この資料に関する当時の評価として、以下のようなものがある。

　「実に教育勅語を正しく読むことの出来ない校長さへあつたのです。正しい読み方の「ふりがな」を必要とするといふ事実は、笑へない現実で

す。大体、漢字の場合には、難訓だけでも各方面に数多くある上に、「読みくせ」が必ずしも同一でないやうな例もあり、字音にしても反切によつて示される字典の上のものと、現代の慣用のものとが、しば〲くひ違つてゐるといふ次第で、日本放送協会が放送用語調査委員会を設けて一般に用語の調査と整理とを企て、特にこの点については「常用漢語発音整理表」といふパンフレットをこしらへてアナウンサーの参考に供してゐるといふことですが、この現状に処する対策としては、さしあたりさうするより外ないでせう。

　つまり、こゝに国語問題が、伝統的な、紊乱だか紊乱だかしてゐる文字使用法による難局に直面してどんなに当惑してゐるかを、放送の仕事がテキメンに示してくれるのです。」

（佐久間鼎（1936））

　上記の記述から、すべてのことばを音声化しなければならないという「放送」の開始によって漢語の読み方をめぐる問題点が浮き彫りになり、それに対するほぼ唯一の解決法として『常用漢語発音整理表』のような資料がまとめられたという当時の評価がうかがわれる。

　本章における『常用漢語発音整理表』の分析からは、

漢語一語一語の「読み」の決定に関して、
○相当広範かつ詳細な資料を準備し、慎重に審議していたこと
○どちらかというと伝統的な「読み」よりも、全体としての規則性（記憶上の負担の軽減）を視野に大きく入れた新しい「読み」を採用しようとしていたこと
○その決定は、当時の規範的な漢和辞典の記述とは異なるものも少なからずあり、現在にまで同様に継承されているものが多い

などといったことが指摘できる。これは、書きことばの伝統にこだわらず、新しく「耳のコトバ」を創成しようという放送用語委員会の態度の表れであ

ると考えることはできるであろう。

注
1 本書では、漢字表記・音読みのものを「漢語」、漢語を含めた漢字表記語彙全般（ただし送りがなのあるものは除く）を「漢字語」と呼ぶことにする。
2 社団法人日本放送協会（1935）『常用漢語発音整理表　[附録] 漢字慣用音一覧』（謄写版）。筆者はＮＨＫ放送文化研究所放送用語班所蔵のものを用いた。このほかに国立国会図書館にも所蔵があり、デジタルコレクションでの公開もされている。
3 ここでの引用にあたっては、原則として、かなづかいに関しては原表記のままとし、漢字の字体に関しては論述内容に支障のない場合には現代の字体に直した。これ以降も同様である。
4 詳細は未詳だが、以下の記述からおそらくカナモジカイ関連の雑誌であろうと推定される。
　「余は過去2ケ年に亙り、アナウンサーの誤読を忠実にノートに書きとめ之を二回ある雑誌上を借りて発表した。その内容については既に米良氏によって本誌（八月一日号）に紹介せられたからゝに重複を避ける。然し前の発表は専らカナモジカイの主義主張に関聯する問題にのみ引きつけなされたので、考察が尚充分でなかつた節がある。」
　　　　　（増田幸一（1932.9）「国語とラヂオ放送（二）」『調査時報』第 2 巻第 18 号）
5 表の中で、「統治」の読みに関しては備考欄にあるとおり用語委員会事務局としてトーチを採っている。それにもかかわらず、投稿者のトーチが正という指摘に対して「○（同感・肯定）」という記述がなされているのは、おそらく誤りであろう。
6 このほかに「代表音を決定するための審議資料」というものが添付されており、「行・京・省」を含む漢語が読みによって分類されて提示されているが、今回は引用を省略する。
7 この「補遺」については、審議資料として会議実施前に作成されたものなのか、あるいは審議後に作成されたものなのか、不明である。草案における「代表音」という術語と、審議において言いかえとして提示された「第一音」という術語とが共存しているからである。なお、この「補遺」において振られている数字は「六.」であるが、これは「八.」の誤りであろうか。
8 俳人・寒川鼠骨の投書、『国語文化講座月報 2』昭和十六年八月号（『国語文化講座』第四巻附録）に掲載。
　なお、1963（昭和 38）年 1 月 22 日の放送用語小委員会議題には、「[コアメ][コサメ]の両用があるので、どちらかに統一したい」とした上で、「「小雨」と表記し[コサメ]と読む」という「案」が提示されている（これがこの後どのように正式決定されたのかは未詳）。
9 増田幸一（1932.9）「国語とラヂオ放送（二）」『調査時報』第 2 巻第 18 号

10　増田幸一（1932.4）「方言意識に関する一研究」『心理学研究』第7巻第2輯
11　なお、放送の聴取者から当時寄せられた投書にも、「工作—工作　統一希望。」（「放送の言葉に関する事項投書調査（昭和九年投書内容調査第一次報告）」1935.5、前掲**表7-2**）、「「工作」を「コーサ」といふが「コーサク」の方がよい」（「「放送の言葉」に関する事項（投書内容調査（第一次報告））」1936.11、前掲**表7-3**）というものが寄せられているが、これらの投書が雑誌に載せられたときにはすでにコーサクという統一決定が成されていた。
12　同様の傾向は佐山佳予子（1986）でも示されている。これは「大〜」という形の漢語に関して『ＮＨＫ日本語発音アクセント辞典』に掲載された例を分析したものであるが、三字漢語において「大審院」だけが例外的にタイシンインとなっていることを記している。これがなぜ例外的なのかは、本章でおこなったように歴史的な背景を考える必要があると言えるだろう。

　　なお、明治時代における「大審院」の読みについては、筆者が確認できた範囲内では、読売新聞（1890（明治23）年2月7日2面）に「大審院」という表記が見られた。
13　審議資料として残されている記録（**表7-6**）には、「昭和九年四月廿五日」というスタンプが押されている。この資料は、タイシンインと読むことにするという「決定」を補強するために事後に作られたものなのであろうか。

　　この「大審院」の読みについては、ここで紹介した決定以降、同年6月25日、続いて1938（昭和13）年3月24日にも取り上げられたという記録が残っているが、いずれも議題が散逸している。1938年11月11日の「放送用語備要（一）」という資料に、「大審院　タイシンイン　大審院に就き調査の結果に依る」という記述があり、結果的にはタイシンインとして明示されている。

　　なお、1962（昭和37）年4月17日の放送用語小委員会議題において、「大審院」の読みを［ダイシンイン］とする「案」が提出されている。理由として挙げられているのは、辞典類の調査結果、一般の慣用、最高裁判所広報室の回答である。ところが、『ＮＨＫ文研月報』1962.6の記述によると、同年4月26日の放送用語委員会では、これをくつがえして［タイシンイン］として決定されている。理由として、歴史的な名称であり設置当時の読み方を尊重すべきである（最高裁判所広報室の回答は正式な取り決めではない）、ということが記されている。
14　語釈中の「大審院」は清音であるように見えるが、印刷不鮮明である。いっぽう見出しの「ダイシンイン」は明瞭である。
15　1935（昭和10）年の漢語・漢字語の読みに関する放送用語委員会議案としては、ＮＨＫ放送文化研究所放送用語班所蔵の資料によると、「漢語発音整理案」というものが、(1)および(2)として1月26日審議・決定、同様に(3)［3月11日］、(4)［3月26日］、(5)［4月26日］、(6)［5月11日］、(7)［5月28日］と継続的に取り上げられたという記録が残っている。しかし議案そのものはすべて散逸しており、詳細な検討ができないことがたいへん悔やまれる。この複数回の議論を経て、『常用漢語発音整理表』が1935（昭和10）年に発刊されたのである。

ただし、議案そのものは残っていないものの、以下のような「再録」が部分的に残っている。貴重な記述なので、ここにそのまま引用する。
(以下　1938（昭和13）年4月28日　放送用語並発音改善調査委員会議案から)
「常用漢語発音整理表」中、告知課提出の改定案十項につき、現行案決定当時の委員会の意見を左に摘録して、審議上の参考資料とす。
一．「読者」の「トクシャ」「ドクシャ」いづれにても可。
　　若い人達にはむしろ「トクシャ」の方が多いであらうといふ風に考へて「トクシャ」にしたもの。
二．「一言を呈する」「一言します」等の「一言」
　　「言」はなるべく漢音「ゲン」に統一したいが「言語道断」「過言であらう」「一言半句」「一言もない」「他言を憚る」等は「ゴン」の伝承に従ふのが現代では穏当であらう。その外は同じ「一言」でも「一言を呈する」「一言御挨拶申上げる」「一言しますが」「一言居士」等は「ゲン」であらうといふ意味で表の如くしたわけである。
三．練達堪能の士
　　口語としては「タンノーな」を認めるが、「練達堪能の士」といつたやうな漢文口調のときには、やはり字典音の通りに読むのが穏当であらう。現に大隈内閣当時に使はれたときも「レンタツカンノー」といつた。今でも何か政治上で使ふやうなことが起つたら如何であらうかと考へて見る必要がある。
四．人面獣心
　　漢文の中では「ジンメン」と読んでも、日本文学の中では「ニンメンジューシン」が普通である。このことを若い人達に伝へておく方が深切であらうといふので、特に「ニンメンジューシン」の例を掲げたのである。
五．元服
　　「元服」といふことは現代にない風俗であるから、これを現代の発音感覚だけに任せておけば「ゲンプク」と発音するのが当然である。けれども「元服」は歴史上文学上に多く出て来るから、豫め伝承の発音を伝へておく方がよいであらうといふことで特に掲げた。
六．杜撰
　　伝承の発言は「ズザン」であるが、近来の新聞ルビは「ずさん」であり、若い人達も多く「ずさん」である。然し、以前委員会の席上で賛否をとつたときには次の如くであつた。
　　　ズザン　（新村　岡倉　葭村）
　　　ズサン　（長谷川　神保　宝田）
　　又、辞書では大言海、大日本国語、言泉、広辞林、辞苑、大字典、小柳漢和、詳解漢和、武信和英「ずざん」、字源のみ「ずさん」。
七．貼付
　　「占」を諧聲記号とせる漢字の例
　　　「音　セン　占苫

```
        ┌ 音 テン    点 店 點 霑
        │ 音 デン    鮎
   占 ─┤ 音 タン    站
        │ 音 チン    砧
        └ 音 チョー  帖 貼
```

「貼付」の「テンプ」と読まれること相当に広いやうであるが、上記の如く「占」を音符とせるものに他にも「帖」があるから、これ一つを俗読みにする必要はあるまいといふので「チョーフ」となつた。

八．贖罪

```
   ┌ 漢音 ショク
   │            續 贖
   │ 呉音 ゾク
   │
   │ 漢音 トク
   │            讀 瀆 (尺) 牘 犢 (鼻禅)
   └ 呉音 ドク
```

大言海、大日本国語辞典等には「しょくざい」「ぞくざい」を双挙す。而して「とくざい」は誤りとす。漢和辞典では凡て「ショクザイ」とす。東京基督教青年会其他に問合せ回答、今日一般に「ショクザイ」といふ由。

九．「分泌」「泌尿」は医家の方で決定せず、「ブンビ」と「ヒニョーカ」、「ブンピツ」と「ヒツニョーカ」、「ブンピツ」と「ヒニョーカ」等区々なりしため、仮に「ブンピツ」「ヒツニョーカ」とせしもの。

十．数奇

これを「サクキ」と読むべしといふこと、素読に教はり来れること久し。これには何か故あるらしく、或は「数奇」の「数」を「屢々」の義にとりて、運命の屢々奇なること丶解したるに基づくものにあらずやとも一考せらる。蓋し「屢々」の義ならば音「サク」なり。

　　　例「数々（サク〜）見擯出」

然るに「数奇」の数は運命の義なれば、これを「スウキ」と読む方が却つて正しきなり。即ち数奇「命運不佳」なり。故に現行の字典・辞典すべて「すうき」と読む。「さくき」と読むもの一もあらず。明治初年に至るまでの漢文素読に「サクキ」とせること、その源流がどの辺まで溯るか未詳。

16　『字源』北辰館、1923（大正12）年発行。今回の調査にあたっては、縮刷版（1925（大正14）年）を用いた。

17　調査後、2014年4月にＮＨＫでの運用規定が「ブンピツを第一推奨語形とし、ブンピも可」というように変更になった（山下洋子（2014））。

18　調査後、2011年7月にＮＨＫでの運用規定が「マッセキのみを認める」というように変更になった（塩田雄大（2011.10）（2011.11））。

19　調査後、2011年7月にＮＨＫでの運用規定が「カクハン・カクランのみを認める」

というように変更になった（塩田雄大（2011.10）（2011.11））。
20　この漢和辞書（『字源』）において、連声の表記をどのように取り扱っているのかは明示されておらず、「ウンアウ」という表記が［ウンオー］という音を示したものなのか、あるいは［ウンノー］という連声化した音を示したものなのかは、検討の余地がある。しかし、「因縁」の項には「インエン」と「インネン」の両方が載せられていることから、連声化した場合にはナ行のカナを用いて表記したものであろうと推定し、ここでは［ウンオー］という音を示したものと判定した。
21　調査後、2011年7月にＮＨＫでの運用規定が「オンシンフツーのみを認める」というように変更になった（塩田雄大（2011.10）（2011.11））。
22　調査後、2014年4月にＮＨＫでの運用規定が「オーギを第一推奨語形とし、オクギも可」というように変更になった（山下洋子（2014））。
23　調査後、2010年9月にＮＨＫでの運用規定が「テンプに加えてチョーフも認める」というように変更になった（山下洋子（2010））。
24　また、そもそも比較の対象として『字源』は適切な資料なのか、といったことも考えてゆかなければならない。放送用語の策定にあたって用いられた辞典類は多岐にわたっているが、今回は『常用漢語』の付記に記されていた『字源』を試みに用いたのである。今後は、他の辞典類との関連も広く探ってゆきたい。

引用文献

（辞書類および記述内容の採集対象として用いた資料はおもに本文中に示し、ここには研究的文献のみを掲げた）

浅井真慧（1990）「放送用語委員会審議の変遷（3）　耳のコトバの建設を導いた人びと＜エピソード編＞」『放送研究と調査』40-5
佐山佳予子（1986）「おお－　だい－　たい－　（大）」『日本語学』5-3（1986年3月号）
佐久間鼎（1936）「ラジオと国語問題」『教育』4-12（佐久間鼎（1942）『日本語のために』（厚生閣）に再録）
塩田雄大（1999）「東京発のテレビ番組の中の方言」『日本語学』18-13（1999年11月臨時増刊号）
塩田雄大（2011.10）「用語の決定〜「愛着」「願望」「惨敗」「助言」「みぞおち」「豚肉」ほか（前編）〜」『放送研究と調査』61-10
塩田雄大（2011.11）「用語の決定〜「愛着」「願望」「惨敗」「助言」「みぞおち」「豚肉」ほか（後編）〜」『放送研究と調査』61-11
平岡伴一（1935.2）「"工作"といふ流行語」『外来語研究』3-1
平岡伴一（1935.10）「"工作"に関する追つて書き」『外来語研究』3-2
山下洋子（2010）「用語の決定」『放送研究と調査』60-12
山下洋子（2014）「用語の決定」『放送研究と調査』64-5

8章　「漢語の読みのゆれ」と『放送用語調査委員会決定語彙記録（一）』

この章では、当時の「漢語の読みのゆれ」にはどのようなものがあったのかを概観する。

8.1　『語彙記録1』の漢語における「読みのゆれ」の概観

調査の対象としたのは、本書の4章でも取り上げた『放送用語調査委員会決定語彙記録（一）』（以降『語彙記録1』とする）に掲載された項目のうち、筆者（塩田）が「漢語」と認定した全項目（計1062項目）である。

なお、この項目数は4章の「B3　漢語の字音に関する決定」の数値（筆者の推計で504項目）よりも多くなっている。その理由は、たとえば「字音の読み方はゆれていないけれども、アクセントがゆれている漢語」については、4章では「B3　漢語の字音に関する決定」には含めていないからである。このほかに、「字音の読み方はゆれていないけれども、無声化するかどうかがゆれている漢語」「字音の読み方はゆれていないけれども、連濁するかどうかがゆれている漢語」などのパターンがあるが、本章ではこうしたものも一律に「漢語」として数えた。また、複数の語形が掲げられていて片方が漢語字音読み・もう片方が和語読みというもの〔＝4章での「B5　異語種間の決定」の一部〕も便宜上ここに含めたことも、4章の数値とは異なることの理由の一つになっている。

まず、以下の3種の辞典類を対象にして、全1062項目の読みがどのように掲載されているかを見てみた。

金澤庄三郎編『広辞林』
　　　　（1925（大正14）年初版、1932（昭和7）年87版を利用）

武信由太郎主幹『研究社和英大辞典』
　　　　　　　　（1931（昭和6）年初版、1941（昭和16）年98版を利用）
　　　神保格・常深千里『国語発音アクセント辞典』
　　　　　　　　（1932（昭和7）年初版、1935（昭和10）年7版を利用）

　この3種の辞典を選んだのは、当時一般的に広く使われていたということだけでなく、放送用語委員会の審議過程においてたびたび参考にされていたことが、当時の審議記録からうかがわれるからである。
　また辞典類以外に、当時の書籍・論文や投書などで「読みのゆれ」が指摘されているものも、記録の対象とした。
　こうした諸記録の記述を基礎材料として、以下のような条件に一つでも当てはまるものを、「その当時『読みのゆれ』があったことが確実な漢語」として取り扱った。

　　①『語彙記録1』に複数の語形（A、B）が認定されているもの
　　②『語彙記録1』に「この語形（B）は採用しない（Aの語形を採用する）」という旨の注記があるもの
　　③『語彙記録1』には1つの語形しか認定されていないが、上記の辞典類や当時の書籍・論文・投書などで、他の語形があることが示されているもの

　これらを精査した結果、『語彙記録1』に掲載された漢語1062項目のうち、当時「読みのゆれ」があったことが諸記録から明らかであるのは、次のような366項目であることがわかった（表8-1）。これ以外の696項目の漢語には、おもにその語のアクセントを確定させるなどの意図のもとに『語彙記録1』に掲載されたものと、おそらく「ゆれ」があったのだがその客観的証拠を筆者がまだつかめていないものとが混在しているものと思われる。
　ただし、この「その当時『読みのゆれ』があったことが確実な漢語」366項目というのは、今回用いた基準による結果にすぎない。扱う資料の数・範囲を増やせば、当時読みのゆれがあったと判明する漢語の実数はもっと多く

なるだろう。

表8-1 『語彙記録1』の漢語（1062項目）のうち、その当時「読みのゆれ」
があったことが確実な漢語（366項目）

□＝『語彙記録1』で放送で用いる形として採用・決定されているもの
■＝『語彙記録1』で「×」と明記されているもの
＊＝『語彙記録1』で意味・用法による語形の使い分けが示されているもの

【ア行】

悪名（アクミョー～アクメイ）　阿闍梨（アジャリ～アザリ）　安心立命（アンシン・リツメイ～アンジン・リューメイ）

暗中模索（アンチューモサク～アンチューボサク～アンチューバクサク）　按排（アンバイ～アンパイ）

帷幄（アク～チョーアク）　意気地（イク～イキ）　慰藉（イシャ～イセキ）　依存（イソン～イゾン）

一言（イチゲン～イチゴン）　一言を呈する（イチゲンオ・テイスル～イチゴンオ・テイスル）

一言もない（イチゲンモ・ナイ～イチゴンモ・ナイ）　一日（イチジツ～イチニチ～ツイタチ）　一物（イチブツ～イチモツ）

一物も得ず（イチブツモ・エズ～イチモツモ・エズ）　隠元（インゲン～インギン）　音信（インシン～オンシン）

音信不通（インシン・フツー～オンシン・フツー）　酒滅（インメツ～エンメツ）

有無（ウム～ユーム）　裏日本（ウラニッポン～ウラニホン）　蘊奥（ウンノー～ウンオー）　雲母（ウンモ～ウンボ）

運輸（ウンユ～ウンシュ）

易簀（エキサク～エキセキ）　越権（エッケン～オッケン）　越年（エツネン～オツネン）　圓滑（エンカツ～エンコツ）

奥義（オーギ～オクギ）　黄玉（オーギョク～コーギョク）　黄血塩（オークエン～コークエン）　皇子（オージ～コージ）＊

王者（オージャ～オーシャ）　黄鉄鉱（オーテッコー～コーテッコー～テッコー）　黄土（オード～コード）

黄銅（オードー～コードー）　黄銅鉱（オードーコー～コードーコー）　黄梅（オーバイ～コーバイ）＊

黄檗宗（オーバクシュー～コーバクシュー）　黄燐（オーリン～コーリン）　黄蓮（オーレン～コーレン）

音信［電報の数を数える助数詞として］（オンシン～インシン）

【カ行】

開眼（カイゲン～カイガン）　海神（カイジン～カイシン）　戒飭（カイチョク～カイショク）

和諧［軍人勅諭］（カイカイ～カワイ）　核心（カクシン～ガイシン）　攪拌（カクハン～コーハン）

攪拌機（カクハンキ～コーハンキ）　攪乱（カクラン～コーラン）　過言（カゴン～カゲン）　甲子（カッシ～コーシ）

楽府（ガフ～ガクフ）　甘蔗（カンショ～カンシャ）　簡明直截（カンメイ・チョクサイ～カンメイ・チョクセツ）

願望（ガンモー～ガンボー）

忌諱 (キイ〜キ)　義捐金 (ギエン〜ギケン〜ギソン　キン　キン　キン)　鬼子母神 (キシモ〜キシボ　ジン　ジン)

議定官 (ギジョー〜ギテイ　カン　カン)　啞然 (キ〜イ　ゼン　ゼン)　寄贈 (キ〜キ　ソー　ゾー)　稀代 (キ〜キ　タイ　ダイ)

喫茶 (キッ〜キッ　サ　チャ)　喫茶店 (キッサ〜キッチャ　テン　テン)　議定書 (ギテイ〜ギジョー　ショ　ショ)

奇特 (キ〜キ　トク　ドク)　気配 [経済市況用語] (キ〜ケ　ハイ　ハイ)　客車 (キャク〜カク　シャ　シャ)

嗅覚 (キュー〜シュー　カク　カク)　救済 (キュー〜キュー　サイ　サイ)　形相 (ギョー〜ケイ　ソー　ソー)　享保 (キョー〜キョー　ホ　ホー)

協力 (キョー〜コー　リョク　リョク)　御物 (ギョ〜ギョ〜ゴ　ブツ　モツ　モツ)　矜持 (キン〜キョー　ジ　ジ)

禁治産 (キンチ〜キンジ　サン　サン)　勤王 (キン〜キン　ノー　オー)

公卿 (クゲ〜ク　ギョー)　公事 (ク〜コー　ジ　ジ)　九品 (ク〜ク　ホン　ボン)　軍神 (グン〜グン　ジン　ジン)

軽重 (ケイ〜ケイ　チョー　ジュー)　外宮 (ク〜ゲ　ー　ー)　下克上 (ゲコク〜カコク　ジョー　ジョー)

建国祭 (ケンコ〜ケンゴ　クサイ　クサイ)　減殺 (ゲン〜ゲン　サイ　サツ)　見参 (ゲン〜ケン　ザン　ザン)　剣璽 (ケン〜ケン　ジ　ジ)

現存 (ゲン〜ゲン　ソン　ゾン)　言質 (ゲン〜ゲン　チ　シツ)　元服 (ゲン〜ゲン　ブク　ブク)　絢爛 (ケン〜ジュン　ラン　ラン)

口腔 (コー〜コー　コー　クー)　工作 (コー〜コー　サク　サ)　公示 (コー〜コー　ジ　シ)　皇女 (コー〜オー〜オー　ジョ　ジョ　ニョ)

黄鐘 (コー〜オー〜オー　ショー　シキ　ショー)*　好事 (コー〜コー　ズ　ジ)　皇祖 (コー〜オー　ソ　ソ)

皇祖皇宗 (コーソ・〜オーソ・　コーソー　オーソー)　皇族 (コー〜コー　ゾク　ゾク)　皇太后宮 (コータイ〜コータイ　ゴーグー　コーグー)

皇太后陛下 (コータイゴー〜コータイコー　ヘイカ　ヘイカ)　黄道吉日 (コードー〜オードー　キチニチ　キチニチ)　膏肓 (コー〜コー　モー　コー)

御禁制 (ゴキン〜ゴキン　ゼイ　セイ)　国語読本 (コクゴ〜コクゴ　トクホン　ドクホン)　黒白 (コク〜コク　ビャク　ハク)

国母陛下 (コクボ〜コクモ　ヘイカ　ヘイカ)　五山文学 (ゴサン〜ゴザン　ブンガク　ブンガク)　誇示 (コ〜コ　ジ　ジ)

五色 (ゴ〜ゴ　シキ　ショク)*　御治定 (ゴ〜ゴ　ジテイ　ジジョー)*　御招待 (ゴ〜ゴ　ショーダイ　ショータイ)

御停止 (ゴ〜ゴ　チョージ　テイシ)　誤謬 (ゴ〜ゴ　ビュー　ビョー)　御遺澤 (ゴ〜ゴ　ユイタク　イタク)

御用達 (ゴヨー〜ゴヨー　タシ　タツ)　金色 (コン〜キン　ジキ　ショク)*　懇望 (コン〜コン　モー　ボー)

【サ行】

截然 (サイ〜セツ　ゼン　ゼン)　儕輩 (サイ〜サイ　ハイ　ハイ)　西方 (サイ〜セイ　ホー　ホー)　茶菓 (サ〜チャ　カ　カ)

殺害 (サツ〜サツ　ガイ　ガイ)*　早急 (サッ〜ソー　キュー　キュー)　茶道 (サ〜チャ　ドー　ドー)　茶寮 (サ〜チャ　リョー　リョー)

茶話会 (サワ〜チャワ　カイ　カイ)　懺悔 (ザン〜サン　ゲ　ゲ)*　塹壕 (ザン〜セン　ゴー　ゴー)　残滓 (ザン〜ザン　シ　サイ)

三種の神器 (サンシュ〜サンシュ〜サンシュ　ノシンキ　ノジンギ　ノジンギ)　撒水車 (サンス〜サッス　イシャ　イシャ)　惨敗 (サン〜ザン　パイ　パイ)

撒布 (サン〜サツ　プ　プ)

示威 (ジ〜シ　イ　イ)　示威運動 (ジイウ〜シイウ　ンドー　ンドー)　詩歌管絃 (シイカ・〜シカ・　カンゲン　カンゲン)

刺客 (シ〜セツ　カク　カク)　弛緩 (シ〜チ　カン　カン)　示教 (シ〜シ　キョー　キョー)　歯齦 (ギン〜ギン　キン　キン)

示現 (ジ〜シ　ゲン　ゲン)　示唆 (ジ〜ジ　サ　サ)　指示 (シ〜シ　ジ　ジ)

子々孫々 [軍人勅諭] (シシ・ソンソン ~ シシン・ゾンソン)　使嗾 (シソー ~ シゾク)　至尊 (シソン ~ シソン)*

仕丁 (ジチョー ~ シチョー)　左官 (シャカン ~ サカン)　砂金 (シャキン ~ サキン)　笏 (シャク ~ コツ)

写真班 (シャシンハン ~ シャシンバン)　煮沸 (シャフツ ~ シャフツ)　煮沸消毒 (シャフツ・ショードク ~ シャフツ・ショードク)

三味線 (シャミセン ~ サミセン)　借問 (シャモン ~ シャクモン)　衆議員 (シューギイン ~ シューギイン)

入御 (ジュギョ ~ ニューギョ)　主従 (シュジュー ~ シュジュー)　入内 (ジュダイ ~ ナイダイ)　出生 (シュッショー ~ シュッセイ)

出生地 (シュッショーチ ~ シュッセイチ)　修祓 (シュバツ ~ シューフツ)　習禮 (シューライ ~ シューライ)

上下一心 (ショーカ・イッシン ~ ジョーカ・イッシン ~ ジョーゲ・イッシン)　上下一致 (ショーカ・イッチ ~ ジョーカ・イッチ ~ ジョーゲ・イッチ)

乗客 (ジョーキャク ~ ジョーカク)　娘子軍 (ジョーシグン ~ ローシグン ~ ギョーシグン)　饒舌 (ニョーゼツ ~ ゼツゼツ ~ ギョーゼツ)

招待 (ショータイ ~ ショータイ)　招待券 (ショーダイケン ~ ショータイケン)　招待状 (ショーダイジョー ~ ショータイジョー)

招待席 (ショーダイセキ ~ ショータイセキ)　條蟲 (ジョーチュー ~ ジョーチュー)　情緒 (ジョーチョ ~ ジョーショ)

贖罪 (ショクザイ ~ ゾクザイ ~ トクザイ)　憎伏 (ショーフク ~ ゾーフク)　消耗品 (ショーモーヒン ~ ショーコーヒン)

省略 (セイリャク ~ セイリャク)　振作 (シンサク ~ シンサ)　真摯 (シンシ ~ シンシツ)　参差 (シンシ ~ シンサ ~ サンサ)

神事 (シンジ ~ ジンジ)*　神璽寶劍 (シンシ・ホーケン ~ シンジ・ホーケン)　進陟 (シンチョク ~ シンショー)

人徳 (ジントク ~ ニントク)　神輿 (シンヨ ~ ジンヨ)*

水郷 (スイキョー ~ スイゴー)　遂行 (スイコー ~ ツイコー)　出師 (スイシ ~ シュッシ)　綏靖 (スイセイ ~ スイセイ)*

出納簿 (スイトーボ ~ シュツノーボ)　数奇 (スキ ~ スーキ ~ サッキ)　杜撰 (ズサン ~ ザサン ~ トセン)

清浄 (セイジョー ~ セイショー)　生存 (セイゾン ~ セイソン)　清朝活字 (セイチョー・カツジ ~ シンチョー・カツジ)

世論 [軍人勅諭] (セイロン ~ セロン ~ ヨロン)　絶叫 (ゼッキョー ~ ゼッキュー)　船客 (センキャク ~ センカク)

遷化 (センゲ ~ センカ)　洗滌 (センジョー ~ センテキ ~ センデキ)　洗滌器 (センジョーキ ~ センテキキ)

蠕動 (ゼンドー ~ ジュドー ~ ダードー)　全治 (ゼンチ ~ ゼンジ)　前半 (ゼンパン ~ ゼンハン)

相殺 (ソーサイ ~ ソーサツ)　装幀 (ソーテイ ~ ソートー)　贈呈 (ゾーテイ ~ ゾーテイ)　曹洞宗 (ソートーシュー ~ ソードーシュー)

存す [軍人勅諭] (ブンス ~ ゾンズ ~ ソンス)　忖度 (ソンタク ~ スンド)

【タ行】

大会 (タイカイ ~ ダイエ)*　諦観 (タイカン ~ テイカン)　退下 (タイゲ ~ タイカ)　大山 (タイザン ~ タイサン)

大衆 (タイシュー ~ ダイシュー ~ ダイシュ)*　大織冠 (タイショクカン ~ ダイショクカン)　大審院 (タイシンイン ~ ダイシンイン)

大聖 (タイセイ ~ ダイショー)*　待望 (タイボー ~ タイモー)　多士済々 (タシセイセイ ~ タシサイサイ)

弾ずる (タンズル ~ ダンズル)　端緒 (タンチョ ~ タンショ)　堪能 (タンノー ~ カンノー)*

治安維持 (チアンイジ ~ ジアンイジ)　逐電 (チクテン ~ チクデン)　致仕 (チシ ~ チジ)　茶園 (チャエン ~ サエン)

着服 (チャクフク ~ チャクフク)　茶亭 (チャテイ ~ サテイ)　治癒 (チユ ~ ジユ)　晝食 (チューショク ~ チュージキ)

鋳造 (チュー ソー ～ シュー ソー) 稠密 (チュー ミツ ～ チョー ミツ) 緒 (チョ ～ ショ) 貼付 (チョー フ ～ テン プ)

重複 (チョー フク ～ ジュー フク) 植字工 (チョクジコー ～ ショクジコー) 緒言 (チョ ゲン ～ ショ ゲン)

緒に就く (チョニ ツク ～ ショニ ツク) 緒論 (チョ ロン ～ ショ ロン) 治療 (チ リョー ～ ジ リョー)

賃金委員会 (チンギンイ インカイ ～ チンキンイ インカイ)

綴字 (テイ ジ ～ テツ ジ ～ ツヅリ ジ) 薙髪 (テイ ハツ ～ チ ハツ) 定例閣議 (テイレイ カクギ ～ ジョーレイ カクギ)

敵国降伏 (テキコク・ゴーブク ～ テキコク・コーフク ～ テッコク・コーフク ～ テッコク・ゴーブク) 敵前渡河 (テキゼン・トカ ～ テキゼン・トガ)

綴字法 (テツジホー ～ テイジホー ～ セツジホー ～ ツヅリジホー) 殿上人 (テンジョー ビト ～ デンジョー ビト)

点綴 (テン セツ ～ テン テツ ～ テン テイ) 傳奏 (テン ソー ～ デン ソー) 橡大 (テン ダイ ～ エン ダイ) 傳播 (デン パ ～ デン パン)

天稟 (テン ピン ～ テン リン) 傳馬船 (テンマ セン ～ テンマ ブネ)

偸安姑息 (トーアン・コソク ～ ユアン・コソク) 憧憬 (ドー ケイ ～ ショー ケイ)

堂上華族 (トーショー カゾク ～ ドーショー カゾク ～ ドージョー カゾク) 堂上方 (トーショー ガタ ～ ドーショー ガタ ～ ドージョー ガタ)

同人 (ドー ジン ～ ドー ニン)* 同人雑誌 (ドージン ザッシ ～ ドーニン ザッシ) 掉尾 (ドー ビ ～ チョー ビ ～ タク ビ)

東方 (トー ホー ～ ドー ホー)* 同胞 (ドー ホー ～ ドー ボー) 渡河 (ト カ ～ ト ガ) 読経 (ド キョー ～ ドッ キョー)

読者 (ドク シャ ～ トク シャ) 読書 (ドク ショ ～ トク ショ) 読書会 (トクショ カイ ～ ドクショ カイ)

独擅場 (ドクセン ジョー ～ ドクダン ジョー) 独壇場 (ドクダン ジョー ～ ドクセン ジョー) 頓着 (トン ジャク ～ トン チャク)

【ナ行】

内宮 (ナイ クー ～ ナイ グー) 内分泌 (ナイブ ンピ ～ ナイブ ンピツ) 鳴物停止 (ナリモノ・チョージ ～ ナリモノ・テイシ)

南氷洋 (ナンピョー ヨー ～ ナンヒョー ヨー)

二食 (ニ ショク ～ ニ ジキ) 入室参禅 (ニッシツ・サンゼン ～ ニューシツ・サンゼン) 日本 (ニッ ポン ～ ニ ホン)

日本国 [軍人勅諭] (ニホン コク ～ ニッポン コク) 女人禁制 (ニョニン キンゼイ ～ ニョニン キンゼイ)

人気 (ニン キ ～ ジン キ) 任侠 (ニン キョー ～ ジン キョー) 人頭税 (ニントー ゼイ ～ ジントー ゼイ)

人面獣心 (ニンメン・ジューシン ～ ジンメン・ジューシン)

【ハ行】

博士 [古語] (ハカ セ ～ ハク シ) 白衣の天使 (ハクイノ・テンシ ～ ハクエノ・テンシ ～ ビャクイノ・テンシ ～ ビャクエノ・テンシ)

白衣の勇士 (ハクイノ・ユーシ ～ ハクエノ・ユーシ ～ ビャクイノ・ユーシ ～ ビャクエノ・ユーシ) 博士 [学位令] (ハク セ ～ ハカ セ)

暴露 (バク ロ ～ ボク ロ ～ ボー ロ) 駁論 (バク ロン ～ ハク ロン) 発意 (ハツ イ ～ ホツ イ) 発議 (ハツ ギ ～ ホツ ギ)

抜群 (バツ グン ～ バツ クン) 末子 (バツ シ ～ マッ シ) 発疹 Typhus (ハッシン チブス ～ ハッシン チブス ～ ホッシン チブス)

末孫 (バッ ソン ～ マツ ソン) 反駁 (ハン バク ～ ハン パク)

被治者 (ヒチ シャ ～ ヒジ シャ) 泌尿 (ヒ ニョー ～ ヒツ ニョー) 泌尿器科 (ヒニョー キカ ～ ヒツニョー キカ)

白衣観音（ビャクエカンノン〜ビャクイカンノン〜ハクイカンノン）　表示（ヒョージ〜ヒョーシ）

評定官（ヒョージョーカン〜ヒョーテイカン）　品隲（ヒンシツ〜ヒンチツ〜ヒンドー）　便殿（ビンデン〜ベンデン）

紊乱（ビンラン〜ブンラン）

不治（フチ〜フジ）　不撓不屈（フトーフクツ〜フギョーフクツ・）　風土記（フドキ〜フードキ）

紛失（フンジツ〜フンシツ）　分泌（ブンピ〜ブンピツ）　分泌物（ブンピブツ〜ブンピツブツ）

文房具（ブンボーグ〜ブンボーグ）

別墅（ベッショ〜ベツヤ）　便宜（ベンギ〜ビンギ）　片時（ヘンシ〜ヘンジ）

保護［軍人勅諭］（ホゴ〜ホゴ）　忙殺（ボーサツ〜ボーサイ）　放縦（ホージュー〜ホーショー）

澎湃（ホーハイ〜ボーハイ）　北陸道（ホクリクドー〜ホクロクドー）＊　発作的（ホッサテキ〜ハッサテキ）

法性（ホッショー〜ホーショー）　法主（ホッス〜ホッシュ〜ホーシュ）　発足（ホッソク〜ハッソク）　発端（ホッタン〜ハッタン）

補綴（ホテツ〜ホテイ〜ホセツ）　本調子（ホンチョーシ〜ホンジョーシ）

【マ行】

末席（マッセキ〜バッセキ）　満腔（マンコー〜マンクー）　万葉集（マンヨーシュー〜マンニョーシュー）＊

未曽有（ミソウ〜ミソウ〜ミゾーウ〜ミソーウ〜ミゾユー〜ミソーエ〜ミユー）　未亡人（ミボージン〜ビボージン）

明日（ミョーニチ〜アシ〜アス）

無頓着（ムトンジャク〜ムトンチャク）

名目（メイモク〜ミョーモク）　面目（メンボク〜メンモク）

文章博士（モンジョー・ハカセ〜ブンショー・ハカセ〜ブンショー・ハクシ）

【ヤ行】

唯一（ユイイツ〜ユイイチ〜ユイイツ）　由緒（ユイショ〜ユーショ）　維持［軍人勅諭］（ユイジ〜イジ）

遊説（ユーゼイ〜ユーセツ）　輸贏（ユエイ〜シュエイ）　輸出（ユシュツ〜シュシュツ）　輸送（ユソー〜シュソー）

輸入（ユニュー〜シュニュー）

邀撃（ヨーゲキ〜ゲキ）　養蚕（ヨーサン〜ヨーザン）　要諦（ヨータイ〜ヨーテイ）

【ラ行】

拉致（ラチ〜ラッチ）　懶惰（ランダ〜ライダ）

力行（リキコー〜リツコー〜リョクコー）　旅客（リョカク〜リョキャク）

令旨（レイシ〜リョージ〜リョーシ）　禮拝（レイハイ〜ライハイ）　連歌（レンガ〜レンカ）

練達堪能（レンタツ・カンノー〜レンタツ・タンノー）　連中（レンチュー〜レンジュー）　連袂（レンベイ〜レンベイ）

漏洩（ローエイ〜ローセツ）

【ワ行】

割賦金（ワップキン〜カップキン）

　この366項目に対して、『語彙記録1』ではどのような「決定」を示したのかを集計したところ、次のようになった（図8-1）。
　このうち「『2語形／3語形』を認め、それぞれの使い分けを示したもの」というのは、例えば「金色」の読みについて、「金色の雲」のような場合にはコンジキ、「金色燦然」のような場合にはキンショクと読む、といったように明示されているもの〔=表8-1で*の付されているもの〕である。
　ここから、漢語の読みにはさまざまな「ゆれ」が存在した実情の中で、『語彙記録1』では4分の3程度の項目〔=270項目〕に対して「1語形」〔=1つの読み方〕で統一して決定してあることがわかる。

図8-1　漢語の読みのゆれに対する『語彙記録1』での決定（366項目）

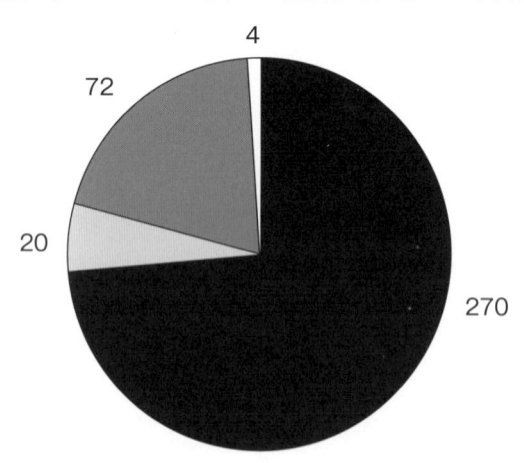

■「1語形」に統一したもの
□「2語形／3語形」を認め、それぞれの使い分けを示したもの
■「2語形」を対等に認めたもの
□「3語形」を認めたもの

8.2 『語彙記録1』におけるいくつかの事例

　この章では、『語彙記録1』のいくつかの項目について、他の辞書と対照した結果などをもとにしながら詳しく見てみる。

　ここで、「その当時『読みのゆれ』があったことが確実な漢語」366項目のうち、現代でも比較的よく使われると思われる漢語の例を表にまとめた(表8-2)。加えて、現行の『NHK日本語発音アクセント辞典』(1998)での掲載内容も示した。

表8-2　現代でも比較的よく用いられる漢語の例

漢字表記	読み	広辞林	和英大辞典	国語発音アクセント	語彙記録1	現行アクセント辞典
暗中模索	アンチューモサク		●		●	
	アンチューボサク	○				
	アンチューバクサク	(正しくは)				
意気地	イクジ	↓	↓		●	●
	イキジ	○	○			
有無	ウム	●	●	●	●	●
	ユーム	○				
越年	エツネン		●		●	
	オツネン	○				○
奥義	オーギ	●	↓		●	●［注1］
	オクギ	●	●	●［奥儀］	●	
願望	ガンモー	↓	●		●	(とも)
	ガンボー	○				○［注2］
寄贈	キソー			●	●	
	キゾー	●			●	●［注3］
喫茶店	キッサテン	↓	●［喫茶］		●	●
	キッチャテン	●	↑［喫茶］		●	
客車	キャクシャ	↓	↓	●	●	●
	カクシャ	○	↑		×	
形相	ギョーソー		●(外見)		●	
	ケイソー	○	○(かたち)			
軽重	ケイチョー	↓	↓		●	●
	ケイジュー	●	●	●	●	

漢字表記	読み	広辞林	和英大辞典	国語発音アクセント	語彙記録1	現行アクセント辞典
下克上	ゲコクジョー	↓			●	●
	カコクジョー	○				
言質	ゲンチ		↓		●	●
	ゲンシツ	○	○			
誇示	コジ	●	●		●	●
	コシ		○			
殺害	サツガイ	●	●		●	●
	セツガイ	●	↑	●	●（古典的には）	●
早急	サッキュー	●	●	●	●	●
	ソーキュー	↑	↑			(とも)
懺悔	ザンゲ	↓	●	●	●［現代普通語］	●
	サンゲ	●			●［古典的（仏）]	
惨敗	サンパイ		●		●	(とも)
	ザンパイ				×	○
弛緩	シカン				●	●
	チカン		●		●	
指示	シジ		↓	●	●	●
	シシ	○	○			
左官	シャカン	↓［訛］	↓	●［訛］	●	(とも)
	サカン	○	○	○		○
砂金	シャキン	↓	↓		●	
	サキン	○	○			○
饒舌	ジョーゼツ	●	●		●	●
	ニョーゼツ	↑	●		●	
招待	ショータイ		↓		●	●
	ショーダイ	●	●	●	●	
情緒	ジョーチョ		●		●	●
	ジョーショ	○	↑			
数奇	スキ	●	●		●	●(〜を凝らす)
	スーキ	●	●		●	●(〜な)
	サッキ	↑［訛］	↑			

漢字表記	読み	広辞林	和英大辞典	国語発音アクセント	語彙記録1	現行アクセント辞典
杜撰	ズサン				●	●
	ズザン	○	○	○	×	
絶叫	ゼッキョー	●	●		●	●
	ゼッキュー		○			
全治	ゼンチ	●	●		●	●
	ゼンジ	●	↑	●	●	
大衆	タイシュー		●		●[～文学]	●
	ダイシュー	○				
	ダイシュ				●[仏教語「一山の～」]	●[仏]
端緒	タンチョ	↓[訛]	↓	●	●	●
	タンショ	○	○		×	
堪能	タンノー	●[俚語「たんのう」]	●	●	●[～な人][もう～した]	●
	カンノー	●	↑		●[練達～の士]	
治癒	チユ	(とも)	●		●	●
	ジユ	○				
鋳造	チューゾー	↓				
	シューゾー	○				
緒論	チョロン		●		●	●
	ショロン	○	○		×	
憧憬	ドーケイ	↓	●		●	●
	ショーケイ	○	↑		×	
発議	ハツギ	●	●		●	●
	ホツギ	○				
抜群	バツグン	↓	●	●	●	●
	バックン	●	↑		●	
末子	バッシ	(とも)	●	●	●	●
	マッシ	○	○			
反駁	ハンバク		●		●	●
	ハンパク	○				
泌尿器科	ヒニョーキカ		●[泌尿]		●	●[泌尿器]
	ヒツニョーキカ	○[泌尿器]	↑[泌尿]			

漢字表記	読み	広辞林	和英大辞典	国語発音アクセント	語彙記録1	現行アクセント辞典
表示	ヒョージ		●		●	●
	ヒョーシ	○				
不治	フチ	●	●		●	●
	フジ		↑		●	(とも) [注4]
文房具	ブンボーグ			●	●	
	ブンボーグ		○	○	○	○
便宜	ベンギ	●	●	●	●	●
	ビンギ		○			
末席	マッセキ		●	●	●	●
	バッセキ	○	○	○		○ [注5]
未曾有	ミゾウ	●	↓		●	●
	ミソーウ					
	ミソウ		○			
	ミゾー				×	
	ミゾユー				×	
唯一	ユイイツ		●	●	●	●
	ユイイチ	○				
	ユイツ		↑			
由緒	ユイショ	●	●	●	●	●
	ユーショ		○			
拉致	ラチ				●	●
	ラッチ		○			
旅客	リョカク	●	●	●	●	●
	リョキャク	○	↑	○		○

表の見方について説明する。

「漢字表記」欄 :『語彙記録1』での漢字表記を示す。
「読み」欄　　 : 当時存在した「読みのゆれ」の語形を示す。この表では、『語彙記録1』でのカナ表記法に準じて表記を示した。各辞書では実際には、
    『広辞林』　　　　　:写音的仮字遣（ひらがな表記）
    『研究社和英大辞典』:ローマ字表記

　　　　　　　　　　『国語発音アクセント辞典』：発音表記（カタカナ表記）
　　　　　　　　とそれぞれ異なった表記が用いられている。
　　　　　　　　　例えば「安心立命」を例にとると、
『広辞林』　：あん‐志ん［安心］（名）
　　　　　　　①心やすきこと。志んぱいなきこと。②心をおちつかすること。おそれまどはざること。　ーりつめい［安心立命］（名）心力の及ぶ限り其道のために盡くし、それ以上はすべて天命に任せ、身命の安危に處して、何等の疑惑畏怖なきこと。
『研究社和英大辞典』：anshin-ritsumei（安心立命）
　　　　　　　　　n. Calm resignation ; philosophy.
『国語発音アクセント辞典』：アンシン　安心　（「立命」は立項なし）
　　　　　　　　のように掲載されている。

● 　　　　：『語彙記録1』に掲載されている読みと同じ語形が掲げられているもの。
○ 　　　　：『語彙記録1』に掲載されている読みと違う語形が掲げられているもの。
↑および↓ ：その語形が「カラ見出し」として立てられており、矢印に示された先の語形を参照するように注記がされているもの。
（正しくは）：この表では『広辞林』の「暗中模索」だけであるが、「あんちゅうぼさく」という読みが掲げられている項の語釈内に「正しくは「あんちゅうばくさく」と読む」という注記が付されていることを示す（「あんちゅうばくさく」という項は立てられていない）。
（とも）　：この表では『NHK日本語発音アクセント辞典』についてだけであるが、本則として掲げられた語形〔＝第一推奨語形〕のほかに「許容する語形」〔＝第二推奨語形〕として掲げられている項目について示す。
× 　　　　：『語彙記録1』において、その語形は採用しないという趣旨のことが示されているもの。

なお、たとえば「撒水車」という項が掲載されておらず、そのかわりに「撒水」が載せられている場合には、その旨を●/○の脇に［撒水］のように示した。

また、たとえば「簡明直截」が掲載されておらず「簡明」と「直截」とが別項目としてある場合には、［簡明＋直截］のように示した。

漢字表記については議論に支障のない範囲内で適宜現代語の字体を用いたものもあるが、各辞書で用いられている漢字が『語彙記録1』と異なる場合には、［　］内に付記した。

複数の語形が載せられており、それらが意味の違いによって使い分けられるような記述のあるものは、●/○の脇に（　）で示した。

次に、先述の辞書類（3種）の掲げる諸語形と、『語彙記録1』で示された語形とで、掲載状況に異なりの大きいもの（表8-3）と、辞書類に語が取り上げられていないもの（表8-4）を表にまとめた。こちらにも、現行の『NHK日本語発音アクセント辞典』（1998）での掲載内容をあわせて示した。

表8-3　『語彙記録1』の決定が当時の辞書類の記述と大きく異なるもの

漢字表記	読み	広辞林	和英大辞典	国語発音アクセント	語彙記録1	現行アクセント辞典
安心立命	アンジン・リューメイ				●	（とも）
	アンシン・リツメイ	○	○	○［安心］		○
一物も得ず	イチブツモ・エズ				●	
	イチモツモ・エズ	○	○			○
簡明直截	カンメイ・チョクサイ		●［簡明＋直截］		●	（とも）
	カンメイ・チョクセツ	○	○［簡明＋直截］	○［簡明＋直截］		○
享保	キョーホ				●	
	キョーホー			○		
剣璽	ケンシ				●	
	ケンジ	○	○		×	

漢字表記	読み	広辞林	和英大辞典	国語発音アクセント	語彙記録1	現行アクセント辞典
膏肓	コーモー		↓		●	
	コーコー		○			○[病膏肓]
御遺澤 (軍人勅諭)	ゴユイタク				●	
	ゴイタク	○[御＋遺澤]				
截然	サイゼン				●	
	セツゼン	○	○			○
撒水車	サンスイシャ		↓[撒水]		●	●[散水車]
	サッスイシャ	○	○[撒水]			
示威	ジイ		●		●	●
	シイ	○				
示教	ジキョー				●	
	シキョー	○	○			
歯齦	シギン				●	
	シキン	○[歯齗]				
仕丁	ジチョー				●	
	シチョー	○	○			
習禮	シュライ				●	
	シューライ	○				
神璽寶剣	シンシ・ホーケン				●	
	シンジ・ホーケン	○[神璽]				○[神璽＋宝剣]
清朝活字	セイチョー・カツジ				●	●
	シンチョー・カツジ	○	○[清朝＋活字]			
洗滌	センジョー		↓		●	●[洗浄]
	センデキ		○			
	センテキ	○				
洗滌器	センジョーキ				●	
	センテキキ	○				
存す (軍人勅諭)	ゾンス				●	
	ゾンズ	○(考える・思う)	○[存ずる]	○[存ずる]		○[存ずる]
	ソンス	○(ある・保つ)		○[存する]		

漢字表記	読み	広辞林	和英大辞典	国語発音アクセント	語彙記録1	現行アクセント辞典
大審院	タイシンイン		↓		●	●
	ダイシンイン	○	○	○		
致仕	チジ				●	
	チシ	○	○			
植字工	チョクジコー				●	
	ショクジコー	○[植字]	○[植字]		×	○
緒に就く	チョニ・ツク		↓[緒]		●	●[緒]
	ショニ・ツク		○[緒]		×	
綴字法	テツジホー				●	
	ツズリジホー		●[綴字]		●	●[綴字]
	テイジホー	○[綴字]	○[綴字]			
	セツジホー	○[綴字]（訛）	○[綴字]			
傳奏	テンソー				●	
	デンソー	○			×	
堂上華族	トーショーカゾク				●	(とも)[堂上+華族]
	ドーショーカゾク					(とも)[堂上+華族]
	ドージョーカゾク	○[堂上+華族]				○[堂上+華族]
堂上方	トーショーガタ				●	(とも)[堂上]
	ドーショーガタ					(とも)[堂上]
	ドージョーガタ	○				○[堂上]
掉尾	トービ		↓		●	●
	チョービ	○	○			
南氷洋	ナンピョーヨー				●	●
	ナンヒョーヨー		○			
二食	ニショク				●	
	ニジキ	○	○			○
入室参禅	ニッシツ・サンゼン	↓			●	
	ニューシツ・サンゼン	○[入室+参禅]				○[入室+参禅]
日本国（軍人勅諭）	ニホンコク				●	
	ニッポンコク			○		

漢字表記	読み	広辞林	和英大辞典	国語発音アクセント	語彙記録1	現行アクセント辞典
泌尿器科	ヒニョーキカ				●	●[泌尿器]
	ヒツニョーキカ	○				
便殿	ビンデン				●	
	ベンデン	○	○			
紛失	フンジツ				●	
	フンシツ	○	○	○	×	○
片時	ヘンシ				●	●
	ヘンジ	○	○			
保護（軍人勅諭）	ホーゴ	↓			●	
	ホゴ	○	○	○		
法性	ホッショー				●	
	ホーショー	○				
補綴	ホテツ				●	●
	ホテイ	○				
	ホセツ	↑				
維持（軍人勅諭）	ユイジ				●	
	イジ	○	○	○		○
輸贏	ユエイ		●		●	
	シュエイ	○	○			
要諦	ヨータイ				●	(とも)
	ヨーテイ			○		○

表8-4　当時の辞書類に記述例がないもの

漢字表記	読み	広辞林	和英大辞典	国語発音アクセント	語彙記録1	現行アクセント辞典
残滓	ザンシ				●	●
	ザンサイ					
諦観	タイカン				●	
	テイカン					○
依存	イソン				●	●
	イゾン					(とも)[注6]
修祓	シュバツ				●	
	シューフツ					

表 8-2 からは、下記のようなことが概略的に見て取れる。

> 『広辞林』および『和英大辞典』と、『語彙記録 1』とは、語形の掲載状況に相当の違いがある
>
> 『国語発音アクセント辞典』は、対象となる掲載語が少ない
>
> 『語彙記録 1』と、現行のアクセント辞典とでは、語形がかなり一致する

また、表 8-3 と表 8-4 については、次のように位置づけられる。

> 放送用語委員会が、当時の辞書の記述とはやや異なった独自の決定を下した語群（表 8-3）と、当時の辞書の記述に（それほど）頼らずに独自の決定を下した語群（表 8-4）

つまり、「伝統絶対主義」から、ある程度距離をおいたものであると言える。

現代では、「言質、杜撰、拉致」などは「ゲンチ、ズサン、ラチ」と読むことがほぼ常識として定着している。しかしこの表からもわかるように、これは当時としては必ずしも「常識」とは言えず、辞書類には「ゲンシツ、ズザン、ラッチ」という読みが載せられていたのである。これらは、おそらく当時の辞書類の記述が、実態（現実の発音）に追いついていなかった例ではないかと思われる。

また、当時ほぼ唯一の発音・アクセント辞典であった『国語発音アクセント辞典』に掲載されていた語がきわめてわずかであることが指摘できる。つまり、漢語の読みを放送用語委員会で決定するのにあたっては、『国語発音アクセント辞典』はそれほど活用できる資料ではなかったことが想像される。

次に、この表に含まれる項目のうち、当時「放送での読み方は間違っているのではないか」という指摘の見られたものなどを中心に、その規定の変遷（現代まで）について具体的に見てみよう。

「依存」

　この語は、菅野謙・臼田弘（1979）において「当時の［引用者注　昭和初期］国語辞書の発音が全く示されていないか、あるいは、ごく少数の辞書に限られたことば」の一例として挙げられ、そこで調査した範囲内では『大辞典』（1934年、平凡社）に「依存　イゾン」として掲げられているのみであるという（ただし浅井真慧（1983）によれば『言苑』（1938）に「イソン」として立項されている）。

　初期の放送用語委員会では、「依存」の読みについて1935（昭和10）年に取り上げられた記録が残っているが、この年の委員会記録の大部分が散逸しており詳細がよくわからない。その後1938（昭和13）年の第76回委員会において「清濁の問題」の語の一つとして「依存　イソン／イゾン」のように提起され（何らかの決定がなされたのかどうかは不明）、翌1939（昭和14）年の第85回委員会で（委員会記録には詳細が示されていないが）「イソン」と定められたようである。

　その後の流れについては、浅井真慧（1983）に詳しい。ＮＨＫのアクセント辞典での扱いの流れを見ると、『日本語アクセント辞典』（1943）において「イソン」のみが認められ「イゾン」は掲載されておらず、『日本語アクセント辞典』（1951）、『日本語発音アクセント辞典』（1966）でも同様に取り扱われている。それが『日本語発音アクセント辞典改訂新版』（1985）において、「イソン（イゾン）」〔＝「イソン」を本則として定め、「イゾン」も許容〕というように変更されている。このように決定されたのは、1983（昭和58）年の第961回放送用語委員会においてである。

　なお、この語の読みは近年になっても「ゆれ」の存在が続いており、一般の人々を対象にした読み方のアンケート・調査がＮＨＫ放送文化研究所において複数回おこなわれている（石野博史（1980）、石野博史ほか（1989）、最上勝也（1989））。表8-4の（注6）に示したとおり、2014（平成26）年4月にＮＨＫでの運用規定が「イゾンを第一推奨語形とし、イソンも可」というように変更になった（山下洋子（2014））。

「簡明直截」

　初期の放送用語委員会の中心的人物であった岡倉由三郎は、「簡明直截」について多くの人が「カンメエチョクサイ」と言っているが、一方で辞典に詳しい人は「チョクセツ」でなくてはならないと言う、と指摘している（岡倉由三郎（1936））。実際、1935（昭和10）年の雑誌に、ラジオで「直截サイ」と言っていたがこれは「チョクセツ」が正しい、という投書が紹介されている。これに対して、当時の放送用語委員会では「審議の上『チョクサイ』に決定」という判断を下し（総務局計画部（1935）、塩田雄大（2007）に引用）、この形で放送用語委員会の編集した『常用漢語発音整理表』（1935）（塩田雄大（2007）参照）に掲載されている。

　1936（昭和11）年の第45回委員会では、「漢語発音審議資料」としてさまざまな漢語の読みが検討されている。対象になっているのは、「紊乱・攪乱・攪拌・杜撰・殺害・絶叫・端緒・緒言・掉尾・撒水車・撒布・情緒・音信・訃音・口腔・満腔・截然・簡明直截・截断機・洗滌」の読みである。これらについて、当時用いられていた辞書にどのような読みが載せられているのかを一覧する資料が作られている。「簡明直截」について見てみると、次のように提示されている。

	簡明直截
大日本国語辞典	かんめいちょくせつ
大言海	ナシ
言泉	かんめいちょくせつ
広辞林	かんめいちょくせつ
辞苑	かんめいちょくせつ
大字典	ナシ
字源	ナシ
漢和大字典	－チョクセツ
詳解漢和大字典	ナシ
武信和英辞書	カンメーチョクセツ －チョクサイ（チョクセツ）

　この後、放送用語委員会では、1938（昭和13）年の第68回委員会におい

て「現行「常用漢語発音整理表」再検」という議題を審議した。この中で、「直截」の現行規定の読みは「チョクサイ」であるが、字典音に依れば「チョクセツ」であること、またチョクサイの読みを（第二音として）掲載しているのは『研究社和英大辞典』（武信由太郎）だけであることを指摘した。その上で、それまでどおり慣用音の「チョクサイ」とすることをあらためて確認したのである。

「言質」

1936（昭和 11）年の雑誌に、ラジオで「言質（ゲンチ）」のことを「ゲンシツ」と誤って読んだという投書が紹介されている。これに対して当時の放送用語委員会としては、投書の意図には同意するものの「言質」は慣用音として「ゲンシツ」を採るという意見が付記されている（総務局計画部（1936）、塩田雄大（2007）に引用）。

しかしこの後、漢語の読み方に関する放送用語委員会の方針転換によって、「ゲンシツ」ではなく「ゲンチ」が採用されることになる。1938（昭和 13）年の第 69 回委員会において、「漢語の発音整理について」という議題が審議・決定された。この回では、教育・字典の普及によって一般に慣用音から字典音が主流になりつつあることから、放送のことばについても「なるべく字典音に依ること」という原則が提案されたのである。これに伴い、一度は「ゲンシツ」と決まっていたのが「ゲンチ」に変更された。

少なくとも現代では、「シツ」も「チ」もともに「漢音」〔＝「字典音」の一つ〕であるとされているのだが（『漢字百科大事典』（1996）p.425）、当時は「シツ」は字典音とはみなされていなかったのであろうか（注7）。

「修祓」

この語の読みについて、放送で「シュウフツ」と言っていたが「シュウバツ」が正しい、とする意見が指摘された（河合絹吉（1938））。それに対し、当時の放送用語委員会の事務局メンバーの一人である三宅武郎は、放送では「シュバツ」と定めていると反論している（三宅武郎（1939）、塩田雄大（2007）に引用）。

放送用語委員会では、1938（昭和13）年の第68回委員会において、現行の規定が「シュバツ」、字典音によれば「シュフツ」であることを示している。そして新聞ルビには字典音による「シュフツ」が使われることもあるが、この語は仏教語の慣用によって「シュバツ」と読むべきであるという方針が定められた。

「杜撰」
この語の読みについては、初期の放送用語委員会で『常用漢語発音整理表』(1935)を編集する過程において、以下のような議論があった（塩田雄大(2007)注17から再掲）。

杜撰
伝承の発言は「ズザン」であるが、近来の新聞ルビは「ずさん」であり、若い人達も多く「ずさん」である。然し、以前委員会の席上で賛否をとつたときには次の如くであった。
ズザン（新村　岡倉　葭村）
ズサン（長谷川　神保　宝田）
又、辞書では大言海、大日本国語、言泉、広辞林、辞苑、大字典、小柳漢和、詳解漢和、武信和英「ずざん」、字源のみ「ずさん」。

上記の中で、「新村・岡倉・長谷川・神保」は放送用語委員（外部）、「葭村・宝田」はおそらく放送協会側の代表者である。つまり放送用語委員の間でも意見が両様であったのだが、このあと『常用漢語発音整理表』には「ズザン」として載せられた。
前述した1936（昭和11）年の第45回委員会（「漢語発音審議資料」）では、「杜撰」について次のように提示されている。

	杜撰
大日本国語辞典	ズザン
大言海	ズザン
言泉	ズザン

広辞林	ズザン
辞苑	ズザン
大字典	ズザン
字源	ズサン
漢和大字典	ズザン
詳解漢和大字典	ズザン
武信和英辞書	ズザン

ここで取り上げられたほとんどの辞書では「ズザン」という読みのみが掲げられており、『字源』および新聞ルビでは「ずさん」が見られる旨が示されている。

これに対し、後に放送用語委員会で『常用漢語発音整理表』の掲載内容を再検討する回（1938年、第68回および第69回）において、「ズザン」が伝承の発音であるが、現代人の多くは「ズサン」のように清音で発音するという旨の委員会記録が残されている。この回の委員会で、伝統重視志向の「ズザン」から実態に合わせた「ズサン」へと修正されたものと思われる。

なお、これ以外に「杜撰（トセン）」という誤読もあったことが、大正期の資料に示されている（高野弦月（1912））。

「洗滌」

前述の岡倉由三郎（当時の放送用語委員）は、この語の読みについて「センジョー」か「センデキ」かを定めるのが難しいと記述している（岡倉由三郎（1936））。『常用漢語発音整理表』（1935）では、慣用音である「センジョー」を採る旨が示されている。

前述した1936（昭和11）年の第45回委員会（「漢語発音審議資料」）では、「洗滌」について次のように提示されている。

	洗滌
大日本国語辞典	せんでき
大言海	せんでき
言泉	せんでき
	せんでう（せんできの誤読）

広辞林	せんでき
辞苑	せんでき
	せんじょう（せんできの訛）
大字典	センデキ
字源	センデキ
漢和大字典	センデキ
詳解漢和大字典	センデキ
武信和英辞書	センデキ
	センジョー（センデキ）

　発音表記に直して考えてみると、当時の辞書類は、「センデキ」と「センジョー」の両方を掲げているもの（言泉（「誤読」として）、辞苑（「訛」として）、武信和英辞書）と、「センデキ」のみを掲げているもの（上記以外）の２つに分類できる。

　このあと、放送で「センジョー」と言っているのは誤りで「センテキ」とするべきであるという指摘があった（河合絹吉（1938）、塩田雄大（2007））。

　放送用語委員会では、前述した1938（昭和13）年の第68回委員会での「現行「常用漢語発音整理表」再検」の審議において、「洗滌」の現行の読みは「センジョー」であるが、字典音に依れば「センデキ」であること、また言泉・辞苑・武信和英辞書などでは「センジョー」が「訛・誤読」として掲げられていることが指摘された。

　こうした事実を把握した上で、「洗滌」の読みについてはそれまでどおり慣用音の「センジョー」とすることが、同年の第69回委員会で決定されたのである。

「大審院」

　この語の読みをめぐる動きについては、当時の審議資料も含め本書の７章で詳細に報告してあるので参照されたい。結論だけを紹介すると、これについて「タイシンイン」という読みが1934（昭和9）年に採用されるが、その理由は「大審院部内の伝統的な読み方を尊重して」というものであった。

　この決定は戦後になっても尊重され、1962（昭和37）年の放送用語委員

会においても、「大審院」の読みを「タイシンイン」とすることがあらためて確認されている（番組研究部用語研究班（1962））。一方でこのころに一般の人々（東京都内および千葉県館山市）を対象に読み方のアンケートをおこなったところ、「ダイシンイン」と読む人のほうが多かった（植地南郎（1963））。

「植字工」

この語の読みについては、1936（昭和 11）年の雑誌に、放送では「ショクジコー」と言っているが印刷業界では「チョクジコー」と言う、という投書が紹介されている。これに対して当時の放送用語委員会としては、その社会の慣用に従い「チョクジコー」とするという意見が付記されている（総務局計画部（1936）、塩田雄大（2007）に引用）。

なおこの方針は 1957（昭和 32）年になって修正され、「ショクジコー」に統一された（鈴村康（1957））。「現在では印刷工場でもチョクジとは言わなくなってきています」と指摘されている（市川重一（1958））。

「掉尾」

1935（昭和 10）年の雑誌に、ラジオで「掉尾（とう）」と言っていたがこれは「チョービ」が正しい、という投書が紹介されている（総務局計画部（1935）、塩田雄大（2007）に引用）。

この語の読みについては、『語彙記録 1』が出るまでに少なくとも 5 回審議されている。

まず、1935 年に 2 回審議されたという記録があり、同年 9 月に完成した『常用漢語発音整理表』には、慣用音に従って「トービ」とする旨の決定が示されている。

前述した 1936（昭和 11）年の第 45 回委員会（「漢語発音審議資料」）では、「掉尾」について次のように提示されている。

	掉尾
大日本国語辞典	てうび たうび（てうびに同じ）
大言海	てうび

言泉	てうび
	たうび（てうびに同じ）
広辞林	ちょうび
辞苑	ちょうび
大字典	テウビ
字源	テウビ
漢和大字典	テウビ
詳解漢和大字典	テウビ
武信和英辞書	チョービ
	トービ（チョービ）

　発音表記に直して考えてみると、当時の辞書類は、「チョービ」と「トービ」の両方を掲げているもの（大日本国語辞典、言泉、武信和英辞書）と、「チョービ」のみを掲げているもの（上記以外）の2つに分類できる。

　その後、1938（昭和13）年の第68回委員会において、前述したように『常用漢語発音整理表』の掲載語の読みを再検討する議案が提起される。「掉尾」は現行では「トービ」としているが字典音によれば「チョービ」であることが示され、また上記の辞書類調査の結果も総合的に勘案した上で、それまでどおり「トービ」のままとする決定が下された。

　なお、これ以外に「掉尾（タクビ）」という誤読もあったことが、大正期の資料に示されている（高野弦月（1912）（1913））。

「紛失」
　この語の読みは1935（昭和10）年の第24回委員会で審議・決定された記録があるが、『常用漢語発音整理表』にも掲載されておらず、「フンジツ」と決まった経緯については詳細がわからない。『語彙記録1』には「フンジツ」とすることだけではなく「×フンシツ」という注記も付けられている。

　放送用語委員会とは直接の関係はないが、この語の読みに関して研究したものに飛田良文（1992）pp.343-362がある。ここではさまざまな漢語の読みが辞書類（江戸期から現代まで）でどのように掲載されてきたのかが検討されており、これによると「紛失」は「江戸時代に連濁していた語（つまり

「フンジツ」）」だが、1888（明治21）年に出された辞典（『漢英対照いろは辞典』）に「フンシツ」という連濁しない形の掲載が見られると報告されている。

　この調査結果に従えば、当時の放送用語委員会で「フンシツ」を退け「フンジツ」と決定したことは、「伝統的な語形」に従ったことになる。

「片時」

　この語の読みは1938（昭和13）年の第79回委員会で提起され、清音として読む（つまり「ヘンシ」）ものの例として挙げられている。

　「ヘンシ」と「ヘンジ」とについては、「連濁」ではなく「呉音／漢音の読み」の問題としてとらえるのが適当である。漢語の読み方の変遷を取り上げた飛田良文（1992）pp.325-342では、「片時」は「漢音から呉音へ（つまり「ヘンシ」から「ヘンジ」へ）読み方が移り変わった漢語の例として取り上げられている。これによると、1872（明治5）年の資料（『和英語林集成（第2版）』）には清音での立項が見られるが、1877（明治10）年の資料（『和独対訳字林』）には清濁両形の語形が見られるという。

　この調査結果に従えば、当時の放送用語委員会で「ヘンシ」と決定したのは、前項「紛失」と同じく「伝統的な語形」に従ったことになる。

「維持」

　1935（昭和10）年の雑誌に、ラジオで軍人勅諭を取り上げた際に「維持」（ユイジ）のことを「ヰジ」と言っていた、という投書が紹介されている。これに対して放送用語委員会からは、「投書の読方は陸軍省教育総監部に於て定めたる読方と同一なり」という付記が成されている（総務局計画部（1935）、塩田雄大（2007）に引用）。

　軍人勅諭での漢語の読み方には、当時独特なものが用いられていたようである。『語彙記録1』において軍人勅諭での読みであるとの注記が付されているものには、以下のようなものがある。これらは、1938（昭和13）年の第80回委員会において「軍人勅諭」という題目で注意喚起・決定されたものである。

和諧　　　カカイ
御遺澤　　ゴユイタク
子々孫々　シシ・ソンゾン
上下一致　ショーカ・イッチ
世論　　　セイロン
存す　　　ゾンス
日本国　　ニホンコク
保護　　　ホーゴ
維持　　　ユイジ

　なお、このような特殊な読みと関連があるのかどうかは不明であるが、当時の軍隊では「上官の誤読にはそのまま従わなければならない」という習慣があったようである。

　「[引用者注　戦前・戦中の難しい漢語について]…これらを作り出した側はともかく、与えられたほうでは、意味もよくわからないし、だいいち、よく読めもしなかった。「聖戦完遂」などは、多くの人がカンツイと言っていたし、「臣道実践」などは「実賎」と書きあやまって、「実にいやしい」道になってしまったりした。
　私の軍隊生活では、上官がこうした漢語をまちがって読み、その通りに言わないと、どなりとばされた。
　遵守―軍隊には「遵守すべし」が多かったが、これをソンシュと読まされた。尊がソンだから、遵も、ジュンではなくソンだった。
　遂行―スイコウは、遂がツイだから、必ずと言っていいほどツイコウだった。
　熾烈―シレツのシの字は職などの連想からだろう、必ず「戦争はシキレツ」だと言われた。
　満腔（マンコウ）の感謝はマンクウの感謝であり、円滑（エンカツ）はエンコツであった。どれも、空だからクウであり、骨だからコツであっ

た。この程度のあいまいな知識で漢語をあやつり、しかも、その漢語のスローガンで鼓舞激励されて、その漢字の本家本元の国と戦ったのであった。」

(池田弥三郎（1962）p.102)

「拉致」
この語の読みについては、以下のような委員会記録が残されている（1939（昭和 14）年、第 82 回）。

「拉致」の読方確定したし
「拉」漢呉音　ラフ（促音ラツ）
　　　　　　　ロフ
各種漢字典・国語辞典に「拉致」なし。僅に「言苑」にあるのみ。
各種辞典に「羅致」あり。「網にて鳥を捕る如く人を引寄せること」。

ここから想像されるのは、当時「羅致」と書いて「ラチ」と読むことばと、「拉致」と書いて「ラッチ」あるいは「ローチ」と読むことばとがあったのだが、それらが何らかの理由で混用されるようになり、漢字表記としては「拉致」が生き残り、慣用的な発音としては「ラチ」が残った、ということがありそうである。つまり、「拉致」と書かれたものを「ラチ」と読むのは、「伝統を重視する立場」からは好ましくないのだが、発音の実態を重視するという姿勢を貫いたものと言える。

8.3　本章のまとめ

本章では、以下のようなことを論じてきた。

(1) 初期の放送用語委員会で編集した『放送用語調査委員会決定語彙記録（一）』（1939（昭和 14）年）に載せられた漢語 1062 項目のうち、当時「読みのゆれ」があったことが確実な漢語は 366 項目であった。

(2) この「読みのゆれ」のある366項目のうち、当時の放送用語委員会では4分の3程度の項目（270項目）に対して「1つの読み」に統一する形での決定を下し、この資料に掲載している。

(3) 一部の語について、当時の辞書類の記述（言質「ゲンシツ」、杜撰「ズザン」、拉致「ラッチ」など）はおそらく実態（現実の発音）に追いついていなかったものと想像され、放送用語委員会では辞書類の記述とはある程度独立して決定を下した。

現時点では、個別の項目についての分析がまだ不十分であることを痛感している。今後は分析対象の拡大を含め、日本語の「現代化」過程における放送の位置づけについて探求を進めてゆきたい。

注

1 ただし今回の調査後、2014年4月にＮＨＫでの運用規定が「オーギを第一推奨語形とし、オクギも可」というように変更になった（山下洋子（2014））。
2 調査後、2011年7月にＮＨＫでの運用規定が「ガンボーのみを認める」というように変更になった（塩田雄大（2011.10）（2011.11））。
3 調査後、2014年4月にＮＨＫでの運用規定が「キゾーを第一推奨語形とし、キソーも可」というように変更になった（山下洋子（2014））。
4 調査後、2014年4月にＮＨＫでの運用規定が「フジを第一推奨語形とし、フチも可」というように変更になった（山下洋子（2014））。
5 調査後、2011年7月にＮＨＫでの運用規定が「マッセキのみを認める」というように変更になった（塩田雄大（2011.10）（2011.11））。
6 調査後、2014年4月にＮＨＫでの運用規定が「イゾンを第一推奨語形とし、イソンも可」というように変更になった（山下洋子（2014））。
7 『日本国語大辞典（第二版）』の「ち【質】」の項には、「しちもの。抵当。かた。／言質／質子」とある。この「抵当」の意味であることを明示するために「ゲンチ」という読みが採用された可能性は否定できない。

引用文献

浅井真慧（1983）「依存と読んでも異存なし」『放送研究と調査』33-10
池田弥三郎（1962）『ゆれる日本語』河出書房新社
石野博史（1980）"ゆれ"のあることば　―有識者アンケート結果報告」『文研月報』

30-12

石野博史・丸田実・土屋健(1989)「ことばの正しさ美しさ(第三回言語環境調査から)」『放送研究と調査』39-8

市川重一(1958)「ことば」『ＮＨＫ放送文化』13-1

植地南郎(1963)「ことばの反省　―ゆれのある発音と読みについて―」『ＮＨＫ放送文化研究所年報』8

岡倉由三郎(1936)「漢字整理の様式」『言語問題』2-2

菅野謙・臼田弘(1979)「放送での「発音のゆれ」45年」『ＮＨＫ放送文化研究年報』24

河合絹吉(1938)「四声とラヂオ」『国語と四声』

塩田雄大(2007)「漢語の読み方はどのように決められてきたか　戦前の放送用語委員会における議論の輪郭」『ＮＨＫ放送文化研究所　年報2007』51

塩田雄大(2011.10)「用語の決定　～「愛着」「願望」「惨敗」「助言」「みぞおち」「豚肉」ほか(前編)～」『放送研究と調査』61-10

塩田雄大(2011.11)「用語の決定　～「愛着」「願望」「惨敗」「助言」「みぞおち」「豚肉」ほか(後編)～」『放送研究と調査』61-11

鈴村康(1957)「第370回放送用語調査委員会記録」『文研月報』7-7

総務局計画部(1935)「放送の言葉に関する事項投書調査(昭和九年投書内容調査第一次報告)」『放送』5-5

総務局計画部(1936)「「放送の言葉」に関する事項(投書内容調査(第一次報告))」『放送』6-11

高野弦月(1912)『誤りたる文字の読方』小川尚栄堂

高野弦月(1913)『続　誤りたる文字の読方』小川尚栄堂

番組研究部用語研究班(1962)「放送用語メモ(3)」『ＮＨＫ文研月報』12-6

飛田良文(1992)『東京語成立史の研究』東京堂出版

三宅武郎(1939)「放送国語批評(ラジオ用語の問題)」『国語運動』3-1

最上勝也(1989)「「大地震」をどう読みますか　―「読みのゆれ」100人アンケートを中心に―」『放送研究と調査』39-10

山下洋子(2014)「用語の決定」『放送研究と調査』64-5

9章 放送における外来語 その「管理基準」の変遷

本章では、放送において外来語をどのように取り扱うべきだとされてきたのかを取り上げる。

9.1 太平洋戦争開戦前

放送における外来語の使用に関して公的に規定した最も古い記述は、本書の3章で取り上げた1935（昭和10）年の『放送用語の調査に関する一般方針』（社団法人日本放送協会）である。これは、1934（昭和9）年に発足した第1期放送用語委員会（正式名称「放送用語並発音改善調査委員会」）での審議を経て正式決定されたもので、耳で聞いてわかりやすい放送用語を探究してゆくのにあたって示された指針である。外来語に関して、まず一般的準則の一つとして「純日本語の表現形式を尊重する。」ということが示された上で、

「新語・流行語も適宜に採用して、語句の上に新鮮味を添へること。」
「外国語をそのまま採用する場合は、国語の全体的なリズムとの調和をはかること。」
「新たに外国語を国語に訳す必要に迫られた場合は、必ずしもその原義に拘泥せず、その一部をあらはして全体を示し得るものか、又は直観的なものを訳語として考案すること。」

などといったことが明示されている。外来語の使用を戒めるような記述は、積極的にはなされていない。当時の放送用語においては、外来語よりも、耳で聞いてわかりにくい「漢語の整理」のほうが大きな問題と考えられていたことの反映であろう（塩田雄大（2007.2）（2007.3））。

当時活躍していた言語研究者の間にも、同様の意見が見られる。

「ラジオがわかるコトバを要求するのは至極当然の事ですから、この辺の問題に対しても、用語の選定において適当に考慮してゐるはずです。ラジオそれ自体も、アナウンサーとか、ニュースとか、ラジオコントとかいふやうに、だいぶ外来語を普及させてゐます。これに対して格別文句をいふ人がないとすれば、結構なわけです。」

(佐久間鼎（1936))

また、国家として標準的専門用語を公的に選定するのにあたって当時示された以下の指針（注1）を見ても、「国語」を尊重しつつも、外来語・外国語のうち「よく通じる慣用語」「国際的用語」「適当な訳語のないもの」などは優先的にそのまま使うべきであることが明示されている。

　　資源局ニ於ケル用語撰定上ノ方針
　　　　（保科委員ヨリ参考資料トシテ供覧サレタルモノ）
　　　　　　　　　　　　　　　資施Ｃ一〇〇六號
　　　　　　　　　　　　　　　昭和八年二月一日
　　標準用語選定上ノ根本方針（昭和五年十二月十六日特別委員会決定）
　　一　標準用語ハ平易簡明ニシテ理解シ易ク且語感善キモノヲ選フコト
　　二　普通ニ使用セラルル慣用語ハ甚タシク不合理ナラサル限リ之ヲ尊重スルコト
　　三　国語ヲ尊重スルコト但シ外国語ニシテ普通ノ慣用語若ハ国際的用語トナレルモノ又ハ適当ノ譯語ナキモノハ寧ロ之ヲ尊重スルコト
　　　　［1934（昭和9）年2月6日　第二回放送用語並発音改善調査委員会席上資料］

いっぽう、「放送では外来語を乱用すべきではない」という公的見解のうち比較的早いものとしては、1940（昭和15）年の以下の資料が指摘できる。

第二　外来語・外国語（支那語を含む）を濫用しないこと。
　　　　之等はよほど耳慣れないと分りにくい場合が多いから、適当に譯
　　　　すか又は簡単に説明をつける方がよい。
　　［『放送ニュース編輯便覧』（日本放送協会業務局報道部編輯課）1940.10］

　ただしこの「第二」の項に先立つものとして「第一　むづかしい漢語の書換へ」が挙げられており、この時期でも外来語より「漢語の問題」のほうが大きな問題としてとらえられていたことがうかがわれる。
　このような「放送において解決すべき対象としては、外来語よりも漢語のほうが問題が大きい」という考え方が大きく変わるのは、太平洋戦争開戦以降であると思われる。実際の外来語の使用状況という面においても、石綿敏雄（1971）では外来語増加が著しかったのは1935（昭和10）年ごろが頂点で、太平洋戦争開戦以降は英語が敵性国家の言語とみなされたことによって外来語が急速に減少したと記されている。

9.2　太平洋戦争中

　日本放送協会の第2期放送用語委員会（正式名称「ニュース用語調査委員会」、放送用語並発音改善調査委員会の後身）が1940（昭和15）年から1944（昭和19）年にかけてまとめた資料として、『放送用語備要』というものがある。これは、放送におけるわかりやすさなどの面で問題となったことばを五十音順に整理した上で基準・言い換えなどを示したラジオ放送担当者用の部内向け手引き書で、約8000項目が掲載されている。
　この資料において、外来語（地名・人名・固有名詞を除く）および外来語を含む混種語のうち「言い換え」が付されているものを抜き出してみたところ、191項目となった。これらは、基本的に「放送では言い換えたほうがよい」ということを公的に推奨するものであったと考えてさしつかえない。
　言い換えの付されている191の外来語・混種語は、以下のとおりである。［　］内が「言い換え」である。

【ア行】
アーチ［奉祝門、歓迎門］　アイス・ホッケー［(氷球)］
アウト・ライン［概要、大要、大体、輪廓、要領］　アグレマン［内諾］
アコーディオン［手風琴］　アド・バルーン［広告気球］
アナウンサー［放送員］　アパート［共同住宅］
イデオロギー［観念形態、観念、(物の)考へ方］
イニシアティヴ［発意権、率先権、指導権、首唱］
インテリ（インテリゲンチア）［知識階級、知識人］
インフレ／インフレーション［通貨膨脹］
ヴェーサーカ祭［南方佛陀祭］
A・B・C・D包圍圏［即チ、アメリカ、イギリス、支那、蘭印より成る包圍網］　エキスパート［専門家、熟練者、老練家］
S.O.S［遭難信号］　援将ルート［重慶援助(の)物資輸送路］
エンジン［機関、機械］
オーバ（ー）する［越す、すぎる、超過］　オーバ（ー）［外套］
オーバ（ー）コート［外套］　オブザーバー［立会人、傍聴者、傍観者］
オレンジ色［橙色］
【カ行】
カーキ色［国防色］　カーブする［曲る］　ガス・マスク［防毒面］
ガソリン・カー［気動車］　Canoe［丸木船］　カバー［おほひ］
カバーする［おほふ、かくす、くるむ、援護する］
カムフラージ［擬装、迷彩］　カメラマン［(映画)撮影技師］
カリバピ［新フィリッピン奉仕團］　カルテル［企業聯合］　カロリー［熱量］
キー・ポイント［重要点、重要な鍵、やま］
ギャップ［間隙、すき間、ずれ、意見の相違］
グラ（ウ）ンド［運動場、競技場］　グライダー［滑空機］
クライマックス［最高潮、最高点、頂点］
グループ［群、組、仲間、友達、團体］　クレヂット［借款］
ゲリラ［遊撃（一隊）］　ゲリラ戦［遊撃戦、奇襲、不意討］
現有ストック［現在の手持品、在庫品］
コース［方向、進路、航路、水路、行程、課程、道、道筋］
コーラス［合唱］　ゴール［決勝点、目的地］
ゴール・イン［決勝点に入る、目的地に着く、中に入る、到着する、ゆき着く］
コミンテルン［国際共産党］　ゴム・タイヤ［護謨輪］
korvette艦［小型木造艦艇、小帆走軍艦］　コンクール［競演会、競技会］
コンディション［條件、調子、工合、状況、情態］
コンマ［小数点、点、(ポイント)］　コンミュニケ［声明、声明書］

【サ行】
サービス［(お客に対する) 奉仕］　サイズ［大きさ］　サボタージュ［怠業］
サラリーマン［月給取り、俸給生活者、勤め人］
サルタン［サルタン即ち住民の王様］
シーズン［季節、時期］
ジーゼル・エンジン／ディーゼル・エンジン［内燃機関］
シーツ［覆ひ、きれ］　シーン［光景、場面、情景］
ジェスチュア［手振り、手真似、（見せかけの）態度、動き］
ジグザグ・コース［波型進路、稲妻型の道筋］
システム［組織、制度、系統］
シャープ・ペンシル［シャープペンシル即ち機構鉛筆］
ジャングル［密林（―地帯）、叢林（―地帯）］
ショーウィンドー［飾り窓］　ショップガール［女店員、売子、婦人従業員］
スクラップ［①屑、屑鉄、鉄屑　②切抜］
スタート（する）［出発（―する）、発足（―する）］
スチール［映画の宣伝写真、広告写真、一こまの写真］
ステーツマンシップ［政治的手腕、政治家らしさ］
ステートメント［声明、声明書、挨拶］　ステップ［登り段、踏み段、段階］
ステップ［草原（地帯）］
ストック（―する）［しまっておく、在庫品、手持品（にしておく）］
ストップ令［価格停止令］　ストライキ［同盟罷業］
スパイ（―する）［諜報（する）、探偵（―する）、探ぐる］
スパイ戦［諜報戦］　スピード［速度、はやさ］
スプリング［ばね］　スポークスマン［當局、発表當局］
スポーツ［体育、競技、遊技］　スムース［なだらかに、円満に、円滑に］
スローガン［合言葉、標語、主義、看板］
セーラー服［水兵服］　センセーション［衝動、感動、人気、大評判、評判］
センセーショナル［衝撃的、感動的、人気のある、大げさな、大きな］
【タ行】
タイ・アップ［提携聯合、合併］　ダイアル（ダイヤル）［文字盤、目盛盤］
タイトル［題目、表題、題、字幕］　ダイヤ［時刻表、豫定表］
タッチ［絵筆の使ひ方、（ピアノの）弾き方、接触、（水泳の）差］
タッチ（する）［（手を）触れる、たづさはる、関する］
ダブる［二重になる、重複する、重なる］　ダム［堰、堰の堤（堤防）、堰堤］
タンカー［石油輸送船］
チャーター［傭船契約、傭船証書］
テキスト［教本、台本］
テスト［試験、検査、下稽古、こて調べ、小試験、臨時試験］

9章　放送における外来語　その「管理基準」の変遷　　245

デッキ［甲板］　デパート［百貨店］
デパート・ガール［百貨店の女店員］　デフレーション［通貨収縮］
デマ［悪宣伝、流言蜚語］　デモクラシー［民主主義、民本主義］
デルタ地帯［三角洲地帯］　テロ［暴力行為］
トーチカ［特火點］　トップ［始め、最初、頭、先頭］
トラクター［牽引自動車］　トラック［競争路、走り道］
トラック［貨物自動車、荷物自動車］

【ナ行】

ナショナリズム［国家主義］
ニュース［報道、お知らせ］

【ハ行】

パーセント［割合、率、分、割、（何）割（何）分］
バーター・システム［物々交換制度］　パーム・オイル［椰子油］
パイロット［水先案内、操縦士、乗組員］　パスポート［旅行免状、旅券］
バッヂ［徽章、しるし］　パラシュート［落下傘］
パラシュート部隊［落下傘部隊］　バランス［平均、均整、釣合、調子］
バリケード［防塞、防禦物、障碍物］　バルコニー［露台］
バンド［堤防、海岸通り埋立て歩道］　バンド［紐、帯］
ハンドブック［便覧、便覧書］　パンフレット［小冊子、印刷物］
百パーセント（に）［十分（に）、能率よく］
ヒント［手がゝり、暗示、端緒］　ピント［焦点、中心、要点、要領］
ファン［愛好者、…好き］　ブイ［浮標、うき］　フィナーレ［終幕、大詰］
プール［水泳場、競泳場］　ブラス・バンド［音楽隊、吹奏楽隊］
プラン［計画、考案、設計、策略、考へ、目論見］
フル・スピード［全速力、大急ぎ］
フレッシュ［新鮮な、新しい、いき〳〵した］　プレミヤム［割増金、打歩］
ブローカー［仲買人］　プログラム［番組、豫定、豫定表］
ブロック［同盟、合同、（地）域、集団、結合、聯合、地区］
ベークライト［合成樹脂］　ペタル部隊［自転車部隊］
ボイコット［不買同盟、仲間外れ］　ボーイ［給仕、給仕人］
ホール［広間、演芸場］　ボルシェヴィズム［共産主義］

【マ行】

mark［印、符号］　markする［印をつける］
minus一度［零下一度、零点下一度］
メス［小刀、匕首］　メダル（メタル）［賞牌］
メッセージ［傳言、通告、教書、挨拶文］　メモ［覚え書、手控、心覚え］
メロディー［旋律］　メンタル・テスト［知能考査、知能検査］
メンバー［役員、一員、一人、係、係員］

モットー［主義、看板、旗印し、標語］　モラトリヤム［支払延期］
【ヤ行】
ユニフォーム［制服、運動服］
【ラ行】
ライブラリー［図書館、図書室、書庫、叢書、蔵書］
ラウド・スピーカー［拡声器］　ラジオ・ロケーター［電波探知機］
ラヂオ・セット（ラジオ・セット）［ラヂオ受信機］
ラッシュ・アワー［混雑時間、雑闘時間］　ランチ［軽い食事、辨当］
リーダー［読本、教科書］
リーダー［先導者、首領、先頭、主導者、指導者、頭］
リード［指導する、導く、勝つ、負かす］
リーフレット［折込広告、折込印刷物、チラシ］
リスト［目録、名簿、一覧表、表］　リヤ・カー［車、三輪車］
リレー［継走］　linkする［連環を持たせる、つながる、結びつける］
ルーズ［だらし（の）ない、やりっぱなしの、ゆるい］
レコード［記録］　レストラン［料理店、料理屋］
レセプション［招待宴、招待会、応接］
ローカル・ニュース［地方ニュース］　ロータリー［環状交叉点］
ロープ［綱、縄］　ロビー［控室、社交室、応接室］

　なお、放送用語として「アナウンサー」ではなく「放送員」と言い換えることに決まったのは1942年である（佐藤孝（1942））。また、1943年4月1日以降「ニュース」の呼称を改め「報道」と決定したことが4月13日の用語委席上で報告されている（浅井真慧（1990）・塩田雄大（2008））。「敵性語」を言い換える動きの一つである。

9.3　戦後

　戦後になると、アメリカ英語からの外来語が爆発的に増える。日本放送協会では、外来語だけの用語集を作成して使用指針を示すことになった。

　『外来語集』（日本放送協会）は、1953（昭和28）年3月に出された資料で、おもな外来語約3000語について放送での使い方の基準を示している。すべての項目に、以下のいずれかの記号が付されている。

○は、放送用語として適当と考えられるもの
△は、専門用語として使う場合の外は避けたいもの
×は、放送用語としてはなるべく避けたいもの

たとえば、以下のようになっている。

△ モーション　　　　　　　motion　　E　［スポーツ］動作
○ モーター　　　　　　　　motor　　　E　電動機
× モーター・スクーター　　motor-scooter
　　　　　　　　　　　　　　　　　　　E　エンジンをつけた二輪車

　個々の外来語に対して、このように具体的に使用可否を示すことで、急増した外来語に対応しようとしたのである。
　なお、この『外来語集』は1960（昭和35）年9月の第7版まで出されたが、その後はこのような外来語の使用基準を個別に示す資料はまとめられていない（浅井真慧（1981））。

9.4　戦中資料と戦後資料の比較

　ここで、外来語の使用基準が戦中と戦後とでどのくらい変わったのかを見るために、これらの2資料を比較してみることにする。以下のような手順で、調査対象語を抽出した。

① 『放送用語備要』（8000項目程度）から、「言い換え」が付されているすべての外来語（および外来語を含む混種語）を抜き出す。この結果、先述のとおり総計191項目が対象となった。
② これらに対応する外来語を、『外来語集』（3000項目程度）から拾い出す。項目の表記・語構成にわずかな差がある場合（『放送用語備要』の「バーター・システム」と『外来語集』の「バーター制」など）でも、対応するものと判定した。

以上の手順から得られた結果をグラフにしたのが図9-1である。ここから、戦中には「言い換えが推奨」されていた外来語は、戦後になるとほぼ3分の2が「放送でそのまま用いてもよい」ことになったということが言えるであろう。

　放送における外来語の扱い方は、「許容する外来語」の数を見ても、戦中から戦後にかけて大きく変わったことがわかる。

図9-1　『放送用語備要』(1940-1944) 掲載外来語の、『外来語集』(1953) における扱い

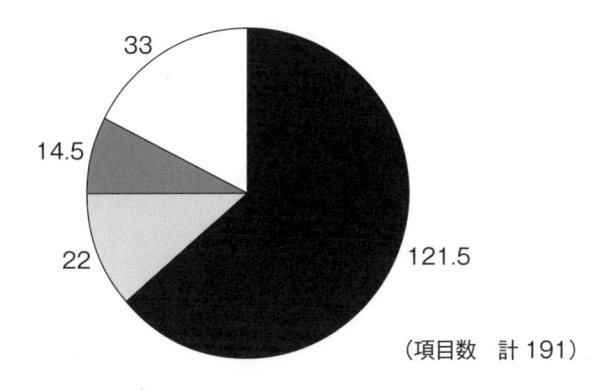

[円グラフ：121.5／22／14.5／33（項目数　計191）]

- ■ ○=放送用語として適当と考えられるもの（アーチ　アド・バルーン　など）
- △=専門用語として使う場合の外は避けたいもの（アイス・ホッケー　アグレマン　カルテル　ゴール　ゴール・イン　コミンテルン　スチール　ステップ　タッチ　タッチ（する）　チャーター（船）　デルタ　トラック［競争路］　バーター制　フィナーレ　メス　メンタル・テスト　モラトリアム　ラウド・スピーカー　リーフレット　リンク　ローカル・ニュース）
- ■ ×=放送用語としてはなるべく避けたいもの（アウト・ライン　オーヴァーコート　キー・ポイント　ステートメント　スムーズ　ナショナリズム　パスポート　プラン　フレッシュ　ベークライト　ボルシェヴィズム　ライブラリー　ラジオ・ロケーター　ルーズ　スクラップ（注2））
- □ (『外来語集』に立項なし)

9.5　1960年以降の外来語の扱い

　先述のとおり、個々の外来語に対して放送での使用可否を定めたような資料は、1960年以降は作られていない。これは、おそらくこの時期から、外来語はもはや個別に制御・コントロールしようとすることは困難であるような存在に転じたからではないだろうか。言語外的な諸条件（対象視聴者・番組の性格・取り上げる題材のニュースバリューなど）を抜きに単語の使用可否を個別に定めるようなことが現実に合わなくなってきており、またたとえ定めたとしても次から次へと新しい外来語が入ってくる状況になっていたものと想像できる。

　新聞社説の語彙分析からは、1960・70年代が「外来語増加のターニングポイント」であると位置づけられている（橋本和佳（2006））。このことを、別の観点から見てみよう。

　図9-2は、日本語関連の新聞記事に占める「外来語」関連の記事の割合を示したものである（注3）。ここで、1960年（1月1日）から1964年（12月31日）の5年間において、外来語に関連する新聞記事がまとまって多く観察されることが指摘できる（たとえば1963年では、記事全件1480件のうち外来語関連記事が169件で、11％程度）。1974年にも単年でのピーク（記事全件1814件・外来語関連記事が177件で、10％程度）が見られるが（1949年は記事全件87件・外来語関連記事13件と母数が少ないので考察の対象外としたい）、60年代前半の5年間は「まとまって高い割合」を示している点が特徴的である。

　60年代後半になると、「日々増加する外来語」に対して慣れてしまい、それほど記事化されなくなったのではないか。これは、たとえば「歩きながら携帯でメールをすること」が以前はよく記事・投書として取り上げられたが最近はあまり問題にされないことと同じである（現実には歩きながらメールをする人の割合は以前よりも多くなっているのにもかかわらず、である）。

　ここから、60年代前半には外来語が爆発的に増加し、『外来語集』のように一語一語について使用可否を判断するような「個別規定方式」では対応しきれなくなった（その後この方式の資料は作成されなくなった）、と言える

だろう。

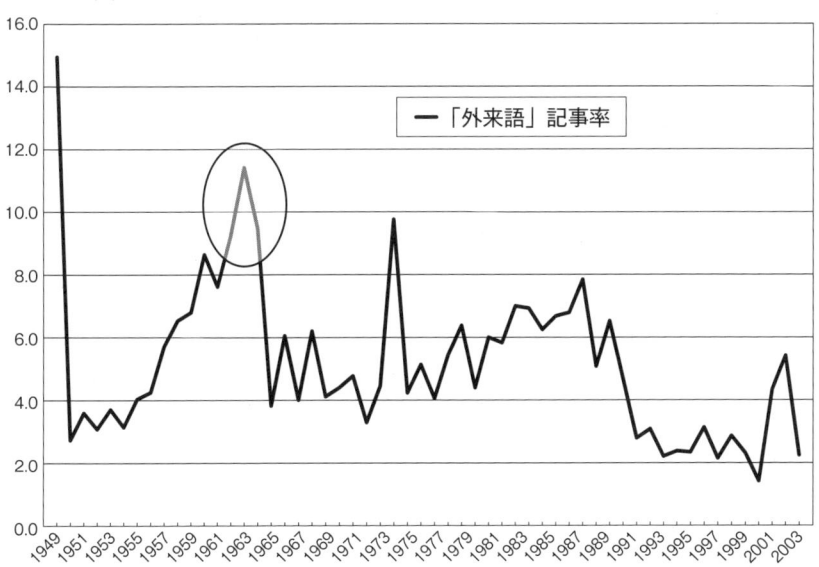

図9-2 国研「切抜集DB」にみる外来語関連記事の割合

9.6 理念提示方式

『外来語集』以降は、外来語に対して個別に使用可否を示す（「個別規定方式」）のではなく、おおまかな指針を提示しつつ判断を使用者（番組・ニュース制作担当者、アナウンサーなど）にゆだねる、という「理念提示方式」とでも呼ぶべき方法に方針が変わっていった（塩田雄大（2003）（2007.2））。たとえば、日本放送協会総合放送文化研究所編（1977）『NHK放送用語集—放送用語委員会決定事項』では、以下のように記されている（p.25）。

外来語の使用原則　わかりにくい外来語には、必ず説明をつけるような心づかいを徹底させる必要がある。なお、日本語に訳せる場合には、外来語を使わず日本語に訳すことが好ましい。

このような方針は、現在にまで受け継がれている。ここで、ある文脈において ある外来語を使うかどうかを決めるのにあたって、個人の語感だけでは判断しにくいこともあるだろう。そういった判断にあたっての手がかり（どのくらいの人が理解できるかを客観的に示したもの）と、言い換え表現の案を例示したものが、国立国語研究所を中心としておこなわれた「外来語言い換え」の活動であると位置づけられる。

9.7　本章のむすびに

　ここまで、放送における外来語の扱い方の変遷について論じてきた。筆者は、外来語は本質的に／無条件に避けるべきものなのではなく、「わかりにくい」可能性が比較的高いので注意する必要があるものと考えている。

　ことばというものは相手（聞き手）に伝わってこそ価値があり、不特定多数の視聴者を対象とする放送においては、このことを常に強く意識しておく必要がある。こうした観点からは、外来語だけでなく、専門用語・難解な漢語・仲間内にしか通じない「若者ことば」などは、すべて同じ土俵の上で扱われるべきである（このほかに「耳慣れないアクセント」「見慣れない漢字表記」なども対象になるだろう）。専門家集団や若者どうしの会話など「通じる（と思われる）人どうし」で使っている場合には、これらのことばの使用は何ら問題ない。個人間の言語使用とマスメディアの言語使用とでは、「管理基準」が異なって当然である。また、時代の変化に対応して、「管理基準」も姿を変えてゆくのである。

注

1　内閣資源局の附属機関として「資源審議会」というものがあり、材料・エネルギー関連の用語不統一による事務能率低下を解消するために、1930年から1939年にかけて「薬品」「燃料，油脂，塗料及顔料」「機械」「金属類，鉱物類及土石類」「電気」について標準用語を制定・明示した。これらの用語集は内閣告示として公布され、各官庁に対して使用が奨励された（塩田雄大（2015予定））。

2　「スクラップ」は『放送用語備要』では1項目だが、『外来語集』では「×　スクラップ：くず鉄、新聞の切抜」「○　スクラップ・ブック：切抜帖」と複数項目が

立てられているため、0.5項目ずつ○と×にカウントした。
3　国立国語研究所「ことばに関する新聞記事見出しデータベース」（http：//www.ninjal.ac.jp/archives/shinbundb/）を利用し、外来語関連記事数（「キー1」で「外来語」を指定して検索）と記事全件数（当該ＤＢに収録されている日本語関連記事数）を各年（1月1日～12月31日）ごとに調べ、「外来語記事」率（外来語関連記事数÷記事全件数）を算出し、図化した。なお1949（昭和24）～2004（平成16）年の外来語関連記事数は6387件、記事全件数は127182件で（2007年3月検索）、「外来語記事」率の総平均は5％程度である。

引用文献

浅井真慧（1981）「放送のことばのあゆみ（2）　～放送用語調査研究資料解題～」『文研月報』31-10

浅井真慧（1990）「放送用語委員会審議の変遷（2）　"語る文章"の理想もむなしく＜ニュース編・その2＞」『放送研究と調査』40-2

石綿敏雄（1971）「現代の語彙」『講座国語史　第3巻　語彙史』大修館書店

佐久間鼎（1936）「ラジオと国語問題」『教育』4-12（佐久間鼎（1942）『日本語のために』（厚生閣）に再録）

佐藤孝（1942）「大東亜戦争と放送用語」『放送研究』昭和十七年七月号

塩田雄大（2003）「放送におけるカタカナ語の扱い」『語彙・辞書研究会　第24回研究発表会　予稿集』

塩田雄大（2007.2）「テレビ・ラジオにおける外来語の過去と現在」『第30回「ことば」フォーラム　予稿集』国立国語研究所

塩田雄大（2007.3）「漢語の読み方はどのように決められてきたか　戦前の放送用語委員会における議論の輪郭」『ＮＨＫ放送文化研究所　年報2007』51

塩田雄大（2008）「アクセント辞典の誕生　放送用語のアクセントはどのように決められてきたのか」『ＮＨＫ放送文化研究所　年報2008』52

塩田雄大（2015予定）「標準用語」『日本語学大辞典』日本語学会編、東京堂出版

橋本和佳（2006）「朝日新聞社説の外来語　―出自別推移を中心に―」『同志社国文学』64

10章 スポーツ用語にみる外来語の扱い

　スポーツ番組のことばには一般に外来語が多いと言われており、このことは実証的にも明らかにされている（例えば石野博史（1982）・菅野謙（1983）・大島資生（1995）・石井正彦（1999）など）。では、このような状況はいつから始まったものなのだろうか。筆者の推定では、これはおそらく「ラジオによるスポーツ放送開始当初から」ではなかったかと考える。例えば、ボクシングの実況放送を聴取した1932（昭和7）年の記録として次のようなものがあり、「外来語の多さ」に驚いている様子がうかがわれる。

　「この間東京で挙行された拳闘大会の実況放送を聴いて居ると、僅か一時間半程のうちに五十以上の英語（単語及び術語）が私の耳に這入つた。もつとあつたやうにも思ふが、書きとめ得たものがそれだけあつたので、しかもその大部分は幾度も幾度も繰返して使用された。それがまた「名アナウンサー」の流暢な日本語中に無雑作に混入されて、大部分は極めて自然に聴えるのが面白かつた。」
　　　　　　（M.O.M（1932）「拳闘術語としての英語」『英語青年』66-13）

本章では、このようなことを、もう少し具体的に見てみる。

10.1　スポーツ放送における外来語使用（昭和初期）

　戦前における放送のことばがどのようなものだったのかは、音声資料として残されているものが非常に少なく、なかなか実態がつかみにくい。その背景として、録音技術が戦後とは比べものにならないほどの低水準であり、特定のものしか録音されず、また録音盤の長期保存が技術的に困難であったこ

とが指摘されている（竹山昭子（2005）p.232）。そのため、ここでの報告も文字記録によらざるを得ない。

日本でラジオ放送が始まったのは、1925（大正14）年3月22日である（日本放送協会編（2001）p.27）。この年の10月17日には明治39年以来中断していた早慶戦が復活することになったが、当日朝の読売新聞紙面では「本社ではこの栄ある試合のもようを午後七時十分からのラジオで皆さまにお知らせします。眼に映るような戦況をおきき下さい」と報じられている（当時のラジオニュースは各新聞社の担当持ち回り制で提供された）。放送時刻からもわかるとおり、これはもちろん実際の試合のようすをその場で伝える「実況中継」ではなく、試合終了後に「ニュース」として伝えるものである（南利明（1982））。

野球が初めて実況中継されたのは、1927（昭和2）年8月13日、甲子園球場の第13回全国中等学校優勝野球大会(現在の高校野球の前身)である（注1）。この当日の放送の音声記録は残っていないが、松本商業対広陵中学の準決勝戦（おそらく同年8月19日）は、速記録の形で一部が残されている（注2）。

「十一回が始まります　十一回の表が始まりまアす　打者は二番の矢島君　松本攻撃十一回の表が始まります　プレーボール　ソラ　ストライキワン　ソラ…ボール、ワン・エンド・ワン　ソラ投げる…フアウル、ツウ・エンドワン　ピーゴロ　フアスト・アウト　打者四番の佐藤君…アウト・ワン　ピツチヤーが投げます、ソラ投げた…フアウルボール　ストライク・ワン　ソラ投げる、ストライク・ツー　ノーボール　フライ…フアストアウト（アナ公の間違ひ）」［以下略］

「アナ公の間違ひ」という注記は苦笑を誘う。ここで見るかぎり、外来語の多さは現代の野球中継とさほど変わりがないように感じられる。

また、1931（昭和6）年の早慶戦（第二回戦）の詳細な速記録（試合開始から終了まで）が当時の雑誌に残されている（注3）。ここから一部を紹介してみよう。

「一番バッター佐伯、右ボックス。球審は野本。ピッチヤー第一球、大きくモーション。投げました。第一球ツ高い球、ボールワン。先づ喊声、早稲田の応援団立上つてワーツとばかりの応援であります。

バッテリー間最初から懸命のサイン。サイン決つてピッチヤ第二球目の構え。第二球目ピッチヤワインドアップ、第二球のモーション、第二球ツ、ストライク、インコーナーを衝いた直球、見送りのワンエンドワン。」［以下略］

この「放送記」全体を詳細に分析した荒川惣兵衛（1932）では、「「早慶大野球戦放送記」は「名アナウンサー」松内則三氏の放送の速記であるが、試合時間二時間三十七分（157分）に用ひられた外来語総数2368語で、一分間平均15語用ひられてゐる」ということが述べられている。

これはつまり、「放送時間157分の野球中継において使用された外来語は、延べ語数として2368語で、1分間の平均は15語程度」ということになろう。

10.2　ドラマにおける外来語使用（昭和初期）

いっぽう、当時の放送におけるほかのジャンルの番組の外来語使用は、どのようなものだったのだろうか。

時期はさきほどの例よりもやや後になるが、桜井隆（2004）では1937（昭和12）年から1945（昭和20）年の間のラジオドラマの台本における外来語が分析されている。ここでは、「軍隊もの」のドラマは、時代もの・文芸作品・日常ものに比べて、外来語の使用が多いという結論を導き出している。ここで挙げられている「軍隊もの」のラジオドラマのうち、放送時間の示されているものを筆者（塩田）が抜き出してあらためて整理・再計算したところ、表10-1のようになった。

ここで示した放送時間は、「確定番組表」（NHK放送博物館蔵）によって放送時刻を確認したものと、台本の表紙に記載されていた放送時刻によるものとが混在しているため、必ずしも正確ではないおそれもある。それを承知

表10-1　ラジオドラマ（軍隊関連）の外来語

		（外来語[異なり]）	（外来語[延べ]）
戦塵挿話（1937）	30 分間	3 語	4 語（0.13語／分）
世紀の歌声（1938）	30	14	28（0.93語／分）
旅順進攻（1939）	40	6	17（0.43語／分）
ほんぶ日記（1940）	40	9	12（0.3語／分）
鎮魂歌（1941）	35	10	13（0.37語／分）
芦溝橋（1942）	105	6	6（0.06語／分）
義勇音楽隊（1944）	120	16	49（0.41語／分）
翼［第一夜］（1944）	80	9	16（0.2語／分）
翼［第二夜］（1944）	80	5	15（0.19語／分）
御盾（1945）	80	9	10（0.13語／分）

の上で試算をおこなったものだが、いずれのドラマにおいても、外来語の使用［延べ］は1分間に1語未満である。

　これは、さきほどの野球中継（1分間あたり15語［延べ］）と比べると、大きな違いであると言えよう。当時の野球中継では、ドラマに比べて大量の外来語を使っていたのである（注4）。

10.3　スポーツ放送における外来語使用（現代）

　次に、現代に属する例として1983年のプロ野球中継を対象にした研究結果を取り上げると、1分間あたり10.8語（地名人名を含めると11.1語）となっており（菅野謙（1983））、上記の1931年の例（1分間あたり15語）とそれほど大きくは違わない。

　つまり、

　　放送において外来語が使用される割合に関して、昭和初期の野球中継は、戦前のドラマ番組とはかなり異なっているのに対して、現代の野球中継とよく似た様相を呈している。つまり、野球中継を含めたスポーツ放送において外来語の使用率が高いという状況は放送開始当初のころから続いており、それが現代にまで引き継がれている

という推定が成り立つ。

　なおこうした傾向は、日本語の言語構造に起因するものではなく、あくまで外的（社会的）要因によるものである。例えば韓国と北朝鮮とでは、本来の言語としては同じものを用いているが、現在の韓国では英語からの外来語が非常に多いという実態（これは現代の日本語と同様である）がある。劉美貞（2002）では韓国と北朝鮮のスポーツ用語（同一概念を指し示す術語）がいくつか対照されているが、これらの「語種」について筆者（塩田）が試みに一つ一つ判定したうえで集計してみたところ、表10-2のような結果になった。「固有語」は、日本語での「和語」に相当するものである。

表 10-2　韓国・北朝鮮のスポーツ用語の語種

	固有語	漢語	外来語	混種語
韓　国	0	7	39	2
北朝鮮	21	15	0	12

(語)

　このように、同じ概念を指し示すスポーツ用語において、北朝鮮では固有語が多く、韓国では外来語が多くなっているのは、韓国が、戦後にアメリカの影響を強く受けてきたことが背景にある（これは日本も同様である）。なお、上記の韓国の漢語「7語」はすべて野球用語である。

　日本語での話に戻ると、「スポーツ放送には外来語が多い」とは言っても、スポーツの種目による違いが見られる。宮島達夫（1981）は日本放送協会編『放送のためのスポーツ辞典』全20冊（1957（昭和32）～1964（昭和39）年刊行、市販本）（注5）の収録語彙の語種（和語・漢語・外来語・混種語）を詳細に分析したものであるが、この成果を用いて「それぞれの種目においてもっとも優勢な〔＝占める割合の多い〕語種は何か」という観点から見てみると、

　　　和語優勢種目　：相撲、柔道　　　　　　　　　（計2種目）
　　　漢語優勢種目　：馬術、近代五種、ライフル射撃　（計3種目）
　　　外来語優勢種目：クレー射撃、レスリング、自転車、競泳、シンクロナ

　　　　　　　　　　イズドスイミング、ウエイトリフティング、スキー、
　　　　　　　　　　ボート、フェンシング、陸上競技、ヨット、ウォーター
　　　　　　　　　　ポロ、野球、ハンドボール、スケート、バレーボール、
　　　　　　　　　　ホッケー、バスケットボール、サッカー、ラグビー、
　　　　　　　　　　卓球、カヌー、アメリカンフットボール、ボクシング、
　　　　　　　　　　テニス　　　　　　　　　　　　　　　（計25種目）
　　混種語優勢種目：飛込、体操　　　　　　　　　　　　　（計2種目）

というような分布状況になる。ここで、「混種語優勢種目」となっている2種目（飛込、体操）における混種語の内訳を見てみると、もっとも多いパターンは「和語と漢語との組み合わせ」となっており、この「和語と漢語との組み合わせ」だけでもそれぞれの和語・漢語・外来語より多い数値になっている。このことを含めて考えると、上記の32種目は、

　　○【在来語〔＝和語＋漢語〕優勢種目】：
　　　　「相撲、柔道、馬術、近代五種、ライフル射撃、飛込、体操」
　　　　　　　　　　　　　　　　　　　　　　　　　　　　（計7種目）
　　○【外来語優勢種目】：
　　　　上記以外　　　　　　　　　　　　　　　　　　　　（計25種目）

のように分類することができる。この2分類は、それぞれのスポーツがどの時期に日本に導入されたか（相撲・柔道の場合には「生まれたか」）ということと強く関連しているものと思われる。

10.4　スポーツ放送に外来語が多い背景

　放送開始当初のころ、アナウンサー・記者をはじめとして放送従事者たちは「耳で聞いてわかりやすい日本語」の模索に格闘した。その中でも、耳で聞いたときの漢語のわかりにくさが特に大きな問題であった（塩田雄大（2007.3）（2007.6））。これに対して外来語は、拍数は長いものの漢語に比べ

て（なじんだ外来語であれば）わかりやすいという利点があり、初期の放送では外来語の使用は（太平洋戦争開戦以降との比較で言えば）それほど躊躇されなかった。

また当時の陸軍では、国威の発揚から（保科孝一（1942）の表現では「軍の威厳を保つといふ建前から」）外来語〔＝「敵性語」〕の使用が控えられた戦時中であっても、兵器名・部品名に難しい漢字・漢語が多すぎることが「国運の進展に障害となつてゐる」ことから、兵器名の簡易化が進められた（楳垣実（1942））。例えば、「生硬な漢語名を世間普通のものに改めたもの」として、

極軟鋼鍍錫　→　ぶりき
纏絡機　→　ウインチ
制動機　→　ブレーキ
輻履　→　スポーク受
牝螺　→　ナット
傳聲筒　→　メガホン
孤光燈　→　アーク燈
扛起器、扛重器　→　ジャッキ
輪削機　→　フライス盤
電動鑽孔器　→　ハンドボール
縫綴機　→　ミシン
稜鏡　→　プリズム
兩脚規　→　コンパス
噴焰器　→　トーチランプ
尖鉋　→　フライス
斷鋏器、鐵線鋏　→　ベンチ（ママ）
牡螺範　→　ダイス
牝螺範　→　タップ
螺鑰　→　スパナ
轉把　→　ハンドル

歪輪	→	カム
活塞	→	ピストン
噴嘴	→	ノズル
喞筒	→	ポンプ

などが外来語に言い換えられている（保科孝一（1942）pp.65-68、字体は原文のとおり）。

　以上からもわかるとおり、実利面で言えば、「外来語は漢語よりも耳で聞いてわかりやすい」側面もあるのである。

　放送でのニュース文が、一度文字で書かれたもの（放送開始初期には新聞用の文章をもとに書き換えていた）を音声化するという過程を経るために「漢語」使用の「癖」がなかなか抜けないのに対して、スポーツ中継ではそのような過程がないことも、「耳で聞いてわかりやすい」外来語（ただし一般によく知られた語・表現が中心）がスポーツ中継で用いられることが多かった理由の一つであろう。音声を土台にしたメディアである放送においては、漢語だからよいとか外来語だからだめだというような単純な議論ではなく（ただし太平洋戦争中の一時期は例外）、あくまで「耳で聞いたときにわかりやすいかどうか」ということに、重点を置いてきているのである。

注

1　この1927年8月の野球放送を「日本最初のスポーツ中継」であるとみなす論があるが、それよりも京城放送局（JODK）による同年6月18日の大相撲実況のほうが時期的に早いという反論が山口誠（2003）で提示されている。これは日本人アナウンサーによる日本語での実況で、東京での大相撲がJODKで中継放送されたもので、JODKと東京との「有線連結放送」の試験として放送されたものだとされている（이내수（1999）p.126）。なお同局からの朝鮮語による最初のスポーツ中継放送は、1933年4月14日のボクシング実況である（이내수（1999）p.141）。

2　「ラヂオを通じて展へられた　広陵松本鉄火の血戦　レシーバーを叩く強烈な声援」『アサヒスポーツ』第5巻第19号（1927年臨時増刊）から一部を引用。原文には「観衆のどよめき」や「声援と拍手の騒音」を表す符号も付されているがここでは省略した。また改行も適宜調整した。なお、竹山昭子（2001）（竹山昭子（2002）に再録）でもこの速記録の一部が紹介されている。

3 「早慶大野球戦放送記」『文藝春秋オール読物号』1931（昭和6）年12月号から一部を引用。ルビは省略した。
4 ただし、1931（昭和6）年の中継放送と、1937（昭和12）年から1945（昭和20）年のドラマ番組とを比較するのは、この当時に激変した社会背景（太平洋戦争開戦以降は放送での外来語の使用を相当控える動きがあった）を考慮すると、時期としてやや離れすぎているというおそれもある。なお、開戦以降は、以下にも見えるとおりスポーツ関連の放送自体が極端に制限されていた。

　「こゝで、放送番組のうちこの一年の間に最も変つた体育運動の部面について考へて見たい。都市放送［引用者注　現代のＮＨＫラジオ第二放送に相当］の休止によつて、開戦当時から既に大部分の運動競技放送は番組面から消えてしまつてゐた。野球や相撲の様な大衆性を持つものさへ種々の制約を受けて、放送回数や時間を制限されて来た。そして今年に入つてからは六大学リーグも解消され、中等野球もなくなつた。これで、従来所謂「スポーツ放送」の対象とされてゐたものは殆どすべてなくなつたわけである。」

　　　（川添照夫（1943）「転換期を過ぐ」（特集・開戦第二年の放送（アナウンス））
　　　『放送研究』昭和十八年十二月号）

5 この資料に関して、「放送で使われるスポーツ用語が、明りょうでわかりやすく、しかもスポーツ独特の術語が正しく使われることを目的として編集された。このため、各見だし語にアクセントを付けるなどの細かい心配りがしてある。このスポーツ辞典のシリーズは昭和32年3月に第1巻「野球」を刊行後、継続して刊行し、昭和39年9月に、第20巻「フェンシング・馬術・近代五種」と、別冊「スポーツ競技の見どころ」を刊行してシリーズ全巻の刊行を終えた。」（西谷博信（1965））という解説が成されている。なお、宮島達夫（1981）に掲げられた収録語数の数値をすべて足し合わせると、1巻から20巻までの合計で計8883語となる。この『放送のためのスポーツ辞典』は、おそらく東京オリンピックを意識して企画が始められたものである。1956（昭和31）年5月21日に「放送スポーツ用語専門委員会」という組織がＮＨＫ内に発足し、その後筆者（塩田）が確認しただけでも80回以上の会議を開いた上で継続的に審議が進められたようである。

引用文献

荒川惣兵衛（1932）『外来語学序説』
石井正彦（1999）「番組ジャンルの特徴語とジャンル間の関係」『テレビ放送の語彙調査Ⅲ　―計量的分析―』国立国語研究所報告115
石野博史（1982）「スポーツと外来語」『言語生活』370
楳垣実（1942）「戦争と日本語」『日本語』2-5
大島資生（1995）「番組のジャンル」『テレビ放送の語彙調査Ⅰ　―方法・標本一覧・分析―』国立国語研究所報告112
菅野謙（1983）「テレビ高視聴率番組の外来語」『放送研究と調査』33-12

桜井隆（2004）「戦時期の外来語使用」『戦時中の話しことば　―ラジオドラマ台本から―』ひつじ書房
塩田雄大（2007.3）「漢語の読み方はどのように決められてきたか　戦前の放送用語委員会における議論の輪郭」『NHK放送文化研究所　年報 2007』51
塩田雄大（2007.6）「放送における外来語　―その「管理基準」の変遷」『言語』36-6
竹山昭子（2001）「ラジオの時代（六）「ラジオ文化」一つの到達点　a. スポーツ放送」『学苑』729
竹山昭子（2002）『ラジオの時代　―ラジオは茶の間の主役だった―』世界思想社
竹山昭子（2005）『史料が語る太平洋戦争下の放送』世界思想社
西谷博信（1965）「放送用語研究史要　―NHKで編集した放送用語関係資料を中心として―」『NHK放送文化研究年報』10
日本放送協会編（2001）『20世紀放送史　上』日本放送出版協会
保科孝一（1942）『大東亜共栄圏と国語政策』（統正社）［桜井隆監修（2008）『日本語教授法と言語政策　大東亜共栄圏と国語政策（保科孝一）』（冬至書房）として復刻］
南利明（1982）「早慶戦と松内則三（1）　～初期野球放送発達史～」『文研月報』32-11
宮島達夫（1981）「スポーツ用語」『専門語の諸問題』秀英出版
山口誠（2003）「スポーツ実況のオラリティ　―初期放送における野球放送の話法について―」『関西大学社会学部紀要』34-3
劉美貞（2002）「韓国と北朝鮮の言語（2）　―スポーツ用語―」『ポリグロシア』5
이내수（1999）『이야기 방송사』씨앗을 뿌리는 사람（韓国）

11章 放送用語と日本語史

　日本語史の時代区分では、広い意味での「近代語」を室町時代以降の日本語とし、その中でも特に明治以降のものを「現代語」としてとらえることが一般的である（佐藤武義（1995））。これは、「広義の現代語〔＝明治～現在〕」である。

　一方、日本語の変化に大きな影響を与えた要因としてテレビの登場があることを重視し、1873（明治6）年から1953（昭和28）年の間を「近代語（後期）」、テレビ放送開始（1953（昭和28）年）以降現在までの日本語を「現代語」として扱う立場もある（岩淵匡（2004））。これは「狭義の現代語〔＝テレビ登場～現在〕」である。

　本書では、おおむね「広義の現代語」という観点に立脚しつつ、「狭義の現代語」が成立するのにあたってのきわめて重要な前段階であった「ラジオ放送開始以降」の放送の日本語を、集中的に取り上げてきた。

　日本語史の観点から放送用語というものをとらえなおしてみると、

> 大正のころまでに完成していたと思われていた「標準語」が、放送の開始にともない「一律に音声化」されるという試練を日常的に経ることによって、さまざまな不備が露呈した。これらの問題を解決するために、日本放送協会では継続的に放送用語の調査・研究と審議・決定をおこなってきた。

というように言うことができると筆者は考えている。

　現代語の基礎語彙（1000語）を中心として見た場合、明治末までの時点で、現代語の9割以上（95%）がすでに成立していたことが明らかにされている（安部清哉（2009））。日本語の全国標準語は、書きことばとしてのものは大

正時代にはすでにほぼ完成していたと言える。例えば田中牧郎（2005）には、「新しい語彙が定着し、口語文が普及し、語彙と文体が安定に向かうのは 20 世紀初期（明治後期から大正時代）である。この、書き言葉が安定に向かう 20 世紀初期を、現代語の確立期と見ることができる」という指摘が見られる。

それに対して話しことばの面では、本書の 1 章をはじめとして述べてきたとおり、同時代においても開拓すべき事項がまだ山積していた。大正末期に始まったラジオ放送では、ことばの音声的表現方法に関して、各放送局でそれぞれ模索をしている状態で、各地の放送局を結ぶ全国中継放送が次第にふえてくるにつれ、部内から「放送で使うことば（音声面での標準語）のよりどころがほしい」という要望が強くなってきた。また社会的にも、標準語を整備するのは放送の責務である、という声が高まっていた（塩田雄大（2007）（2008））。だが、話しことば・音声言語に対する学問的な研究、実践的な研究は、当時の国語学ではまだほとんどなされていなかった（安田敏朗（2006）p.178）。

こうした状況の中で、1934（昭和 9）年に、放送に用いる日本語を整備するための機関「放送用語委員会」が組織され、指針策定と具体的決定をおこなってきたのである。

このようなことを念頭に置きつつ、あらためて既述の各章の内容を検討してみる。

11.1　本書の各章に関する再考

2 章「開始当初の放送に現れた日本語の「間違い」」についてあらためて述べると、少なくとも日本語学の立場からは、言語表現に関して「間違い」であるかどうかを判定することが決して容易ではないことが、あらためて浮き彫りになる。一般に放送で「間違い」とされるものは、明白な「誤り」ばかりではない。

たとえば、現代の首都圏の若者を中心に使われる文末詞「～くね？」を例に取り上げてみよう（塩田雄大（2009））。これは「～くない？」を縮めた形で、「ヤバくね？」「意味なくね？」「やってなくね？」などのように相手の

同意を要求するような文脈において使われてきている。近年までは「ヤバい」「（意味）ない」などのような形容詞や「（やってい）ない」のような形容詞型の助動詞に接続するのが一般的であったが、このごろでは「もう終わったくね？」「暇(ひま)くね？」といった「非伝統的な」接続も見られるようになってきた。

　では、この「〜くね？」の新型接続は、要するに「間違い」なのか。この問いには、特定の「場」が与えられない限り、答えることができない。

　いま、アナウンサーが放送で「その話はもう終わったくねっすか？」などと言ったら、多くの日本人が「間違い」であると感じるであろう。ここでは、公的な場面での言い回しとしてふさわしくないという観点が、「間違い」と等価なものとして扱われている。

　一方、若者どうしの会話で用いる「〜くね？」はどうだろうか。それで互いの意思疎通がきちんと成立しているのであれば、完全に「間違い」であると言い切ることは難しいはずである。ただし、この言い方が「大人」に向かって発せられた際には、現時点では「間違い」であると非難されてしまうであろう。それは、その言い方が論理的に不正確だからではなく、非伝統的で大人に対する物言いとしてふさわしくないという判断からである。

　つまり、一般的に用いられる「ことばの間違い」というのは、論理的におかしいということではなく、ある「場」においてふさわしくないという意味で用いられているのである。

　このように考えてみると、「ら抜きことば」に対する放送での扱いについても、比較的容易に理解できるだろう（塩田雄大（2009））。現在では「ら抜きことば」は日本じゅうで広く用いられており、使用者の数でいえばむしろ主流派と考えても差し支えない（注1）。それにもかかわらず、（いまだに）放送において「ら抜きことば」を間違いであると判定しているのは、放送という「場」においては「ら抜き」はふさわしくないという意見が強いからである（Shioda（2011））（注2）。べつに「見れる」「食べれる」という言語表現自体が、特定の「場」を抜きにして「間違っている」わけではない。あくまで「放送では」という条件が与えられた場合において、「ら抜き」はふさわしくない、すなわち間違っていると判定されるのが現状なのである。

また、「放送では」という条件に限定した場合でも、ある言語要素（音声・音韻・語形……）・言語使用を正しいものと考えるか、あるいは間違ったものと考えるかは、人によって見解が異なる。このことは言語学・日本語学に接したことのある者にとってはきわめて当然のことなのだが、一般社会では必ずしも常識にはなっていない。たとえば、多くの「日本語本」において「『弱冠』ということばを二十歳以外の男に用いるのは間違い」という記述が頻繁に見られるが、中国の原典にさかのぼると、これが必ずしも正しくない（十八〜二十九歳ぐらいの男に対して「弱冠」を用いた用例も少なくない）といったこと（福田武史（2002））が挙げられる。しかし、「『弱冠』ということばを二十歳以外の男に用いるのは間違い」ということが、日本語に多少なりとも関心のある人たちの間では「常識」になってしまっているのが現状である。このような場合、放送では中国での実例に従って「二十歳以外の男への使用も決して間違いではない」という立場を取るのか、あるいは「日本語に関する蘊蓄」としてすでに成立している「事実上の標準（デファクト・スタンダード）」に従って「二十歳以外の男に用いるのは間違い」という姿勢を取り続けるのか（注3）。これは実務上、それほど容易な問題ではない。

　3章「最初の放送用語基準　1935年『放送用語の調査に関する一般方針』について」に関しては、放送の「標準語」の位置づけを考える上で、非常に重要な側面を含んでいる。放送用語は「帝都の教養ある社会層において普通に用ひられる」ことばを基本とするように定めたのであるが、その一方で「共通用語と方言との調和をはかる」という表現もあり、「標準語」は東京語を中心としつつ諸方言からの要素も活用されうる余地が残されている。
　なお、現代では「東京の人の話すことば」が「共通語の手本」だと考える人は、全国的に見ると決して多くはない。2006年におこなった世論調査（複数回答）では、「ＮＨＫのアナウンサーのことば」は共通語の手本だと考える人が51.9％であったのに対して、「東京の人の話すことば」を選択して回答したのはわずか7.6％である（塩田雄大ほか（2008））。
　本章は、この時期における「標準語」をめぐっての「方言」の位置づけが決定的になった道筋を示したものである。

4章「音声標準語の確立にあたって課題の多かった分野 〜1939年『決定語彙記録（一）』の分析から〜」では、放送用語委員会が発足してから約5年の間に審議・決定された項目の数量に関して、【①アクセントに関する問題　②漢語の字音に関する問題　③外来語の語形に関する問題】の順で多かったことを明らかにした。これは、それまで「書きことば」としての標準語はすでに成立していたと思われていたが、文字に表れない部分、すなわち放送という「音声化」によって初めてあぶりだされてきた諸問題の中で一番大きかったのが「アクセント」であったことを示すものである。なお、このような背景から、一般に教育としてアクセントが教授される場合にも、放送用語のアクセントが基準として取り上げられることが非常に多い（中村通夫(1970)）。また漢語の字音に関しても、書きことばでの場合には「読みのゆれ」があってもさほど大きな問題とはならなかったので、放送が始まるまではあまり整備・整理されてきていなかったのである。

　この時期は、こうした「標準的日本語における音声面での不備」を補おうとしていた一過程として、日本語史の中に位置づけられるであろう。

　5章「アクセント辞典の誕生　〜放送用語のアクセントはどのように決められてきたのか〜」および6章「終戦前の辞典に示された複合動詞のアクセントをめぐって　〜帰納的記述と演繹的規範〜」では、標準アクセントを定めるという取り組みが容易な作業ではなかったことを記述した。当時、東京という地域のアクセント自体がさまざまな「ゆれ」を内包したものであったのに加えて、『アクセント辞典』の中心的な編纂者であった三宅武郎は非東京出身者であり、おそらくそのことに起因して、自身の調査結果から得られた「傾向」〔＝複合動詞のアクセントに関する式保存〕を「法則」として適用・再解釈し、現実の東京語とは異なる、やや過剰な一般化を施してしまった蓋然性を指摘した。

　こうした観点は、資料論と強く関連するはずである。つまり、一定の規範意識をもって記されたある資料をもとにして、その当時の言語実態をどのように推定するのがよいのかということを考える契機となる。特に「辞書」の

編纂には規範意識が強く働くので、辞書の記述内容からその時代の言語実態を導き出すのには、注意が必要である。

　7章「漢語の読み方はどのように決められてきたか　～戦前の放送用語委員会における議論の輪郭～」および8章「「漢語の読みのゆれ」と『放送用語調査委員会決定語彙記録（一）』」では、おもに漢語の読み方に関する字音のゆれをめぐってなされた取り組みを記述した。このことは、屋名池誠（2005）で主張されている「現代語における字音語の語形の「ゆれ」は、字音が「漢字音の一元化」という方向で有標語彙を減らしてゆく、その途中段階で新旧両形が並存している状態であるとみることができる」という視点から、今後あらためて整理してゆく必要があると考えている。
　日本語における漢語の字音読みが移り変わってゆく中で、どのようにしてある読み方に公的な位置づけが与えられたのかを示した章であると言える。

　9章「放送における外来語　その「管理基準」の変遷」および10章「スポーツ用語にみる外来語の扱い」では、放送における外来語の扱われ方・表れ方について記述した。外来語は、戦後になって急増したことがよく知られている反面、戦前・戦中は一般にあまり使われていなかったものと解釈されることもある。ここでは、戦前と戦中とでは状況が異なり、太平洋戦争開戦前に外来語のやや多い時期があったことを指摘した。
　外来語受容史の重要な一側面を取り上げた章である。

11.2　放送用語と「模範」、そして日本語の変化

　放送で話される日本語は「模範的」であるべきかどうかということに関して、NHK放送文化研究所ではこれまでにいくつか調査をおこなったことがある。これらの結果からは、放送で用いられることばはある程度「模範的」であるべきだという考えが比較的主流であることがわかっている。

▽NHKのアナウンサーは、日本語の模範となるような、きちんとした敬語を使うべきだ

そう思う … 78.8％（東京）／74.0％（大阪）

［第1回現代人の言語環境調査（1987年2月28日～3月6日、東京区部の満16歳以上の男女1200人および大阪区部の満16歳以上の男女800人、個別面接法、調査有効数（率）は東京799人（66.6％）、大阪485人（60.6％））。石野博史・稲垣文男（1987）に掲載］

▽あなたにとって標準的な日本語とは次の中のどれでしょうか。（複数回答）

アナウンサーのことば … 68.5％
新聞のことば … 53.8
教科書のことば … 43.1
標準的な日本語などない … 11.0
先生のことば … 10.7
東京のことば … 9.1

［第3回現代人の言語環境調査（1989年2月18日～26日、東京100キロ圏に住む16歳以上の男女1800人、個別面接法、調査有効数（率）は1185人（65.8％））。石野・丸田・土屋（1989）に掲載］

▽あなたは、現在の共通語の手本は何だと思いますか。（複数回答）

アナウンサーのことば … 71.9％
本や新聞のことば … 46.7
教科書のことば … 29.7
ドラマや映画の俳優のことば … 20.3
東京の人の話すことば … 11.0
教師のことば … 9.4
とくに手本になるものはない … 3.4

▽NHKの放送では…

流行に左右されず、あくまで本来のことばづかいを大切にすべきだ
… 67.3％

放送局なのだから、時代に合ったことばづかいを取り入れるのは当然だ
… 26.9

▽NHKの放送は…
　　ことばづかいや話し方の模範を示す必要がある　… 66.7 %
　　とくに模範を示す必要はない　　　　　　　　　… 28.9
▽NHKの放送は…
　　読み方や声の出し方は、放送人としてきちんと訓練をすべきだ　… 64.9 %
　　内容が伝わるのならば、それぞれの持ち味で話せばよい　… 32.2
　　［以上　第10回現代人の言語環境調査（1996年3月7日〜17日、全国20歳以上の男女1800人、個別面接法、調査有効数（率）は1251人（69.5%））。加治木美奈子（1996）に掲載］

▽あなたは、共通語の話しことばの手本は何だと思いますか。（複数回答）
　　NHKのアナウンサーのことば　　　　　　… 51.9 %
　　本や新聞のことば　　　　　　　　　　　… 30.3
　　民放のアナウンサーのことば　　　　　　… 21.0
　　教科書のことば　　　　　　　　　　　　… 20.6
　　特に手本になるものはない　　　　　　　… 18.3
　　テレビドラマや映画の俳優のことば　　　… 14.4
　　学校の先生のことば　　　　　　　　　　… 7.9
　　東京の人の話すことば　　　　　　　　　… 7.6
　　テレビに出てくる評論家・コメンテーターのことば　… 6.9
　　［共通語の現状に関する調査（2006年2月10日〜13日、全国の満20歳以上の男女2000人、層化副次（二段）無作為抽出法、調査員による個別面接聴取法、調査有効数（率）は1369人（68.5%））。塩田雄大ほか（2008）に掲載］

▽NHKの放送では…
　　流行に左右されず、あくまで本来のことばづかいを大切にすべきだ
　　　　　　　　　　　　　　　　　　　　　　　　　　… 66.9%
　　放送局なのだから、時代に合ったことばづかいを取り入れるのは当然だ
　　　　　　　　　　　　　　　　　　　　　　　　　　… 17.1
▽NHKの放送は…
　　ことばづかいや話し方の模範を示す必要がある　… 70.9%
　　とくに模範を示す必要はない　　　　　　　　　… 17.0

▽NHKの放送は…
　　読み方や声の出し方は、放送人としてきちんと訓練をすべきだ　… 75.3％
　　内容が伝わるのならば、それぞれの持ち味で話せばよい　　　　… 17.0
　　[以上　日本語のゆれに関する調査（2013年3月8日〜24日、全国20歳以上の男女4000人、個別面接聴取法、調査有効数（率）は1241人（31.0％））。塩田雄大ほか（2013.9）に掲載]

　一方で、放送にはさまざまな役割の人（タレント、記者、ディレクター、アナウンサーなど）が出演しているが、それぞれに対してどの程度「模範的な日本語」の使用が求められているのか〔＝求められている模範性の「差」〕という観点も、重要である。

　2008（平成20）年に、「テレビに出る人」「放送局の人」「アナウンサー」という3つについて、それぞれがテレビに出たときに模範的な日本語を話すべきだと考えるかどうかを尋ねてみたことがある。出題者側が想定したのは、1番目については「タレントや一般人を含めた出演者全体」、2番目については「記者・ディレクター・アナウンサーなど」、3番目は「アナウンサーのみ」を思い浮かべてもらえるだろうというものである。

▽テレビに出る人が話す日本語についておうかがいします。あなたのお考えに、最も近いものを1つお答えください。
　(1)「テレビに出る人は、みな、模範的な日本語を話すようにしたほうがよい」と思いますか。
　　　非常にそう思う　　　　　　　… 18.8％
　　　どちらかといえばそう思う　　… 44.4
　　　どちらかといえばそう思わない … 24.0
　　　まったくそう思わない　　　　… 10.2
　　　わからない　　　　　　　　　… 2.6
　(2)「放送局の人がテレビに出たときには、みな、模範的な日本語を話すようにしたほうがよい」と思いますか。
　　　非常にそう思う　　　　　　　… 38.4％
　　　どちらかといえばそう思う　　… 47.5

     どちらかといえばそう思わない … 10.0
     まったくそう思わない   … 3.0
     わからない   … 1.1
（3）「アナウンサーがテレビに出たときには、みな、模範的な日本語を話すようにしたほうがよい」と思いますか。
     非常にそう思う   … 63.8 %
     どちらかといえばそう思う   … 29.9
     どちらかといえばそう思わない … 4.5
     まったくそう思わない   … 1.2
     わからない   … 0.7

［以上　平成19年度「ことばのゆれ」調査（2008年1月18日〜27日、全国の満20歳以上の男女2000人、層化副次（二段）無作為抽出法、調査員による個別面接聴取法、調査有効数（率）は1301人（65.1％））。塩田雄大ほか（2008）およびShioda（2011）に掲載］

　この結果に見るとおり、アナウンサーに模範的な日本語を強く求める声は、かなりの割合を占めている。実際の放送にあたって、放送用語委員会で決定された諸事項はアナウンサーたちによってかなり厳格に守られている。
　では、放送での「模範的な日本語」は、一般の日本語に対してどのような影響を与えているのだろうか。

　テレビをはじめとする放送が言語の変化にあたって果たしている役割については、過去は別にして、現代では「常識に反して、放送の言葉が直接に共通語化を進め、方言の衰退を促したとは、考えられない」（井上史雄（1985））という見解が、説得力を持つ。またテレビの影響によって方言の統一化が早まるかどうかということに関しても、社会言語学者LabovおよびTrudgillや方言学者McDavidは否定的な意見を表明している（ロング（1991））。「ラジオ・映画・テレビが日常会話に与えた影響は、必ずしも大きいものではなかったが、他の諸々の力とあいまって標準語なるものの存在を人人に気づかせ、それに尊敬の念を抱かせるだけの役割は果たした」（ミルロイ＆ミルロイ（1988））といったところが、穏当な解釈であろう。

テレビとの接触時間は非常に長いものであるにもかかわらず、言語変化に関して必ずしも決定的な要因ではないと推定されるのは、テレビはあくまで「言語の一モデル」を提供するだけで、それを採用（模倣）するかどうかは、最終的には個々の話者の意識的または無意識的な選択にゆだねられているからである（塩田雄大（1999.11））。現代の日本語共通語の形成にあたってテレビが一定の役割を果たしたのが事実である一方で、テレビのことばが「日本語の理想型」であると考えるかどうかの解釈は時代や地域によって異なり、また個人によっても異なる。現代の日本人が視聴しているテレビのうち「全国放送」が占める割合はかなり大きいのにもかかわらず（たとえば大阪の人でも全国放送の番組をよく見ている）、日本の中で方言の共通語化が進んでいる地域とそうでない地域とが存在し続けているという「差」があるのは、テレビという要因よりも、地域に根差した個々人の言語意識や人間関係・学校教育などのほうが、言語使用全般に関して、強い影響力を持っていることを間接的に物語る。新しい言語表現を使う／使わないということにあたって、最も影響を及ぼすのはテレビではなく「人的直接接触」である（塩田雄大（2003））。

テレビ自体が「新しい言語表現」を先行的に生み出すことは、すぐに消えてしまう「一過性の流行語」以外にはほとんどない。たいていは現実社会の言語現象の一部を切り取って伝えているにすぎず、「現実」は常にテレビよりも先行しているのである（塩田雄大（2014予定））。

つまり、日本語に対する放送用語の影響に関しては、過大評価をしてはならない。しかし、だからといって過小評価もしてはならないだろう。客観的な立場を取るならば、話しことばの「一モデル」を提供するという点において、放送は一定の役割を担ってきていると言える。

日高水穂（2009）では、新しく発生してきた言語表現に対して「ことばの乱れ」「間違った日本語」であるという判断が下され、その考えがマスメディアを通じて喧伝されて人々の「誤用意識」が増幅し、その結果自然な言語使用が抑制されているということが、「ら抜きことば」と「マニュアル敬語」を例にしながら解説されている。

このように「誤用意識・規範意識が言語変化に何らかの制限・影響を及ぼす」という視点は、現実の言語変化の中には「意識化」がなされやすいものとそうでないものとが混在していること（例えばアクセント変化に関して、「外来語の平板化」は「乱れ意識」と結びつきやすいが、「用言の中高化」は一般にあまり意識化されておらず指摘されることが少ない（塩田雄大（1999.10））ことなど）を考慮すると、多少の留保を付けておく必要はあるものの、きわめて有効かつ重要である。これまで、言語変化現象の分析に際して、人々の誤用意識・規範意識が取りざたされることは、必ずしも多くはなかったのではないだろうか。例えば、「ら抜きことば」は文法面で機能的であり、また実際に使用者が増加しているから、このままいくとすべての一段動詞が早い時期に「ら抜き」になるという予測が過去に立てられたこともあったが、現実にはそのようにはなっていない（塩田雄大ほか（2013.10））。日高水穂（2009）で指摘されているとおり、規範意識が言語変化を抑制しているものと思われる。

　言語学・日本語学の研究の中には、言語の「規範」というものを設定すること自体に積極的でない立場もある。人間の自然な言語を客観的に観察するためには、人為的な「規範」は不要だという考えである。しかし本書の筆者は、言語を話すのが人間の自然な姿であるのと同時に、人間が社会において一定の「言語の規範」を要求する（or 要求してしまう）のも、抑えることの難しい、人間の習性の一つではないかと考えている。この種の習性・本能のようなものの実態を探ってゆくのも、人文科学の一分野を担う日本語学の役割として、あながち無駄なことではないように考えている（塩田雄大（2010））。そして、この「規範」の一部を文字化したものの一形態が、本書で取り上げてきた一連の資料であり、これに沿って実践されているのが、現実の放送なのである。

注

1　「現実に使用数が多い」ことと「それが正しい表現である」こととは必ずしも結びつかないことが、荻野綱男（2009）で指摘されている。言語の規範性は、言語使用の実態からだけでは決定しにくいのである。

2 世論調査の結果では、自分自身の言語使用とは別に、「ＮＨＫの放送では、『見られる』を『見れる』という、いわゆる『ら抜きことば』は使わないほうがよい」が68.1％、「『ら抜きことば』を使ってもかまわない」が15.0％という結果が出ている（塩田雄大ほか（2013.10））。
3 なお、「弱冠」の使用に関して現在のＮＨＫでは以下のように明記している。
　「適切な場合に限って使い、乱用しないようにする。
　　特に女性には使わない。　×若冠
　　（注）本来は「20歳」を意味するが、現在では相対的な若さの表現として使われている。」
（ＮＨＫ放送文化研究所編（2005）『ＮＨＫことばのハンドブック　第2版』p.99）

引用文献

安部清哉（2009）「意味から見た語彙史　―"パーツ化""名詞優位化"」『シリーズ日本語史2　語彙史』岩波書店

石野博史・稲垣文男（1987）「現代人と敬語（第一回言語環境調査から）」『放送研究と調査』37-7

石野博史・丸田実・土屋健（1989）「ことばの正しさ美しさ（第三回言語環境調査から）」『放送研究と調査』39-8

井上史雄（1985）『新しい日本語　―＜新方言＞の分布と変化―』明治書院

岩淵匡（2004）「言語生活史の構想　―序説―」『早稲田大学大学院教育学研究科紀要』14

荻野綱男（2009）「ＷＷＷをコーパスとしてみたときの間違い」『言語』38-6

加治木美奈子（1996）「"日本語の乱れ"意識は止まらない　～第10回現代人の言語環境調査から（2）～」『放送研究と調査』46-9

佐藤武義（1995）「第一章　概説」『概説　日本語の歴史』朝倉書店

塩田雄大（1999.10）「音韻構造からみた「外来語の平板化」（『日本語アクセント辞典』　～改訂の系譜と音韻構造の考察～」内）『ＮＨＫ放送文化調査研究年報』44

塩田雄大（1999.11）「放送と方言」『展望　現代の方言』白帝社

塩田雄大（2003）「新しいことばを使う人・使わない人」『放送研究と調査』53-6

塩田雄大（2007）「最初の放送用語基準　～1935年『放送用語の調査に関する一般方針』作成の背景～」『放送研究と調査』57-7

塩田雄大（2008）「アクセント辞典の誕生　放送用語のアクセントはどのように決められてきたのか」『ＮＨＫ放送文化研究所　年報2008』52

塩田雄大（2009）「放送に現れた日本語の間違い」『日本語学』28-9

塩田雄大（2010）「「日本語ブーム」と余暇　―格安レジャーとしての日本語―」『日本語学』29-5

塩田雄大（2014予定）「テレビ」『日本語学大事典』朝倉書店

塩田雄大・太田眞希恵・山下洋子（2008）「『目線』『立ち上げる』も日常語に　～平

成19年度「ことばのゆれ」全国調査から～」『放送研究と調査』58-6
塩田雄大・山下洋子（2013.9）「"卵焼き"より"玉子焼き" ～日本語のゆれに関する調査（2013年3月）から（1）～」『放送研究と調査』63-9
塩田雄大・滝島雅子（2013.10）「「日本語は乱れている：9割」時代の実相 ～日本語のゆれに関する調査（2013年3月）から（2）～」『放送研究と調査』63-10
田中牧郎（2005）「言語資料としての雑誌『太陽』の考察と『太陽コーパス』の設計」『雑誌『太陽』による確立期現代語の研究 『太陽コーパス』研究論文集』
中村通夫（1970）「現代共通語の性格（一）」『中央大学文学部 紀要』57
日高水穂（2009）「言語変化を抑制する誤用意識」『日本語学』28-9
福田武史（2002）「「弱冠」について ―二十七歳の弱冠」『比較文学研究』第80号
安田敏朗（2006）『「国語」の近代史』中公新書
屋名池誠（2005）「現代日本語の字音読み取りの機構を論じ、「漢字音の一元化」に及ぶ」『築島裕博士傘寿記念 国語学論集』汲古書院
ジェームズ・ミルロイ＆レズリー・ミルロイ（1988）『ことばの権力』南雲堂
ダニエル・ロング（1991）「各国の言語計画（アメリカ）」『新・方言学を学ぶ人のために』世界思想社
Shioda, T. (2011) "Constraints on language use in public broadcasting" in Patrick Heinrich and Christian Galan (eds.) *Language Life in Japan : Transformations and prospects*, London : Routledge.

12章　本書のまとめと展望

　1章では、放送の開始に伴って「標準語」にさまざまな不備が指摘されたことを記した。このような状況下で、日本放送協会内に英語学者の岡倉由三郎を主査とした放送用語委員会（正式名称「放送用語 並 発音改善調査委員会」）が発足し、会議での審議結果をふまえて、数多くの放送用の規定資料を作成し続けた。

　2章では、戦前のラジオ放送での「日本語の間違い」として聴取者がどのようなものを指摘していたのかを示した。あわせてそれらに対する日本放送協会側の見解も提示した。

　3章では、放送のための日本語を作り上げてゆくのにあたって日本放送協会で定められた日本最初の規定である『放送用語の調査に関する一般方針』の成立過程を概観し、以下の諸点を論じた。
　　○草案と決定稿とを比較すると、草案では、ローカル放送における方言
　　　放送の構想や、方言アクセント調査の提案もされていた。
　　○決定稿において、日本語の語彙を豊富にするための源泉の一つとして
　　　方言を活用することが挙げられている。
　　○この方針を策定した組織（放送用語並発音改善調査委員会、現在の放
　　　送用語委員会の始祖）は英国ＢＢＣを範としており、ＢＢＣの影響が
　　　具体的にどのような面に表れているのか、それがどのように現在に連
　　　なっているのか、といったことを今後考察してゆく必要がある。

　4章では、日本放送協会が1939（昭和14）年に出した資料『放送用語調査委員会決定語彙記録（一）』について取り上げた。この資料の記述内容の

分析を通して、日本語の「音声標準語」が形成されようとする初期の段階においてどのような問題点があったのか、それに対してラジオ放送開始初期の「放送用語委員会」がどのような対応をし、それが日本語および放送の歴史の中でどのように位置づけられるのかなどを視野に入れながら考察を進めた。資料の分析から、放送における音声標準語策定の初期段階においては、

　①アクセントに関する問題
　②漢語の字音に関する問題
　③外来語の語形に関する問題

の順で、解決すべき課題が多かったということが明らかになった。

　5章では、日本放送協会で最初に編まれたアクセント辞典『日本語アクセント辞典』（1943（昭和18）年）の成立過程をめぐって考察し、以下の諸点を論じた。

　　○昭和の初期には、アナウンサーは各地の放送局で個別に採用されており、発音・アクセント上での個人差が非常に大きかった。これに対して、ラジオ聴取者からの不満が寄せられていた。
　　○1934（昭和9）年以降は東京でアナウンサーを一括採用することになったが、アナウンサーを養成するための統一的な資料（アクセント辞典）の編纂が望まれていた。
　　○「標準アクセント」としてどのようなものを採用するかについては当時の社会でいろいろな意見があったが、日本放送協会の担当者の間では、実践的な立場から東京語のものを採用することで、ほぼ合意されていた。
　　○放送用語委員会におけるアクセント関連の調査・審議は1936（昭和11）年末から始まり、1938（昭和13）年に本格的におこなわれた。
　　○個別の語についてアクセントを審議・決定するのにあたっては、神保格の提示したアクセント案の占めた役割が大きく、また最終的な選定にあたっては「なるべく1語1アクセントを目指す」という土岐善麿の姿勢が活用されたと解釈できる。
　　○第1期放送用語委員会の終了に伴い、複数の委員による一語一語の審

議・決定は「カ行」の途中までで中断してしまい、それ以降の部分は日本放送協会側の担当者である三宅武郎が独力で編集をおこなったと推測できる。
○『日本語アクセント辞典』(1943) は第 1 期の放送用語委員会 (1934 (昭和 9) 年 1 月〜1940 (昭和 15) 年 3 月) の主導で編纂が始められたが、これが 1943 (昭和 18) 年に発行されたときには、第 2 期の放送用語委員会 (1940 年 8 月〜1945 (昭和 20) 年 5 月) が活動をしており、双方の想定する標準的発音・アクセントの間に、いくつかの食い違いが見られた。

　6 章では、放送用語委員会の事務局担当者の一人である三宅武郎が一般的法則として帰納的に指摘した「複合動詞アクセントにおける式保存の逆転現象」をめぐって、その後に彼の成したアクセント記述・アクセント辞典編纂に対して、演繹的に「過剰適用」されてしまったのではないかということを、アクセント辞典を資料として検証してみた。

　7 章では、放送において漢語・漢字語の読みがどのように定められてきたのかということをめぐって、放送開始初期にあたる 1934 (昭和 9) 〜1935 (昭和 10) 年の状況を概観した。具体的には、漢語・漢字語の読みに関してどのようなことが当時問題になっていたのかということを雑誌類の記述から瞥見したあと、いくつかの漢語・漢字語の読みに関する放送用語委員会での提案・決定を議事録類から紹介し、まとまった公的資料である『常用漢語発音整理表』(1935) 発行までの流れをめぐって考察した。当時の用語委員会の決定に関して、以下のような諸特徴が見られた。

　　漢語一語一語の「読み」の決定に関して、
　　○相当広範かつ詳細な資料を準備し、慎重に審議していた。
　　○どちらかというと伝統的な「読み」よりも、全体としての規則性（記憶上の負担の軽減）を視野に大きく入れた新しい「読み」を採用しようとしていた。

○その決定は、当時の規範的な漢和辞典の記述とは異なるものも少なからずあり、現在にまで同様に継承されているものが多い。

　8章では、当時の「漢語の読みのゆれ」にはどのようなものがあり、それらに対して放送用語委員会ではどのような方針を定めたのかを概観するために、4章でも取り上げた『放送用語調査委員会決定語彙記録（一）』に掲載された漢語（計1062項目）を分析し、以下の諸点を指摘した。
　　○漢語1062項目のうち、当時「読みのゆれ」があったことが確実な漢語は366項目であった。
　　○この「読みのゆれ」のある366項目のうち、当時の放送用語委員会では4分の3程度の項目（270項目）に対して「1つの読み」に統一する形での決定を下し、この資料に掲載している。
　　○一部の語について、おそらく当時の辞書類の記述（言質「ゲンシツ」、杜撰「ズザン」、拉致「ラッチ」など）は実態（現実の発音）に追いついていなかったものと想像され、放送用語委員会では辞書類の記述とはある程度独立して決定を下した。

　9章では、放送において外来語をどのように取り扱うべきだとされてきたのかを取り上げた。放送開始当初のころは外来語も適宜使うように示されていたが、次第に乱用すべきではないという姿勢に移り、太平洋戦争開戦のころには「外来語の言い換え」が積極的に進められた。戦後になるとアメリカ英語からの外来語が増え、個別の外来語について放送での使用可否を示す形態から、わかりにくい外来語は説明を付すか使用を避けるようにするなどといったおおまかな方針を提示する形に移行していった。

　10章では、戦前の野球中継とドラマ番組の外来語を比較し、放送において外来語が使用される割合に関して、当時の野球中継は、ほぼ同時代のドラマ番組とはかなり異なっているのに対して、現代の野球中継とよく似た様相を呈していることを指摘した。つまり、野球中継を含めたスポーツ放送において外来語の使用率が高いという状況は、放送開始当初のころから続いてお

り、それが現代にまで引き継がれているのである。

　11章では、ここまでに取り上げてきた内容をあらためて日本語史の観点をまじえて概観した。大正のころまでに完成していたと思われていた「標準語」が、放送の開始によって「一律に音声化」されるという試練を日常的に経た結果、音声標準語としてのさまざまな不備が露呈した。これらを解決するために、日本放送協会では継続的に放送用語の調査・研究と審議・決定をおこなってきたのである。また、言語変化を考察するのにあたって「規範意識」の観点を導入することの必要性を提示した。

　本書の冒頭でも述べたとおり、本研究は「日本語の現代史〔＝現代日本語史〕には、まだ開拓すべき部分があるのではないか」という問題意識から始まった。例えば以下のような指摘を参照されたい。

>　「阪倉（篤義）　従来、国語の歴史的研究と言うのは、現代語の研究と対立して考えるのですね。史的研究といえば、近世語までの研究を言うわけです。そこが非常におかしいと思うのです。現代語は、史的研究の対象にならないはずはなくて、むしろそれが非常に必要なのに、現代語を対象にすると、これは史的研究と言わない。一方では、近世語以前を対象にすると、全然歴史的な見方をしてないものでも、何でもすべてを歴史的研究と称する。単なる呼び方の慣習かもしれませんが、そこらあたりが非常におかしいのです。言語は歴史的であるということはみんな言うのですけれども、そう言いながら、現代語は現代語だけ切りはなして研究して、現代語の研究というのは、ある意味では歴史を捨てた、汎時論みたいなところで議論する感じのものになっていることが多いようです。それで結局、現代をやって、近世以前をやって、そのつなぎになる明治のところは手がつかないで捨てておかれたわけです。最近になって明治のこともやり始めましたけれども、明治の語彙なんというものはほとんど研究されていないのではないですか。

柴田（武）　国語学には現代史がないわけですね。
　佐藤（喜代治）　歴史家は非常に現代史を盛んにやっているわけでしょう。
　柴田　現代史を専門の分野にしている学者もいますね。」
　（『シンポジウム日本語① 日本語の歴史』（1975、学生社）pp.82-83）

　これは、1975（昭和50）年の記述である。当時からすれば70〜80年ほどしか経っていない明治の言語を歴史的にとらえるという観点は、まだ常識にはなっていなかったことがうかがえる。
　上記から40年近く経った現在、今から70〜80年前の出来事である昭和初期の言語の動態を歴史的に見るという姿勢は、もはや認定されてしかるべきであり、本研究はその一端を明らかにしようとした模索であると言える。ただし、現時点では「長い日本語史全体からみた、放送標準語の形成過程の位置づけ」に関して未熟なところが多いことを、認めざるを得ない。今後の最重要課題であると考えている。

　本書では、1940（昭和15）年3月まで活動した第1期放送用語委員会（正式名称「放送用語 並（ならびに）発音改善調査委員会」）の成果に関する考察に重点が置かれており、第2期放送用語委員会（正式名称「ニュース用語調査委員会」、1940年8月〜1945（昭和20）年5月）の活動・成果については、9章を除くと残念ながらあまり取り上げる余裕がなかった。
　第1期・第2期を通して放送用語委員を受け持った土岐善麿は、開戦以降の放送用語に関連して、次のように語っている。

　「標準語という考え方は、ご承知のように前からあるけれども、標準語というものをきめるとかきまるとかいうことは、これは人為的にいくものじゃないから、むしろ共通語という立場でね。つまりコモン・ランゲージといいますかね。スタンダード・ランゲージということでなしに、コモン・ランゲージという意味でもって日本語を整理していく、というのが放送局の方針でね。ずっとやってきて、そしてあの戦争でもって、けっ

きょく軍閥がだんだん通用しないようなことばでもって通用させて、押し通すといったような方向をとっていって、戦況の報告なんていったようなものも。放送独自のことよりも、もう強制されてああいうものを放送したんですからね、それをもう一ぺんほごして、国民の生活の上の、社会的な機能を果たすようにしようというのが、戦後の、少なくとも、ぼくが国語審議会にはいったときには、ぼくはそういうように考えてやった。」

(土岐善麿 (1970))

　つまり、第1期の放送用語委員会では、少なくとも意識・姿勢の上では「標準語」ではなく「共通語」(注1)というものを志向していたのだが、それが開戦以降は軍部の意見が強くなったことによって「多くの人に通じることば」を作り上げるという観点が希薄になってゆき、戦後はそのことに対する反省として「わかりやすさ」にあらためて重きが置かれるようになったと解釈することができる。このような流れから考えると、第2期放送用語委員会の時期というのは、戦後の言語政策の方向性を定めるのにあたって「反面教師」としての一定の役割を果たしたとも言える。
　また、以下のような手書きのインタビュー記録（NHK放送博物館蔵）も残っている。

「土岐（善麿）　そこのところへ、やっぱり幾らか、その、なんだな、力の加わったのが軍部の力でしょうね
　井口（虎一郎）　はあ、はあ
　土岐　ええ、軍人の…
　井口　はい、演説ですか
　土岐　軍の力、これは、その標準語じゃなく、その大低(ママ)地方から出た将軍たちが多いですからね
　井口　はい
　土岐　そうすと、その俺たちのことばは、そんなところで決められるんじゃないってな気持があって、それでやっていくでしょ

井口　一番代表的なものだと自ら思い込んでいたんですかね

土岐　ええ

井口　だから戦争中もずいぶん、先生あの、ニュースをはじめとしてそういうふうな、特にいまおっしゃった軍部の人がつくったようなことばっていうのが出てまいりましたね

土岐　ええ、そうなんですね

井口　あれに対しては、逆に、いま先生がおっしゃったように新聞社、或は放送局にですね、軍部から圧力っていいますか、そういうものがあったんですか

土岐　それほどじゃないでしょう

井口　はあ、ただまあ云っている通り、その、伝えなければ機嫌が悪いといいますかね、相手が

土岐　まあ、そんなふうな程度でしょうね

井口　はあ、ですから戦争が激しくなってきますと、そういうふうな漢字のもっている一つの特徴と申しますか、威厳のありそうなことばね、「殱滅（せんめつ）」とか「轟沈（ごうちん）」するとかね「撃退（げきたい）」するとか、そういうふうなことばが非常に多くなっていますね。

土岐　そうそう

井口　それから、用字の…

土岐　報道部の中から出すものは変えちゃいけないって云うんだから

井口　そうなんですね、これは監督官庁のあれでしたね」

（斎藤美雄文責（1977））

　放送のことばが、当時の時代背景に基づく有形無形のさまざまな圧力によってどのように変質を迫られたのかということを、上記のような記述や、先行研究の一つである浅井真慧（1990）などの指摘を踏まえたうえで、今後実証的に明らかにしてゆく必要があると感じている。

　また、戦前の放送のことばが実際の「市井の日本語」にどのような影響を及ぼしたのかという面に関しては、11章で推定を述べたのみで、具体的な

論証にはまだ乗り出していない状態である。今後さらに資料を集め、本研究の「日本語史全体における位置づけ」のありかたを意識しながら、さまざまな観点から明らかにしてゆきたい。

注
1 戦前・戦中・戦後において「標準語」「共通語」がどのように使われてきたのかは、塩田雄大（2013）で論じたことがある。

引用文献
浅井真慧（1990）「放送用語委員会審議の変遷（2）"語る文章"の理想もむなしく＜ニュース編・その2＞」『放送研究と調査』40-2
斎藤美雄文責（1977）『放送用語委員　土岐善麿氏と語る（2）』昭和五十二年十一月二十四日録音（NHK放送博物館所蔵、手書き資料）
塩田雄大（2013）「『標準語』は規定されているのか」『日本語学』32-6
土岐善麿（1970）「誰でも書ける時代・読める時代に」『言語生活』221

各章の初出一覧

　各章の初出を以下に示す。いずれも初出時のものに、増補・改稿を施してある。複数の初出論文によるものについては、その主となるものに①を、副となるものに②③を付した。論文全体のうち一部のみを対象としたものは、その旨を示した。

はじめに
　（書き下ろし）

1　放送用語委員会
1.1　放送用語委員会発足前の放送とことば
　塩田雄大（2008.3)「アクセント辞典の誕生　放送用語のアクセントはどのように決められてきたのか」『ＮＨＫ放送文化研究所　年報2008』52（2章の一部）
1.2　放送用語委員会の発足
　①塩田雄大（2014予定）「放送用語委員会」『日本語学大事典』朝倉書店
　②塩田雄大（2007.7)「最初の放送用語基準　～1935年『放送用語の調査に関する一般方針』作成の背景」『放送研究と調査』57-7（3章の一部）
1.3　第1期・第2期放送用語委員会で作成した資料
　（書き下ろし）

2　開始当初の放送に現れた日本語の「間違い」
　塩田雄大（2009.7)「放送に現れた日本語の間違い」『日本語学』28-9（一部）

3 最初の放送用語基準　1935年『放送用語の調査に関する一般方針』について

　塩田雄大（2007.7）「最初の放送用語基準　〜1935年『放送用語の調査に関する一般方針』作成の背景」『放送研究と調査』57-7

4 音声標準語の確立にあたって課題の多かった分野
　〜1939年『決定語彙記録（一）』の分析から〜

　①塩田雄大（2009.2）「戦前の放送用語委員会における"伝統絶対主義"からの脱却　〜1939年『決定語彙記録（一）と当時の辞典類〜』」『放送研究と調査』59-2（1章・2章・3章）

　②塩田雄大（2009.5）「昭和初期の『ことばのゆれ』と放送での語彙規定　―漢語の読みを中心に―」『日本語学会2009年度春季大会予稿集（武庫川女子大学）』（1章・2章・3章）

5 アクセント辞典の誕生
　〜放送用語のアクセントはどのように決められてきたのか〜

　塩田雄大（2008.3）「アクセント辞典の誕生　放送用語のアクセントはどのように決められてきたのか」『ＮＨＫ放送文化研究所　年報2008』52

6 終戦前の辞典に示された複合動詞のアクセントをめぐって
　〜帰納的記述と演繹的規範〜

　塩田雄大（2009.10）「戦前・戦中期におけるアクセントの規範と放送　―複合動詞にみる―」第267回近代語研究会秋季発表大会（松江）発表資料

　【その後上記をもとに、塩田雄大（2014）「終戦前の辞典に示された複合動詞のアクセントをめぐって　〜帰納的記述と演繹的規範〜」『国立国語研究所論集』7として執筆】

7 漢語の読み方はどのように決められてきたか
　〜戦前の放送用語委員会における議論の輪郭〜
　塩田雄大（2007.3）「漢語の読み方はどのように決められてきた　戦前の放送用語委員会における議論の輪郭」『ＮＨＫ放送文化研究所年報2007』51

8 「漢語の読みのゆれ」と『放送用語調査委員会決定語彙記録（一）』
　①塩田雄大（2009.2）「戦前の放送用語委員会における"伝統絶対主義"からの脱却　〜1939年『決定語彙記録（一）と当時の辞典類〜』」『放送研究と調査』59-2（4章・5章）
　②塩田雄大（2009.5）「昭和初期の『ことばのゆれ』と放送での語彙規定　—漢語の読みを中心に—」『日本語学会2009年度春季大会予稿集（武庫川女子大学）』（4章・5章）

9 放送における外来語　その「管理基準」の変遷
　塩田雄大（2007.6）「放送における外来語　—その「管理基準」の変遷」『言語』36-6

10 スポーツ用語にみる外来語の扱い
　塩田雄大（2008.8）「放送でのスポーツのことば　—外来語の扱いを中心に—」『日本語学』27-9

11 放送用語と日本語史
　11.1 本書の各章に関する再考
　　（書き下ろし）
　11.2 放送用語と「模範」、そして日本語の変化
　　①塩田雄大（2008.6）「テレビの出演者は「模範的な日本語」を話すべきか」（「『目線』『立ち上げる』も日常語に　〜平成19年度「ことばのゆれ」全国調査から〜」内）『放送研究と調査』58-6
　　②塩田雄大（2014予定）「テレビ」『日本語学大事典』朝倉書店

③Shioda, T. (2011) "Constraints on language use in public broadcasting" in Patrick Heinrich and Christian Galan (eds.) *Language Life in Japan : Transformations and prospects*, London : Routledge.（一部）

12　本書のまとめと展望
（書き下ろし）

あとがき

　放送のことばは、話しことばのモデルの一つとしてみなされてきた。この指摘自体は事実である。では、その放送のことばのもとになるものは、何の疑問もなく最初からそこにあったものだったのか。あるいは、先達の努力の末に新たに産み出されたものだったのか。こうした問題を、資料に基づいて具体的・実証的に論じた先行研究は、どうもそれほど多くはなさそうだ。そう感じるようになったのは、放送局の研究所に職を得て、日本語学の幅広い成果に接してからのことである。

　言語そのものには小さいころからずっと関心があったが、歴史的な見方をすることはできずに、現代語よりも幅の狭い「現在語」に興味が偏っていた。古文の試験にもやっと平均点が取れる程度だったのが、大野晋先生が私の高校に直接お越しになって「学習院大学の国文学科に、新たに外国人向けの日本語教師養成コースを設けるので、挑戦してみたい人はぜひ」と皆に勧誘してくださったのに刺激を受け、蛮勇をふるって国文学科に進むことにした。学部では、大野晋先生・田中章夫先生・長嶋善郎先生・佐佐木隆先生と、超一級の先生方の講義・演習を受ける機会に恵まれた。

　その後に進学した修士課程（筑波大学大学院）では、日本・韓国・中国の漢語の対照と語彙交流という、当時マイナーだった研究テーマを選んだ私の指導を、坪井美樹先生が引き受けてくださった。また荻野綱男先生からは、まだ「コーパス」などということばが知られていなかったころに、さまざまな言語現象を計量的に分析する姿勢を徹底的にトレーニングしていただいた。

　修士課程修了後に3年間のNHK大阪放送局勤務を経て、NHK放送文化研究所で仕事をするようになった。ここは私にとって、もう一つの大学院である。アクセント辞典の改訂や字幕スーパーの漢字表記、語形のゆれや言語変化、放送文章の構造、言語意識調査など、放送のことばに関することであれば何にでも対応する基礎体力と反射神経がここで養われたと、今になって思う。また、柴田武先生をはじめとする放送用語委員の先生方との会議・出張でのご教示も、かけがえのない蓄積となった。

放送用語をめぐる実務的な調査・研究を通して、放送用語およびその規定は、そもそもどのようにして現在のような形になったのかと考えることが、多くなっていた。そんな私に安部清哉先生は、博士課程（学習院大学大学院）で日本語史の観点から放送用語の歴史を位置づけてみるように勧めてくださったのである。ありがたいことである。

　博士論文の審査にあたっては、安部清哉先生に加えて、学部時代の日本語教育系のクラス担当だった田中章夫先生と、国語学演習で厳しくご指導いただいた佐佐木隆先生のお手を、はからずも20年ぶりに再度煩わすことになった。

　振り返ってみると、これまでの節目ごとに、いろいろな方に助けてもらってきている。「学恩」とはよく言ったものだと、この幸運な凡人は感じ入るばかりである。

　本書は、このような学恩を受けて成った、学習院大学審査学位論文『現代日本語史における放送用語の形成の研究』（平成23年3月9日　博士（日本語日本文学）授与）をもとに、増補・改稿を施したものである（学習院大学大学院人文科学研究科平成26年度博士論文刊行助成）。三省堂の奥川健太郎氏には『三省堂国語辞典』の改訂でもお世話になり、今回もプロ意識あふれる、精密かつ的確なご指示をいただいた。

　この研究は、決して胸を張って言うべきことではないが、まだ不十分である。本書は、放送用語の形成の変遷を記述するのにあたって、何が研究されていないのか、どんな問題点があるのかを、浮き彫りにする程度の役割しか果たしていないかもしれない。この「穴だらけ」の宝の地図を手にして、放送用語研究の航海を進めてゆくためのスタート地点に、やっと立てたところである。

　最後に、いつも支えてくれる妻浩美、娘きよら・まほら、柴犬ていだに、この貧弱な語彙力ではとても語りつくせない感謝を表したい。

塩田　雄大

索　引

放送用語として検討の対象になった個別の語句は、＊で示す。その配列は、現代の一般的な読みによる。

●あ

アクセント　56, 79, 80, 86, 87, 88
悪名＊　211
アナウンサー　92, 98, 99, 116, 131,
　271, 272, 273, 274
アナウンサー＊　247
「アナウンサー参考難解地名人名字彙」
　9
『アナウンサー用語集』　17
『アナウンス読本』　20

●い

維持＊　163, 215, 235, 236
依存＊　83, 211, 225, 227
異存＊　83
一言＊　83, 189, 193, 205
稲穂＊　84

●う

有無＊　211, 217
雲母＊　211
運輸＊　211

●え

『ＮＨＫ日本語発音アクセント辞典』
　188, 217, 221
『ＮＨＫ放送用語集　―放送用語委員
　会決定事項』　251

圓滑＊　161, 168, 189, 211, 236
『演劇外題要覧』　18

●お

奥義＊　195, 207, 211, 217
王者＊　211
黄土＊　211
大地震＊　84
岡倉由三郎　2, 3, 15, 51, 63, 109, 160,
　228, 231, 279
音信＊　83, 195, 207, 211, 228

●か

『外国個有名詞及び外来語発音整理表』
　19
『外国地名人名表』　18
快晴＊　171
改正＊　171
『改訂基本アナウンス』　20
外来語　28, 79, 83, 87, 88, 270
『外来語集』　247, 248, 249, 251
『雅楽語彙』　17
『カ行鼻濁音の発音例』　18
攪拌＊　193, 206, 211, 228
攪乱＊　31, 162, 168, 193, 199, 206, 211,
　228
過言＊　193
漢語　30, 79, 83, 86, 87, 88, 174
「漢語の調査に関する一般方針」　174,
　177

甘蔗* 171, 211
完遂* 236
願望* 211, 217
簡明直截* 197, 222, 228

●き

『紀元二千六百年祝典用語』 20
鬼子母神* 99, 162, 212
寄贈* 212, 217
喫茶* 195, 212, 217
規範 276
『基本アナウンス』 20
『基本動詞アクセント表（稿）』 20
客車* 212, 217
嗅覚* 169, 189, 212
『宮廷敬語』 17, 118
矜持 212
共通語 285, 287
近代語 265
金田一京助 109, 125

●く

雲* 94, 97

●け

軽重* 195, 212, 217
『決定語彙記録（一）』 269
『研究社和英大辞典』 210, 229
建国* 167
見参* 212
現存* 212
現代語 265
言質* 31, 169, 212, 218, 226, 229, 238

●こ

口腔* 197, 212, 228
工作* 30, 164, 169, 179, 180, 181, 187, 204, 212
公示* 169, 197, 212
『皇室に関する敬語の用法　語彙篇稿本』 20
『広辞林』 209, 230
合拗音 28
『国語発音アクセント辞典』 87, 95, 100, 102, 104, 118, 132, 148, 149, 150, 151, 152, 153, 210, 217, 226
小雨* 178, 179, 203
誇示* 218
固執* 31, 168
誤謬* 161, 163, 190
御用達* 212
懇望* 34, 163, 172, 212

●さ

左官* 213, 218
砂金* 213, 218
殺害* 218, 228
早急* 30, 31, 33, 164, 195, 212, 218
茶道* 212
佐藤孝 15, 92, 95, 104, 108, 112, 128, 173
茶話* 193, 199
懺悔* 212, 218
残滓* 30, 163, 197, 212, 225
撒水車* 193, 228
惨敗* 212, 218
撒布* 193, 199, 212, 228
三棟* 173

●し

示威* 212, 223
刺客* 191, 212
弛緩* 34, 164, 197, 218
式保存の逆転現象 141, 142, 147, 281
指示* 193, 218
十手* 171
弱冠* 268
修祓* 172
出生* 30, 33, 168, 213
遵守* 236
所* 167
招待* 213, 218
情緒* 193, 199, 213, 218, 228
『常用漢語発音整理表』 17, 159, 174, 187, 189, 202, 203, 228, 230, 231, 233, 234, 281
省略* 194
植字工* 31, 168, 214, 224, 233
熾烈* 236
『神宮及官国幣社一覧』 19
『新辞海』 96, 100, 105, 106, 132, 143, 151, 152, 153
神社* 194
進捗* 190
神道* 194
神保格 2, 4, 5, 15, 62, 94, 103, 105, 109, 110, 113, 114, 116, 119, 120, 121, 136, 280
新村出 2, 15, 61, 109, 111, 112, 116, 120, 121, 178
人面獣心* 196, 205

●す

遂行* 30, 164, 169, 197, 213, 236
出納* 161
数奇* 190, 206, 213, 218
杜撰* 196, 199, 205, 213, 219, 226, 228, 230, 238

●せ

生存* 173, 213
制定* 171
西方* 212
『西洋音楽語彙』 12
絶叫* 34, 164, 196, 199, 213, 219, 228
截然* 197, 200, 228
截断機* 228
刹那* 190, 198
洗滌* 173, 196, 200, 223, 228, 231
全治* 173, 213, 219

●そ

相殺* 192
促音化 85, 86
『尊号及び年号の読例』 16

●た

大尉* 184
大佐* 32, 168, 184
『大辞典』 104, 151, 152, 153
大衆* 184, 187, 219
大審院* 182, 183, 185, 187, 204, 213, 224, 232
代表音 175, 177

待望* 213
他言* 194
端緒* 32, 163, 194, 199, 213, 219, 228
堪能* 194, 219

●ち

治安* 31, 164
治癒* 219
鋳造* 219
緒* 199
貼付* 31, 34, 167, 197, 205, 207, 214
重複* 177, 195, 214
直截* 32, 164
緒言* 194, 199, 214, 228
緒に就く* 194, 224
緒論* 194, 199, 219
治療* 31, 164, 214

●て

提示* 194
敵性語 261
伝播* 190
天稟* 190

●と

『同音語類音語』 21, 101, 107
東京語 114, 115
憧憬* 190, 214, 219
『同字異読語彙』 19
東条操 2, 5, 33, 109, 111, 125, 136
同人* 192, 195, 214
統治* 32, 169, 203
掉尾* 32, 164, 194, 199, 224, 228, 233

獰猛* 31, 163, 169, 197
『当用外国地名表』 18
『当用満洲支那人名読方例並難字表』 18
土岐善麿 2, 5, 15, 109, 110, 116, 119, 120, 121, 124, 125, 127, 136, 280, 284
読者* 197, 205, 214
読書* 214
独擅場* 214
独壇場* 194, 214
読本* 197
頓着* 214

●な

『難読駅名』 11, 17
『難読姓氏』 12, 17, 19
『難読町村名』 11, 19
『難読仏教語彙』 19

●に

日本* 32, 166, 214, 224, 236
『日本語アクセント辞典』 21, 87, 92, 100, 109, 111, 114, 115, 116, 118, 121, 122, 123, 124, 125, 126, 127, 128, 130, 131, 135, 136, 143, 144, 148, 149, 150, 151, 152, 153, 227, 280, 281
『日本大辞書』 101, 111, 112, 118, 119, 131, 143
ニュース* 247
「ニュースの地名・人名㈠㈡㈢」 13
『ニュースの文体及び語法』 18
ニュース用語調査委員会 2, 5, 108, 109, 125, 128, 144, 243, 284

●の

悩殺* 192

●は

博士* 166, 171, 214
長谷川誠也 15
発議* 219
抜群* 191, 219
末子* 194, 214, 219
末孫* 195, 214
服部愿夫 15
反駁* 194, 214, 219

●ひ

ＢＢＣ 66, 69, 71, 72, 73
鼻濁音 79, 80, 86
泌尿* 206, 214, 219, 225
表示* 220
標準語 52, 114, 268, 285, 287
紊乱* 32, 168, 194, 199, 228

●ふ

訃音* 228
複合動詞 141, 142, 145, 151, 155
福神漬* 99, 162
不治* 215, 220
古本* 162
紛失* 225, 234
分泌* 192, 206, 215
文房具* 215, 220

●へ

便宜* 220

●ほ

方言 52, 64, 268, 275
放送員 98
『放送ニュース編輯便覧』 20, 243
「放送の言葉」に関する事項（投書内容調査） 25
放送の言葉に関する事項投書調査 25
『放送のためのスポーツ辞典』 259, 263
『放送報道編輯例』 21
放送用語委員会 1, 2, 14, 48, 274
『放送用語調査委員会決定語彙記録（一）』 19, 77, 87, 106, 122, 209, 237, 270, 279, 282
『放送用語調査委員会決定語彙記録（二）』 20, 106
放送用語並発音改善調査委員会 1, 2, 5, 15, 48, 77, 99, 106, 107, 109, 123, 124, 125, 126, 160, 241, 279, 284
『放送用語の調査に関する一般方針』 16, 37, 38, 51, 52, 54, 65, 115, 143, 241, 268, 279
『放送用語備要』 20, 100, 108, 117, 122, 126, 127, 243, 248, 249
『放送用語備要集成』 21, 108, 117, 126, 127
北陸道* 34
保護* 215, 225, 236
保科孝一 2, 15, 62, 109, 116, 119
募集* 173
発起* 31, 164, 167, 191

発足* 31, 167, 215
発端* 161, 191, 215

●ま

末席* 192, 206, 215, 220
満腔* 196, 228, 236
『満蒙支那人名地名表』 18

●み

未曾有* 161, 215, 220
耳のコトバ 38, 51, 159, 202
三宅武郎 15, 51, 96, 99, 100, 103, 105, 110, 111, 114, 119, 122, 124, 125, 127, 131, 134, 135, 141, 142, 143, 151, 154, 155, 172, 269, 281
明日* 170, 215

●む

無声化 79, 81, 86
無頓着* 215

●め

『明解国語辞典』 109, 136, 148, 149, 150, 151, 152, 153
明太子* 170
面目* 215

●や

山田（美妙）の法則 155

●ゆ

唯一* 220
遺言* 31, 34, 163
由緒* 220
輸出* 215
輸送* 215
輸入* 215

●よ

『謡曲狂言曲名一覧』 17
容態* 161
容體* 31, 164
四階建* 31, 167

●ら～れ

拉致* 215, 220, 226, 237, 238
ら抜きことば 267, 275, 276
旅客* 215, 220
稟議* 200
禮拝* 32, 168, 173, 215
連語動詞のアクセント法則（稿） 117, 122, 145, 147
連濁 29, 79, 84, 86, 235
連袂* 31

●わ

和語 28, 79, 82, 86

著者略歴

塩田雄大（しおだ たけひろ）

1969年、神奈川県生まれ。1992年、学習院大学文学部国文学科卒業。1994年、筑波大学大学院修士課程地域研究研究科（日本語専攻）修了、日本放送協会（NHK）入局。2009年、学習院大学大学院人文科学研究科日本語日本文学専攻博士後期課程単位取得。2011年、博士（学習院大学・日本語日本文学）。現在、NHK放送文化研究所主任研究員。

沖縄・与那国島にて家族と（著者 中央）

現代日本語史における放送用語の形成の研究

2014年9月1日　第1刷発行

著　者　塩田雄大
発行者　株式会社三省堂　代表者　北口克彦
印刷者　三省堂印刷株式会社
発行所　株式会社三省堂
　　　　〒101-8371 東京都千代田区三崎町二丁目22番14号
　　　　電話 編集(03)3230-9411　営業(03)3230-9412
　　　　振替口座　00160-5-54300
　　　　http://www.sanseido.co.jp/

ISBN978-4-385-36458-2　　　　　〈放送用語の形成・312pp.〉
©SHIODA Takehiro 2014　　　　　Printed in Japan
落丁本・乱丁本はお取り替えいたします

Ⓡ本書を無断で複写複製することは、著作権法上の例外を除き、禁じられています。本書をコピーされる場合は、事前に日本複製権センター(03-3401-2382)の許諾を受けてください。また、本書を請負業者等の第三者に依頼してスキャン等によってデジタル化することは、たとえ個人や家庭内での利用であっても一切認められておりません。

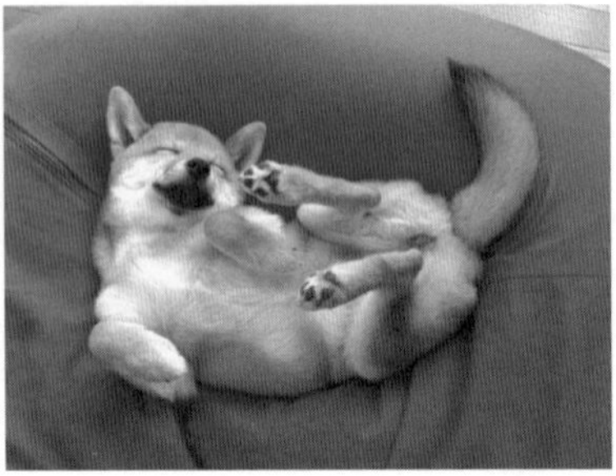